DAVID Y GOLIAT

MALCOLM GLADWELL

DAVID Y GOLIAT

DESVALIDOS, INADAPTADOS
Y EL ARTE DE LUCHAR CONTRA GIGANTES

Traducción de Ezequiel Martínez Llorente

TAURUS

PENSAMIENTO

Título original: *David and Goliath: Underdogs, Misfits and the Art of Battling Giants*
© Malcolm Gladwell, 2013
Todos los derechos reservados, incluidos los derechos de reproducción
de su totalidad o de alguna parte en cualquier forma.
© De esta edición:
  Santillana USA Publishing Company
  2023 N.W. 84th Ave.
  Doral, FL, 33122
  Tel: (305) 591-9522
  Fax: (305) 591-7473
  www.prisaediciones.com

ISBN: 978-1-62263-120-9

© Traducción de Ezequiel Martínez Llorente

Diseño de cubierta: Elixir Design

Printed in the United States of America by HCI Printing
15 14 13   1 2 3 4 5 6 7 8 9

PRISA EDICIONES

Para A. L. y para S. F., que sabe vencer contra pronóstico.

Índice

Y Jehová respondió a Samuel: «No mires a su parecer, ni a lo grande de su estatura, porque yo lo desecho; porque Jehová no mira lo que mira el hombre; pues el hombre mira lo que está delante de sus ojos, pero Jehová mira el corazón».

1 Samuel 16, 7

Introducción
Goliat

«¿Acaso soy un perro,
que vienes contra mí con palos?»

1

Justo en el corazón de la antigua Palestina se sitúa la región de Sefela, una serie de colinas y valles que conectan las montañas de Judea al este con las extensiones abiertas y llanas de la planicie mediterránea. La zona posee una belleza arrebatadora; un paraje natural de viñas, campos de trigo y bosques de sicómoros y terebintos. También es un punto de gran importancia estratégica.

A lo largo de los siglos, se han sucedido las guerras para hacerse con el control de la zona, puesto que los valles que se elevan desde la planicie mediterránea ofrecen un camino franco desde la costa hasta las ciudades de Hebrón, Belén y Jerusalén, en las tierras altas de Judea. El valle más importante, ubicado al norte, es el de Ayalón. Pero el más legendario es el de Ela. Allí fue donde Saladino se batió con los caballeros de las Cruzadas en el siglo XII. Y, más de mil años antes, el lugar había jugado un papel decisorio en la guerra de los Macabeos con Siria. No obstante, su nombre es conocido por encima de todo porque, en los tiempos del Antiguo Testamento, el incipiente reino de Israel se enfrentó allí contra los ejércitos de los filisteos.

Los filisteos provenían de Creta. Eran un pueblo marinero que había arribado a Palestina, y sus colonias se extendían a lo largo de la costa. Los israelitas se arracimaban en las montañas, bajo el liderazgo del rey Saúl. En la segunda mitad del siglo XI a. C., los filisteos comenzaron a desplazarse hacia el este, remontando el río por los sinuosos caminos del valle de Ela. Su meta era tomar el cerro cercano a Belén y dividir el reino de Saúl en dos. Los filisteos, unos guerreros curtidos y feroces, eran enemigos acérrimos de los israelitas. Alarmado, Saúl convocó a sus hombres, y sus tropas se apresuraron montaña abajo al encuentro del otro ejército.

Los filisteos habían establecido su campamento en los cerros del sur del valle. Los israelitas clavaron sus tiendas al otro lado, en las elevaciones del norte, de modo que los dos ejércitos podían verse a través de una quebrada. Ninguno se atrevía a hacer ningún movimiento. Atacar implicaba descender por la pendiente y emprender luego un ascenso suicida por el monte controlado por el enemigo. Finalmente, la paciencia de los filisteos se agotó. Hasta el valle enviaron a su mejor guerrero; querían romper el *impasse* con un combate de uno contra uno.

El hombre en cuestión era un gigante, de más de dos metros, y portaba un casco y una armadura completa de bronce. Sus armas eran una jabalina, una lanza y una espada. Precedía su marcha un escudero, que llevaba a cuestas un enorme escudo. El gigante se encaró con los israelitas, gritándoles: «¡Escoged de entre vosotros un hombre que venga contra mí! Si él pudiere pelear conmigo, y me venciere, nosotros seremos vuestros siervos; y si yo pudiere más que él, y lo venciere, vosotros seréis nuestros siervos y nos serviréis».

Nadie se movió en el campamento de los israelitas. ¿Quién podría derrotar a tan terrible oponente? Entonces, un joven pastor, que había venido de Belén con comida para sus hermanos, dio un paso al frente y se ofreció voluntario. Saúl se opuso: «No podrás ir tú contra aquel filisteo, para pelear con él; porque eres un muchacho y él un hombre de guerra desde su juventud». Pero el pastor se mantuvo firme. Se las había visto con oponentes más fieros, alegó. «Cuando venía un león, o un oso, y tomaba algún cordero de la manada», le dijo a Saúl, «salía yo tras él, y lo hería, y lo libraba de su boca». Saúl no tenía otra opción. Cedió, y el pastorcillo bajó corriendo la pendiente hacia el gigante que le esperaba en el valle. «Ven a mí, y daré tu carne a las aves del cielo y a las bestias del campo», bramó el gigante cuando vio aproximarse a su rival. Así dio comienzo una de las luchas más famosas de la historia. El nombre del gigante era Goliat. El pastorcillo se llamaba David.

2

David y Goliat es un libro sobre lo que ocurre cuando la gente normal se enfrenta a gigantes. Con «gigantes» me refiero a oponentes poderosos de todo tipo: ya sean ejércitos y guerreros imbatibles; ya sean la discapacidad, la desgracia o la opresión. Cada capítulo cuenta la historia de una persona concreta, famosa o desconocida, corriente o brillante, que se ha visto frente a un reto descomunal y ha tenido que reaccionar. ¿Hay que jugar de acuerdo con las reglas u obedecer a los instintos? ¿Se debe perseverar o cejar en el empeño? ¿Hay que devolver el golpe o perdonar?

A través de estas historias, quiero analizar dos ideas. La primera es que mucho de lo que consideramos más valioso en nuestro mundo proviene de esta clase de enfrentamientos desiguales, porque disputar cuando se tiene todo en contra genera grandeza y belleza. Y la segunda idea es que, una y otra vez, malinterpretamos esta clase de conflictos. Hacemos lecturas erróneas. Los comprendemos mal. Los gigantes no son como pensamos. Las mismas características que parecen dotarles de fuerza constituyen muchas veces sus puntos débiles. Y el hecho de ser el que en principio lleva las de perder puede *transformar* a la gente de modos que a menudo nos cuesta apreciar: puede abrir puertas; crear oportunidades; educar e ilustrar; y hacer factible lo que de otra manera sería impensable. Nos hacen falta mejores pautas para luchar contra gigantes, y no hay mejor lugar para comenzar este viaje que el épico duelo entre David y Goliat, hace tres mil años, en el valle de Ela.

Cuando Goliat interpeló a gritos a los israelitas, les estaba pidiendo lo que se conocía como un «duelo individual». Esta era una práctica común en la Antigüedad. A fin de evitar un baño de sangre en el campo de batalla, los dos bandos contendientes elegían a un guerrero como su representante en un duelo. Por ejemplo, en el siglo I a. C., el historiador romano Quinto Claudio

Cuadrigario narra un épico combate provocado por las mofas de un guerrero galo hacia sus oponentes romanos. «Esto suscitó de inmediato la suma indignación de Tito Manlio, un joven de la más alta cuna», escribe Cuadrigario. Tito retó a duelo al galo.

> Dio un paso al frente, no fuera a cubrir un galo de ignominia el valor romano. Armado con escudo de legionario y espada española, confrontó al galo. La lid tuvo lugar en el mismo puente [sobre el río Aniene], en presencia de los dos ejércitos, con los ánimos en vilo. La pelea dio comienzo: el galo, conforme a su modo de luchar, adelantaba el escudo y aguardaba el ataque; Manlio, confiando más en el coraje que en la habilidad, hizo chocar los escudos y logró desestabilizar al galo. Cuando el galo recuperaba la posición, Manlio volvió a hacer chocar los escudos y obligó a su rival a moverse del terreno. De esta manera, se deslizó bajo la espada del galo y clavó la hoja española en el pecho del otro [...] Tras darle muerte, Manlio cortó la cabeza del galo, le arrancó la lengua y con ella, cubierta como estaba de sangre, se rodeó el cuello.

Esto era lo que Goliat esperaba: otro guerrero dispuesto a una pelea cuerpo a cuerpo. No imaginaba que el combate pudiera entablarse de otra manera, y se preparó consecuentemente. Para protegerse de los golpes dirigidos al cuerpo, vestía una elaborada cota hecha de escamas de bronce superpuestas. Le cubría los brazos y llegaba hasta las rodillas, y probablemente sobrepasaría los cincuenta kilos de peso. También portaba grebas —tobilleras— de láminas de bronce, que se prolongaban hasta cubrir los pies. Sobre la cabeza llevaba un pesado casco de metal. Tenía tres armas diferentes, todas ellas óptimas para el combate cuerpo a cuerpo. Blandía una jabalina hecha por entero de bronce, capaz de penetrar un escudo y hasta una armadura. En la cadera llevaba una espada. Y como primera opción, aferraba un tipo de lanza especial, para las distancias cortas, con un asta de metal tan «gruesa como un rodillo de telar». Iba sujeta con una cuerda y, mediante un sofisticado juego de pesos, podía ser arrojada con una fuerza y precisión extraordinarias. El historiador Moshe Garsiel escribe: «A los israelitas, esta lanza fuera de lo común, con su pesada asta y la larga y gruesa hoja de hierro, esgrimida por el fuerte brazo de Goliat, les parecía capaz de atravesar cualquier escudo y armadura de bronce de una vez». ¿Se entiende ahora por qué ningún israelita se ofreció voluntario para aceptar el reto de Goliat?

Entonces aparece David. Saúl intenta darle su espada y su armadura para que al menos tenga una posibilidad en la contienda. David las rechaza. «Yo no puedo andar con esto», dice, «porque nunca lo practiqué». En lugar de eso, se inclina y escoge cinco piedras lisas, que guarda en su zurrón. Acto seguido, desciende hasta el valle agarrando su cayado. Cuando Goliat ve al niño que se le aproxima, se siente insultado. Esperaba librar batalla contra un soldado experto. Y, sin embargo, ante él tiene a un pastor, un muchacho con una de las profesiones más innobles, que parece querer emplear su cayado de garrota frente a la espada de Goliat. «¿Acaso soy un perro», dice Goliat señalando al bastón, «que vienes contra mí con palos?».

Lo que sucede a continuación es materia de leyenda. David coloca una de las piedras en la bolsita de cuero de la honda, y la lanza contra la frente descubierta de Goliat. El gigante cae, aturdido. David corre hacia él, empuña la espada de Goliat y le corta la cabeza. «Cuando los filisteos vieron a su paladín muerto, huyeron», explica el relato bíblico.

Esa batalla la ganó milagrosamente el más débil, alguien que, según todos los pronósticos, nunca debería haber ganado. Así nos hemos contado esta historia a lo largo de los siglos. Y por eso la expresión «David y Goliat» está integrada en nuestro lenguaje como símbolo de las victorias inesperadas. Sin embargo, esta versión de los hechos tiene un problema: está casi completamente equivocada.

3

Los ejércitos de la Antigüedad tenían tres clases de soldados. Los primeros formaban la caballería: hombres armados a lomos de sus caballos o en carros. Los segundos pertenecían a la infantería: tropa de a pie, con armaduras, espadas y escudos. El tercer grupo se especializaba en las armas arrojadizas, lo que hoy conocemos como artillería: entre ellos se contaban los arqueros y, sobre todo, los tiradores con honda. Estos tenían una bolsita de cuero que iba atada por los lados a una larga cuerda. Lo que hacían era colocar una piedra o una bola de plomo en el receptáculo, ondearlo describiendo círculos progresivamente más amplios y rápidos, y soltar finalmente un cabo de la cuerda, propulsando la piedra muy lejos.

Para lanzar los proyectiles se requería muchísima habilidad y práctica. Pero en manos expertas, la honda resultaba un arma mortífera. Algunas pinturas medievales muestran a estos tiradores derribando aves en pleno vuelo. De los tiradores con honda irlandeses se decía que podían acertar a una moneda allí hasta donde les alcanzaba la vista, y en el Libro de Jueces del Antiguo Testamento se comenta que unos tiradores «lanzaban una piedra con la honda a un cabello, y no erraban». Un tirador diestro podía matar o herir de gravedad a su objetivo a una distancia de hasta doscientos metros[*]. Los romanos tenían incluso un tipo especial de tenacillas para extraer las piedras incrustadas en los soldados alcanzados por las hondas. Imagine ahora que está en un partido de béisbol de las Grandes Ligas, y frente a usted el *pitcher* amaga con lanzar la bola contra su cabeza. Algo parecido debía de sentir quien plantaba cara a un tirador de honda..., con la salvedad de que lo que se lanzaba en este caso no era una bola de corcho y cuero, sino un pedrusco.

El historiador Baruch Halpern sostiene que la honda poseía una importancia capital en las guerras de la Antigüedad, de suerte que los tres tipos de soldados se compensaban mutuamente, igual que los gestos del juego de piedra, papel y tijera. Con sus largas picas y sus armaduras, la infantería podía resistir a la caballería. Esta podía repeler a los tiradores de la artillería, pues los caballos se movían demasiado rápido como para ser un buen blanco. Los artilleros resultaban mortíferos para la infantería, porque los soldados, entorpecidos por las pesadas armaduras,

---

[*] El récord mundial moderno de lanzamiento de piedra con honda lo estableció Larry Bray en 1981: 437 metros. Obviamente, a esa distancia, la precisión se resiente.

eran patos de feria poniéndose a tiro de los artilleros que lanzaban sus proyectiles a cien metros de distancia. «Por esta razón fracasó la expedición ateniense en Sicilia durante la guerra del Peloponeso», escribe Halpern. «Tucídides describe por extenso cómo la pesada infantería ateniense quedó diezmada en las montañas a manos de la ligera infantería local, armada principalmente con hondas».

Goliat es la infantería pesada. Cree que va a entablar un duelo con otro soldado tan pesado como él, al modo de Tito Manlio en su pelea con el galo. Cuando dice: «Ven a mí, y daré tu carne a las aves del cielo y a las bestias del campo», las palabras clave son «ven a mí». Significan que invita a su rival a acercarse a él, para iniciar una lucha cuerpo a cuerpo. Cuando Saúl intenta que David se enfunde la armadura y le entrega la espada, actúa bajo la misma premisa. Asume que David va a aceptar una lucha de igual a igual con Goliat.

Sin embargo, David no tiene ninguna intención de seguir el ritual del uno contra uno. Cuando le cuenta a Saúl que por ser pastor ha tenido que matar a osos y leones, aparte de aportar una prueba de su valor, está sugiriendo otra cosa: que pretende luchar con Goliat del modo en que ha aprendido a luchar con los animales salvajes, como un artillero.

David *corre* al encuentro de Goliat, porque lo que pierde en armadura lo gana en velocidad y maniobrabilidad. Carga la piedra en la honda, la zarandea trazando círculos, cada vez más rápidamente, a unas seis o siete revoluciones por segundo, mientras apunta hacia la frente de Goliat: el único punto vulnerable del gigante. Eitan Hirsch, un experto en balística de las Fuerzas de Defensa de Israel, hizo recientemente una serie de cálculos en los que halló que una piedra de tamaño medio, lanzada por un experto tirador con honda, a una distancia de treinta y cinco metros, habría impactado en la cabeza de Goliat a treinta y cuatro metros por segundo, velocidad más que suficiente para perforar el cráneo del rival y dejar a este inconsciente o sin vida. En términos de capacidad de detención, esto es equivalente a la fuerza de un revólver moderno. «Creemos», escribe Hirsch, «que David pudo disparar y alcanzar a Goliat en poco más de un segundo, un intervalo tan breve que no habría dejado margen a Goliat para protegerse, ni siquiera para moverse lo más mínimo».

¿Qué podía hacer Goliat? Cargaba sobre sus hombros con unos cincuenta kilos de armadura. Estaba preparado para una lucha más física, en la que podría permanecer inmóvil, rechazando los golpes con su coraza mientras asaeteaba al otro con su poderosa lanza. El gigante observó el avance de David, al principio con desdén, luego con sorpresa, y finalmente con lo que tuvo que ser horror: como si de pronto hubiera caído en la cuenta de que la batalla que aguardaba había mutado en algo muy diferente.

«Tú vienes a mí con espada y lanza y jabalina. Mas yo vengo a ti en el nombre de Jehová de los ejércitos, el Dios de los escuadrones de Israel, a quien tú has provocado», le dijo David a Goliat. Y prosiguió: «Jehová te entregará hoy en mi mano, y yo te venceré, y te cortaré la cabeza [...] Y sabrá toda esta congregación que Jehová no salva con espada y con lanza; porque de Jehová es la batalla, y él os entregará en nuestras manos».

Por dos veces menciona David la espada y la lanza de Goliat, como para enfatizar lo lejos que se encuentran sus intenciones de todo eso. Luego hurga en su zurrón para sacar una piedra, y en ese punto ninguno de los que observaban desde los riscos a ambos lados del valle podía albergar muchas dudas sobre la victoria de David. Al fin y al cabo era un tirador con honda, y estos invariablemente vencían a la infantería.

«Las posibilidades de Goliat ante alguien como David eran las mismas que las de un guerrero de la Edad de Bronce con una espada frente a uno [oponente] armado con una pistola automática calibre 45», escribe el historiador Robert Dohrenwend*.

---

* El ministro de Defensa israelí Moshe Dayan —el arquitecto de la asombrosa victoria de Israel en la guerra de los Seis Días en 1967— también escribió un ensayo sobre la historia de David y Goliat. Según Dayan: «David no luchó contra Goliat con un armamento inferior, sino todo lo contrario; su gloria no vino por el hecho de que se prestara a entrar en combate con alguien muy superior a él. Lo importante fue que supo cómo sacarle partido a un arma que permitía que una persona débil pudiera tomar la delantera y volverse más fuerte».

4

¿Por qué se ha entendido tan mal lo que ocurrió ese día en el valle de Ela? En un nivel interpretativo, el duelo revela lo insensato de nuestras asunciones sobre el poder. El rey Saúl se muestra escéptico ante las posibilidades de David porque este es pequeño y Goliat enorme. Saúl mide el poder según la potencia física. No cree que pueda conseguirse por otros medios: por ejemplo, quebrantando las reglas, o contraponiendo velocidad y efecto sorpresa a la fuerza bruta. Saúl no es el único que ha cometido este error. En las páginas siguientes, pretendo demostrar que seguimos siendo contumaces en la equivocación, con consecuencias que afectan, por ejemplo, a cómo educamos a nuestros hijos o a cómo luchamos contra el crimen y los desórdenes públicos.

Hay otro nivel interpretativo, menos evidente. Saúl y los israelitas piensan que saben quién es Goliat. Le calibran y llegan a conclusiones sobre lo que es capaz de hacer. Sin embargo, no lo están *viendo* realmente. La verdad es que el comportamiento de Goliat resulta desconcertante. Se supone que se trata de un guerrero poderoso. Pero no actúa como tal. Baja hasta el valle acompañado por un escudero, un siervo que camina por delante de él y que carga con su escudo. En los tiempos antiguos, era normal que los arqueros se hicieran acompañar hasta la batalla, puesto que un soldado que ha de manejar el arco y las flechas se quedaba sin manos libres para sostener ninguna clase de protección. Entonces, en el caso de Goliat, ¿por qué alguien que se dirige a un combate cuerpo a cuerpo necesita a un tercero para que le lleve un escudo de arquero?

Y abundando más: ¿Por qué le dice «ven a mí» a David? ¿Qué le impide arremeter contra él? El relato bíblico subraya la lentitud de los movimientos de Goliat, lo cual no termina de cuadrar con la figura de un héroe de infinita fuerza. En cualquier caso, ¿por qué no reacciona mucho antes Goliat cuando ve que David baja por la ladera desprovisto de espada, escudo o armadura? Al descubrir al pastorcillo, su primera reacción es sentirse insultado, cuando debería haber sentido pánico. Parece no percibir lo que se orquesta a su alrededor. Y tampoco puede obviarse su extraño comentario una vez ha visto a David con su cayado de pastor:

«¿Acaso soy un perro, que vienes contra mí con palos?». ¿«Palos», en plural? David solo aferra uno.

Lo que muchos expertos en medicina opinan hoy es que Goliat, en realidad, padecía una grave enfermedad. Su apariencia y sus palabras parecen las propias de alguien que sufre de acromegalia, una enfermedad causada por un tumor benigno localizado en la glándula pituitaria. Este tumor provoca una superproducción de la hormona del crecimiento humano, lo cual explicaría el excepcional tamaño de Goliat. (La persona más alta de todos los tiempos, Robert Wadlow, tenía acromegalia. Cuando murió, medía 2,72 metros, y al parecer todavía no había dejado de crecer).

Además, uno de los efectos secundarios más comunes de la acromegalia es la visión deficiente. Los tumores pituitarios pueden crecer hasta comprimir los nervios que comunican con los ojos, y a raíz de esto la gente con acromegalia a menudo ve muy poco o sufre de diplopía, o visión doble. ¿Por qué precedía un escudero a Goliat rumbo al valle? Porque el siervo actuaba como su lazarillo. ¿Por qué se mueve con tal lentitud? Porque el mundo a su alrededor es un borrón. ¿Por qué le cuesta tanto entender que David ha cambiado las reglas del juego? Porque no llega a ver a David hasta que lo tiene justo delante de sus narices. «Ven a mí, y daré tu carne a las aves del cielo y a las bestias del campo», grita, y en ese desafío está insinuada toda su vulnerabilidad. *Necesito que vengas hasta mí porque no tengo otra forma de localizarte.* Y entonces pronuncia aquello que parece inexplicable: «¿Acaso soy un perro, que vienes contra mí con palos?». David solo tenía un palo, pero Goliat vio dos.

Lo que los israelitas veían desde las alturas era un gigante intimidante. En realidad, lo mismo que le había hecho crecer tanto también era la causa de su debilidad. Esto encierra una importante lección para cualquiera que luche contra gigantes. Los poderosos y los fuertes no son siempre lo que parecen.

David arremetió contra Goliat, animado por el valor y la fe. Goliat estaba ciego ante su acometida, y en un segundo se vio en el suelo, demasiado corpulento y con la vista demasiado turbia para entender cómo habían podido cambiar tanto las tornas. Durante todos estos años, les hemos contado mal esta clase de cuentos a los niños. *David y Goliat* pretende enmendar esto.

Primera parte

Las ventajas de las desventajas (y las desventajas de las ventajas)

Hay quienes pretenden ser ricos, y no tienen nada.
Y hay quienes pretenden ser pobres, y tienen muchas riquezas.

Proverbios 13, 7

Capítulo 1
Vivek Ranadivé

«Fue algo completamente fortuito.
Mi padre nunca había jugado al baloncesto»

1

Cuando Vivek Ranadivé decidió entrenar al equipo de baloncesto de su hija Anjali, se fijó dos principios. El primero era que nunca alzaría la voz. Se trataba de la liga National Junior, la hermana pequeña de las ligas de baloncesto. El equipo lo componían básicamente niñas de doce años, y las niñas de doce años, lo sabía Ranadivé por experiencia propia, no respondían bien a los gritos. Gestionaría las cosas sobre la pista de baloncesto, concluyó, del mismo modo en que gestionaba su empresa de *software*. Hablaría con una voz calmada y suave, y convencería a las chicas de lo pertinente de sus ideas apelando a la razón y al sentido común.

El segundo principio era más importante. Ranadivé no entendía el modo en que se juega al baloncesto en Estados Unidos. Él es originario de Mumbai. Creció con el *cricket* y el fútbol. Nunca olvidaría la primera vez que presenció un partido de baloncesto. Le pareció un deporte descerebrado. El equipo A encestaba, y entonces se batía inmediatamente en retirada hasta el otro extremo de la cancha. El equipo B sacaba el balón desde uno de los laterales, e iba pasándoselo hasta llegar al terreno del equipo A, cuyos jugadores esperaban pacientemente la llegada de sus rivales. Luego el proceso se reanudaba con los papeles cambiados.

Una cancha reglamentaria de baloncesto tiene unos veintiocho metros de largo. La mayor parte del tiempo, un equipo defiende una cuarta parte de ese espacio, concediéndole al rival más de veinte metros. Puntualmente los equipos despliegan una presión a toda pista, es decir, intentan desbaratar todos los intentos del equipo atacante para que la pelota avance desde su lado del campo. Sin embargo, solo se recurre a este tipo de defensa durante unos pocos minutos. Era como si existiera una especie de conspiración general sobre el modo en que ha de jugarse al baloncesto, reflexionó Ranadivé, y esa conspiración tenía como efecto que se agrandaran las diferencias entre los equipos buenos y los equipos flojos. Los buenos, después de todo, contaban con jugadores altos capaces de driblar y encestar; podían ejecutar pulcramente sus jugadas cuidadosamente ensayadas en el terreno rival. Entonces, ¿por qué los equipos flojos jugaban de un modo que dejaba vía libre a los equipos buenos para hacer aquello que los volvía tan buenos?

Ranadivé observaba a sus chicas. Morgan y Julia eran unas jugadoras más que decentes. Pero Nicky, Angela, Dani, Holly, Annika y su propia hija, Anjali, no habían jugado al baloncesto en su vida. No eran particularmente altas. No sabían tirar a canasta. Y tampoco destacaban por sus condiciones para driblar. Tampoco eran de las que se quedan a jugar partidillos todas las tardes. Ranadivé vive en Menlo Park, en el centro del californiano Silicon Valley. Su equipo estaba formado, como resumía él, por «unas chicas rubias bajitas». Las hijas de los típicos informáticos y programadores. Chicas que se esmeraban en sus proyectos de ciencias y que leían libros gruesos y enrevesados mientras fantaseaban con convertirse en biólogas marinas. Ranadivé creía que, si jugaban de la manera convencional —si permitían que sus rivales se pasaran la pelota hasta su campo sin oposición—, era casi seguro que perderían ante unas chicas para las que el baloncesto representaba una pasión. Ranadivé había llegado a Estados Unidos con diecisiete años y cincuenta dólares en el bolsillo. No era de los que aceptan una derrota fácilmente. Así que fijó su segundo principio: su equipo desplegaría una presión a toda pista... durante todo el tiempo, y en todos los partidos. El equipo terminó llegando a los campeonatos nacionales. «Fue algo completamente fortuito», afirmaba Anjali Ranadivé. «Mi padre nunca había jugado al baloncesto».

2

Imagínese que censa en dos grupos los ejércitos de todas las guerras declaradas en los últimos dos siglos entre países muy grandes y países muy pequeños. Pongamos que el bando resultante de los grandes es diez veces mayor en población y en potencial bélico que el otro. ¿Cuál sería el porcentaje de victorias del primer bando en su opinión? Creo que la mayoría apostaríamos por una cifra próxima al cien por cien. Una diferencia de diez a uno es *enorme*. Pero la respuesta verdadera tal vez le sorprenda. Cuando el politólogo Ivan Arreguín-Toft efectuó el cálculo hace unos años, el resultado fue del 71,5 por ciento. Casi un tercio de las veces, el equipo más débil vence.

A continuación, Arreguín-Toft varió ligeramente la formulación de la pregunta. ¿Qué sucede en las guerras descompensadas cuando el bando más débil hace como David y renuncia a luchar del modo en que prefieren los más fuertes, y emplea tácticas poco convencionales o de guerrilla? La respuesta: en esos casos, el porcentaje de victorias del contendiente más débil asciende del 28,5 por ciento al 63,6 por ciento. Para poner estas cifras en perspectiva, la población de Estados Unidos es diez veces la de Canadá. Si los dos países fueran a la guerra y Canadá eligiera luchar con métodos heterodoxos, la historia sugiere que su dinero estaría más seguro si apostase por Canadá.

Creemos que las victorias de los supuestamente más débiles son hechos insólitos: por eso la historia de David y Goliat ha tenido tanta resonancia a lo largo de los años. Sin embargo, el trabajo de Arreguín-Toft nos indica lo contrario. Los que no son favoritos ganan una y otra vez. Entonces, ¿por qué nos llevamos las manos a la cabeza cada vez que David vence a Goliat? ¿Por qué asumimos automáticamente que ser más pequeño, más pobre o más torpe supone *necesariamente* una desventaja?

La lista de matagigantes victoriosos hecha por Arreguín-Toft incluía, por ejemplo, a T. E. Lawrence (más popularmente conocido como Lawrence de Arabia), quien al final de la Primera Guerra Mundial comandó la revuelta árabe contra el ejército turco que ocupaba Arabia. Los británicos estaban ayudando a los árabes sublevados, y su objetivo era destruir la larga vía de ferrocarril que los turcos habían tendido desde Damasco hasta el interior del desierto de Hiyaz.

Era una misión casi imposible. Los turcos contaban con un formidable ejército moderno. En cambio, Lawrence lideraba una indómita banda de beduinos. Nada que ver con un ejército instruido. Sus hombres eran nómadas. Sir Reginald Wingate, uno de los comandantes ingleses en la región, los llamó «chusma asilvestrada, la mayoría nunca ha disparado un fusil». Sin embargo, eran duros de pelar y se movían con ligereza. El equipo de un soldado beduino normal se limitaba a un fusil, unos cien cartuchos y algo más de dos kilos de harina; y eso les permitía recorrer unos 170 kilómetros al día por el desierto, incluso en verano. Para beber les bastaba llevar medio litro de agua, pues se las apañaban muy bien para hallar agua en el desierto. «Nuestras bazas eran la velocidad y el tiempo, no la fuerza de choque», escribió Lawrence. «Nuestros hombres procedían sobre todo de las tribus, gentes poco acostumbradas a las formalidades de la guerra, cuyas virtudes eran la versatilidad, la resistencia, la inteligencia individual, el conocimiento de la región y el valor». El general del siglo XVIII Maurice de Saxe dejó dicho que el arte de la guerra se fundaba en las piernas, no en las armas, y si las tropas de Lawrence tenían algo *eran* piernas. Veamos a continuación un periodo de actividad normal de sus hombres durante la primavera de 1917: el 24 de marzo dinamitaron sesenta vías de tren y cortaron la línea del telégrafo en Al Buwayr; el 25 de marzo sabotearon un tren y veinticinco vías en Aba el Naam; el 27 de marzo dinamitaron quince vías de tren y cortaron una línea de telégrafos en Istabl Antar; el 29 de marzo asaltaron una guarnición turca e hicieron descarrilar un tren; el 31 de marzo regresaron a Al Buwayr para sabotear de nuevo la línea de ferrocarril; el 3 de abril dinamitaron once vías en Hedia; el 4 y el 5 de abril asaltaron la línea de tren en la zona de Wadi Daiji; y el 6 de abril protagonizaron dos ataques más.

El golpe maestro de Lawrence fue el asalto a la ciudad portuaria de Áqaba. Los turcos esperaban un ataque de la flota inglesa que patrullaba las aguas del golfo de Áqaba al oeste. En lugar de eso, Lawrence decidió atacar por el este, abalanzándose sobre la ciudad desde el desguarnecido desierto. Para lograr esto, tuvo que guiar a sus hombres en un rodeo de casi mil kilómetros: partiendo de Hiyaz para dirigirse al norte por el desierto sirio; y luego bajando hasta Áqaba. La hazaña se realizó en verano, a través de uno de los territorios más inhóspitos de Oriente Próximo, y Lawrence aún tuvo arrestos para desviarse hasta las inmediaciones de Damasco, a fin de confundir a los turcos sobre sus intenciones. «Aquel año el valle parecía hervir de víboras cascabel y víboras bufadoras, cobras y serpientes negras», anota Lawrence en *Los siete pilares de la sabiduría*, al ocuparse de una etapa en su travesía.

> No podíamos conseguirnos agua con facilidad tras el crepúsculo, pues para entonces las serpientes nadaban en las charcas o se apiñaban hechas nudos en las orillas. Por dos veces se deslizaron víboras bufadoras en nuestro vigilante corro mientras tomábamos café y conversábamos. Tres de nuestros hombres murieron por mordeduras; cuatro se recuperaron tras pasar muchos miedos y dolores, además de la hinchazón de la extremidad envenenada. El tratamiento de los howeitat consistía en vendar la parte afectada con un emplasto de piel de serpiente, y luego en leerle al doliente capítulos del Corán hasta que moría.

Cuando finalmente lograron llegar a Áqaba, la banda de cientos de guerreros liderada por Lawrence mató o hizo cautivos a mil doscientos turcos. En sus filas solo hubo dos bajas. A los turcos les había parecido inconcebible que sus contrincantes pudieran estar tan locos como para caer sobre ellos desde el desierto.

Sir Reginald Wingate llamó a los hombres de Lawrence «chusma asilvestrada». Para él los turcos eran los indiscutibles favoritos. Pero ¿no le resulta extraño que pensara eso? Sin duda, contar con muchos soldados, armas y recursos, como los turcos, es una ventaja. No obstante, esto también bloquea tus movimientos y te pone a la defensiva. En cambio, la versatilidad, la resistencia, la inteligencia individual, el conocimiento de la región y el valor, aquellas cualidades que los hombres de Lawrence tenían en abundancia, les posibilitaron lo imposible, en este caso atacar Áqaba desde el este, siguiendo una estrategia tan audaz que los turcos fueron incapaces de anticiparla. Hay una clase de ventajas que tiene que ver con los recursos materiales, y otra con la *falta* de recursos materiales; y el motivo por el que los menos favoritos ganan tan a menudo es que en ocasiones la segunda vale tanto como la primera.

Por algún motivo, nos cuesta mucho aprender esta lección. Opino que nuestra definición de ventaja es muy rígida y limitada. Pensamos que nos ayudan cosas que realmente nos perjudican; y otras que pensamos que nos perjudican en realidad nos hacen más fuertes y sabios. La primera parte de *David y Goliat* pretende analizar las consecuencias de este error. Cuando vemos al gigante, ¿por qué asumimos automáticamente que la balanza se inclina a su favor? ¿Y qué es lo que distingue a las personas que no aceptan el curso normal de las cosas como algo inevitable, como David, Lawrence de Arabia o, por qué no, Vivek Ranadivé y su pandilla de frikis de Silicon Valley?

3

El equipo de baloncesto de Vivek Ranadivé jugaba en la división para los equipos de séptimo y octavo de la liga National Junior, representando a Redwood City. Las chicas entrenaban en Paye's Place, un gimnasio en la cercana San Carlos. Como Ranadivé no había jugado nunca al baloncesto, reclutó como ayudantes a un par de expertos. El primero era Roger Craig, un exatleta profesional que trabajaba para la empresa de *software* de Ranadivé*. Tras Craig, la siguiente en incorporarse fue su hija Rometra, que había jugado al baloncesto en la universidad. Rometra era el tipo de persona a la que se le encargaba la defensa de la estrella rival para desactivarla. Las chicas del equipo la adoraban. «Siempre ha sido como mi hermana mayor», decía Anjali Ranadivé, «fue fantástico tenerla con nosotras».

---

* A decir verdad, Roger Craig es algo más que un exatleta profesional. Ya retirado, sigue siendo uno de los mejores *running backs* que haya habido en la Liga Nacional de Fútbol Americano.

La estrategia de Redwood City giraba en torno a los dos límites de tiempo que los equipos de baloncesto deben respetar cuando tienen la pelota. El primero empieza con el saque de fondo. Cuando un equipo encesta, el encargado de sacar por el otro bando tiene cinco segundos para darle la pelota a un compañero. Si se sobrepasa ese tiempo, la posesión va al rival. Esto no suele ser muy determinante, porque los equipos rara vez se quedan para defender el saque de fondo. Normalmente se dirigen a toda prisa hacia su propio campo. Redwood City no hacía eso. Cada una de sus jugadoras seguía como una sombra a sus rivales. Cuando algunos equipos despliegan la presión, el defensor se mueve tras el atacante para entorpecerlo una vez ha recibido la pelota. Sin embargo, las chicas de Redwood City aplicaron una estrategia más agresiva y temeraria. Se colocaban delante de sus rivales para impedirles siquiera recibir en el saque de fondo. Y la jugadora que ponía la pelota en juego quedaba libre de marca. ¿Para qué molestarse? Ranadivé empleaba a su jugadora sobrante como comodín para realizar un dos contra uno con la estrella rival.

«Piensa en el fútbol», comentaba Ranadivé. «El *quarterback* puede correr con el balón. Tiene todo el campo para lanzarlo, y aun así le resulta muy complicado dar un pase bueno». El baloncesto era más difícil. Un campo más pequeño. Un límite de cinco segundos. Y una pelota más grande y pesada. La mitad de las veces, los equipos que se enfrentaban a Redwood City ni siquiera conseguían hacer el saque de fondo dentro de los cinco segundos estipulados. O si no, la encargada del saque era presa del pánico, viendo que su tiempo se agotaba, y lanzaba la pelota a ciegas. O hacía un mal pase que interceptaban las jugadoras de Redwood City. Las chicas de Ranadivé se movían como obsesas.

El segundo límite de tiempo en el baloncesto exige que el equipo con la pelota traspase la mitad del campo en menos de diez segundos. Así pues, cuando las contrincantes de Redwood City lograban salvar el primer límite, y hacían el saque de fondo a tiempo, las chicas ponían sus cinco sentidos en esos diez segundos de plazo. Se abalanzaban sobre la jugadora que había recibido la pelota y la «capturaban». Anjali era la «capturadora» oficial. Lanzaba un *sprint* para hacer un dos contra uno, mientras extendía los brazos a lo largo y a lo ancho. A veces robaba la pelota. Otras veces la atacante tiraba el balón aterrorizada, o si no terminaba encajonada e inmovilizada, hasta que el árbitro hacía sonar su silbato.

«Cuando comenzamos, nadie sabía cómo hacer una defensa ni nada parecido», contaba Anjali. «Así que mi padre se pasaba todo el partido repitiéndonos: "Vuestro cometido es defender a alguien y aseguraros de que nunca reciba en los saques de fondo". No hay sensación mejor que robarle la pelota a alguien. Nuestro juego era presión y robo, y hacíamos eso una y otra vez. Eso ponía nerviosas a las rivales. Había equipos mucho mejores que nosotras, que llevaban mucho tiempo jugando, y sin embargo les ganábamos».

Las jugadoras de Redwood City se ponían por delante 4-0, 6-0, 8-0, 12-0. En una ocasión llegaron a 25-0. Como normalmente se hacían con la pelota bajo el aro de sus rivales, apenas tenían que recurrir a los tiros de larga distancia, que siempre tienen porcentajes de acierto menores y exigen más destreza y práctica. Lo suyo eran las bandejas. En una de las escasas derrotas de Redwood City ese año, solo tenían cuatro jugadoras disponibles. Y aun así presionaron. ¿Por qué no? Al final perdieron solo por tres puntos.

«Gracias a la defensa podíamos ocultar nuestras debilidades», analizaba Rometra Craig. «Podíamos esconder que no disponíamos de buenas tiradoras exteriores. También que no éramos precisamente las más altas. Si nos aplicábamos a fondo en la defensa, podíamos robar la pelota para conseguir bandejas fáciles. Yo era franca con las chicas. Les decía: "No somos el mejor equipo de baloncesto de la liga". Pero cada una de ellas entendía cuál era su papel». Una chica de doce años estaba dispuesta a dejarse la piel por Rometra. «Eran fantásticas», concluía.

Lawrence atacó a los turcos donde eran más frágiles, en las estaciones del ferrocarril más lejanas y desérticas, y no en sus bastiones. El equipo de Redwood City atacaba el saque de fondo de sus rivales, ese momento del juego en el que un equipo bueno es tan vulnerable como uno malo. David rechazó iniciar un combate cuerpo a cuerpo con Goliat, porque sabía que llevaba las de perder. Manteniéndose a una distancia prudencial, convirtió todo el valle en su campo de batalla. Las chicas de Redwood City aplicaron la misma táctica. Defendían los veintiocho metros de una cancha de baloncesto. La presión a toda pista es piernas, no armas. Suple la habilidad con esfuerzo. Es baloncesto para quienes, como los beduinos de Lawrence, están «poco acostumbrados a las formalidades de la guerra, cuyas virtudes [son] la versatilidad, la resistencia, la inteligencia individual, el conocimiento de la región y el valor».

—Como estrategia es realmente *agotadora* —decía Roger Craig. Ranadivé y él se hallaban en una sala de reuniones de la empresa de *software* del primero, mientras rememoraban esa temporada de ensueño. Ranadivé estaba junto a la pizarra, e ilustraba con diagramas las complejidades de la presión de Redwood City. Craig se sentaba a la mesa.

—Mis chicas tenían que estar más en forma que las otras —apuntaba Ranadivé.

—¡Las ponía a correr de veras! —intervenía Craig, asintiendo.

—Durante los entrenamientos, seguíamos estrategias del fútbol —comentaba Ranadivé—. Las hacíamos correr sin parar. No podía enseñarles la técnica en un periodo tan corto de tiempo, así que nos aseguramos de que estuvieran en forma y les explicamos los rudimentos del juego. La actitud es fundamental en el baloncesto, porque siempre terminas agotado.

Ranadivé decía «agotado» con un tono aprobatorio. Su padre fue un piloto al que el Gobierno indio encarceló por no cejar en sus denuncias sobre la falta de seguridad de los aviones del país. Ranadivé ingresó en el MIT tras ver un documental en el instituto y decidir que era el sitio idóneo para él. Esto sucedía en los años setenta del siglo pasado, cuando salir al extranjero para realizar estudios universitarios requería que el Gobierno indio autorizara la entrega de divisa extranjera; y Ranadivé acampó en el exterior de la oficina del gobernador del Banco de Reserva de la India hasta que consiguió su dinero. Ranadivé es esbelto y delgado, y sus andares lánguidos transmiten una cierta imperturbabilidad. Pero esto no debe confundirse con indolencia. Los Ranadivé son implacables.

—¿Cuál era nuestro grito de guerra? —decía Ranadivé, y giró la cabeza hacia Craig.

Los dos hombres se quedaron pensativos un instante, y luego gritaron sonrientes al unísono:

—¡Un, dos, tres, *actitud!*

Toda la filosofía de Redwood City se resumía en la voluntad de ponerle más empeño que nadie.

—En una ocasión, unas chicas nuevas se unieron al equipo —recordaba Ranadivé—, y en el primer entrenamiento con ellas les dije: «Mirad, esto es lo que vamos a hacer», y se lo mostré. Les dije: «Todo depende de la actitud». Y había una de las nuevas que me preocupaba, porque parecía no haber entendido lo de la actitud. Luego, cuando dimos nuestro grito de guerra, ella repuso: «No, no es así; no es 'Un, dos, tres, *actitud*'. Es '¡Un, dos, tres, *hurra!*'».

En ese instante tanto Ranadivé como Craig rompían a reír.

4

En enero de 1971, los Rams de la Universidad de Fordham se enfrentaban a los Redmen de la Universidad de Massachusetts. El choque tenía lugar en Amherst, en el legendario pabellón conocido como el Cage [Celda], donde los Redmen no habían perdido un partido desde diciembre de 1969. Sus números eran 11 victorias y 1 derrota. La estrella de los Redmen no era otro que Julius Erving, Doctor J., uno de los mejores deportistas que haya pisado nunca una cancha de baloncesto. El equipo de Massachusetts era realmente brillante. Por el contrario, Fordham era un equipo de fajadores compuesto por chicos del Bronx y Brooklyn. Su pívot se había hecho trizas la rodilla durante la primera semana de entrenamientos y era baja, con lo cual su jugador de más talla apenas llegaba al 1,95. El alero titular, y los aleros no suelen irles a la zaga en altura a los pívots, era Charlie Yelverton, que rondaba el 1,85. Sin embargo, en cuanto sonó la bocina, los Rams desplegaron una presión a toda pista y no bajaron la intensidad en ningún momento. En palabras de Digger Phelps, el entrenador de Fordham entonces: «Nos pusimos muy rápido con una ventaja de 13-6, y el resto del choque fue una auténtica batalla. Estamos hablando de chicos duros de ciudad. Jugábamos los veintiocho metros del parqué. Sabíamos que antes o después te acabaríamos resquebrajando». Phelps iba turnando a sus jugadores, esos infatigables chicos irlandeses e italianos del Bronx, en la defensa de Erving, y uno tras otro terminaban eliminados por faltas. Ninguno era tan bueno como Erving. Pero no importó. Fordham se impuso 87-79.

En el mundo del baloncesto, se suceden las historias sobre partidos legendarios en los que David venció a Goliat gracias a una presión a toda pista. Pero lo enigmático del caso es que la táctica nunca se ha popularizado. ¿Qué hizo Digger Phelps la temporada siguiente a esa sorprendente victoria frente a Massachusetts? Nunca volvió a emplear la presión a toda pista del mismo modo. Y Jack Leaman, el entrenador de Massachusetts, que recibió una cura de humildad en su casa a manos de unos chicos de la calle, ¿aprendió la lección y usó la presión la siguiente vez que se enfrentó a un equipo mucho más flojo? No lo hizo. Mucha gente del mundillo desconfía de la presión porque le encuentra fallos: puede ser desarbolada por un equipo bien dirigido que cuente con buenos manejadores del balón y astutos pasadores. Al mismo Ranadivé no le cuesta admitir esto. Lo único que tenían que hacer los rivales para derrotar a Redwood City era devolverles la presión. Las chicas no eran lo bastante buenas como para probar una dosis de su propia medicina. Sin embargo, todas estas objeciones nos distraen de lo fundamental. Si las chicas de Ranadivé o los pundonorosos fajadores de Fordham hubieran jugado del modo convencional, les habrían endosado una paliza de treinta puntos de diferencia. La presión era la mejor opción de las supuestas víctimas para derrotar a Goliat. Así que, aplicando la lógica, *todos* los equipos pequeños deberían usar la fórmula, ¿no? Entonces, ¿por qué no lo hacen?

Arreguín-Toft se topó con el mismo patrón desconcertante. Cuando los débiles luchaban como David, solían salir vencedores. Pero la mayoría de las veces, los débiles *renunciaban* a luchar como David. En los 202 conflictos recogidos en la base de datos de Arreguín-Toft, el contendiente más débil escogía luchar contra Goliat de igual a igual, al modo convencional, 152 veces, terminando derrotado en 119 ocasiones. En 1809, los peruanos desafiaron directamente a las tropas españolas y perdieron; en 1816, los georgianos pelearon de frente con los rusos y también perdieron; en 1817, los pindari arremetieron contra los británicos y cayeron; en la rebelión kandiana de 1817, el pueblo de Sri Lanka luchó de tú a tú con los británicos y también terminó derrotado; en 1823, los birmanos optaron por la guerra convencional contra los británicos y tampoco les fue mejor. La lista de fracasos es infinita. En los años cuarenta del siglo pasado, la insurgencia comunista en Vietnam constituyó un terrible dolor de cabeza para los franceses hasta que, en 1951, Vo Nguyen Giap, el estratega del Viet Minh, se pasó a la guerra convencional y las derrotas en su bando no tardaron en encadenarse. George Washington hizo lo mismo durante la guerra de la Independencia de Estados Unidos, cuando abandonó la guerra de guerrillas que había resultado tan favorable a los colonos durante las etapas iniciales de la contienda. Escribe William Polk en *Políticas violentas,* una crónica sobre las guerras fuera de los cauces normales: «En cuanto pudo, [Washington] dedicó todas sus energías a formar un ejército como el británico, el Continental. Esta decisión le condujo a una sucesión de derrotas y casi le hizo perder la guerra».

Para no juzgar absurdas tales actitudes, viene bien recordar la larga marcha de Lawrence por el desierto para llegar a Áqaba. Resulta más fácil vestir a los soldados con uniformes relumbrantes y ponerlos a desfilar al son de los tambores que hacerles recorrer mil kilómetros en camello a través de un desierto plagado de serpientes. Resulta más fácil, y más gratificante, volver corriendo hasta tu campo tras cada canasta para recomponer las filas —y ejecutar jugadas perfectamente coreografiadas— que desplegarse como un enjambre, moviendo los brazos sin parar, a fin de no ceder ni un centímetro de la cancha de baloncesto. Las estrategias de los matagigantes *cuestan.*

La única persona que pareció asimilar las lecciones de ese memorable partido entre Fordham y la Universidad de Massachusetts fue un base pequeño y enjuto del equipo de novatos de Massachusetts, un tal Rick Pitino. Ese día no saltó a la cancha. Se quedó mirando en el banquillo, con los ojos bien abiertos. Más de cuatro décadas después, aún puede recitar de memoria los nombres de casi todos los jugadores de Fordham: Yelverton, Sullivan, Mainor, Charles, Zambetti.

«Pusieron en práctica la presión de equipo más increíble que haya visto nunca», decía Pitino. «Cinco chicos rondando el 1,90. Costaba creer cómo cubrían todo el campo. Lo analicé. No tenían que habernos ganado de ningún modo. En el Cage éramos imbatibles».

Pitino se convirtió en el entrenador de la Universidad de Boston en 1978, a los veinticinco años de edad, y usando la presión logró clasificar a su equipo para el torneo de la NCAA por primera vez en veinticuatro años. En su siguiente destino como entrenador, Providence College, Pitino tomó las riendas de un equipo que había concluido el año anterior con un total de 11 victorias y 20 derrotas. Los jugadores eran bajos y no precisamente talentosos: un duplicado de los Fordham Rams. Presionando sin tregua, terminaron a un partido de colarse en los campeonatos nacionales. A lo largo de su carrera, Pitino ha cosechado una sucesión de logros extraordinarios con solo una parte del talento de sus contrincantes.

«Todos los años vienen muchos entrenadores a que les enseñe la presión», afirmaba Pitino. Ahora ocupa el banquillo de la Universidad de Louisville, y Louisville se ha convertido en La Meca de todos los Davides que intentan aprender el modo de batir a sus Goliats. «Me mandan e-mails. Me dicen que no les sale. Que no saben si sus jugadores resistirán». Pitino sacudía la cabeza. «Nosotros entrenamos dos horas todos los días. Los jugadores están sin parar al menos el 98 por ciento de las sesiones. No perdemos mucho tiempo hablando. Cuando hacemos nuestras correcciones [es decir, cuando Pitino y sus ayudantes detienen el juego para dar instrucciones], las intervenciones no duran más de siete segundos, para que las pulsaciones no bajen. Estamos siempre trabajando». ¡Siete segundos! Los entrenadores que llegan a Louisville se sientan en las gradas, contemplan semejante derroche de energía y se desesperan. Para jugar como David uno ha de estar desesperado. Eres tan *malo* que no tienes otra opción. Pero los equipos de esos entrenadores eran, como poco, decentes, y ellos sabían que la estrategia no funcionaría en su caso. Nunca convencerían a sus chicos para jugar con tamaña intensidad. No estaban tan desesperados. ¿Y Ranadivé? Él sí que lo estaba. No había más que ver la incompetencia de sus chicas para dar un buen pase, driblar o tirar. Aunque lo que parecía su mayor desventaja no lo era en absoluto. Precisamente, fue lo que hizo posible su estrategia ganadora.

5

Una de las consecuencias que trajeron las primeras victorias de Redwood City fue que los entrenadores rivales comenzaron a picarse. Había la opinión de que las de Redwood City no jugaban limpio; que era inapropiado emplear la presión a toda pista con chicas de doce años, que apenas comenzaban a interiorizar los fundamentos del juego. El objetivo del baloncesto de las categorías inferiores, afirmaba el coro disidente, era aprender a jugar bien el deporte. Las chicas de Ranadivé, en su opinión, no jugaban de verdad al *baloncesto*. Por supuesto, se puede argüir que al aplicar la presión esas chicas recibían una lección mucho más valiosa: que el esfuerzo puede tumbar a la habilidad, y que las convenciones no existen más que para ser desafiadas. Pero los entrenadores del lado menos agradable de los marcadores obtenidos por Redwood City no estaban tan dispuestos a entrar en cuestiones filosóficas.

—Hubo uno que quería que saliéramos a pegarnos al aparcamiento —recordaba Ranadivé—. Era un tío grandote. Tenía todas las pintas de jugar al fútbol y al baloncesto, y no aguantaba que un tipo delgaducho y extranjero le ganara en su deporte. Me quería dar una paliza.

Roger Craig afirmaba que en ocasiones se quedaba estupefacto ante las escenas que presenciaba.

—Los otros entrenadores se ponían a vociferarles a sus chicas y las humillaban con tanto grito. Increpaban a los árbitros: «¡Eso es falta! ¡Eso es falta!». Pero no hacíamos falta. Solo planteábamos una defensa muy agresiva.

—Una vez estábamos jugando contra el equipo de East San Jose —decía Ranadivé—. Llevaban años jugando. Eran chicas que habían mamado el baloncesto desde pequeñas. Y las estábamos aplastando. Nos pusimos creo que 20-0. No les dejábamos ni sacar siquiera, y su entrenador se ofuscó tanto que agarró la silla y la lanzó por los aires. Se puso a chillar a sus jugadoras y, por supuesto, cuanto más les chilles a unas chicas de esa edad, más nerviosas se pondrán. —Ranadivé negaba con la cabeza. Nunca, nunca, alces la voz—. Al final, el árbitro sacó a empujones a ese tipo del pabellón. Tuve miedo. Creo que él no podía tolerar que esas chicas rubias, que eran claramente inferiores como jugadoras, estuvieran dándoles semejante correctivo.

Todas las cualidades que distinguen al jugador ideal de baloncesto se basan en la técnica y en una ejecución afinadamente calibrada. Cuando el juego pasa a estar determinado por el esfuerzo, se transforma en algo irreconocible: una mezcla chocante de jugadas interrumpidas y de miembros en constante agitación, en la que los jugadores habitualmente más competentes sienten pánico y arrojan la pelota fuera del campo. Hay que ser un auténtico marginal, por ejemplo un extranjero desconocedor del juego o un chico flacucho de Nueva York que se sienta en un extremo del banquillo, para reunir la suficiente audacia y ponerse a jugar así.

T. E. Lawrence logró triunfar porque encarnaba lo opuesto al típico oficial del ejército británico. No se había licenciado con honores en una de las academias militares inglesas más renombradas. Era arqueólogo de profesión y escribía una prosa muy sutil. Acudía a ver a sus superiores en sandalias y vestido con el atuendo beduino completo. Hablaba árabe como un nativo y manejaba los camellos como si hubiera estado montando uno toda su vida. No le importaba nada lo que la ortodoxia militar pudiera opinar de su «chusma asilvestrada», porque su suerte no dependía de lo que dijeran los altos estamentos. Pensemos también en David. Debía de saber que existía un protocolo en los duelos con los filisteos, espada contra espada. Pero él era pastor, una de las profesiones más humildes en la sociedad de la Antigüedad. No le atañían los puntillismos del ritual militar.

Gastamos mucho tiempo pensando en los grandes beneficios que nos aportan el prestigio, los recursos y la relación con instituciones de élite. Y no pensamos lo suficiente en cómo esas ventajas materiales muchas veces limitan nuestras opciones. Vivek Ranadivé permanecía de pie en los laterales mientras los padres de los equipos rivales le lanzaban los peores improperios. La mayoría se hubiera achantado ante tanta animosidad. Pero no Ranadivé. *Fue algo completamente fortuito. Mi padre nunca había jugado al baloncesto.* Así que ¿por qué tenía que importarle lo que el mundillo del baloncesto pensara de él? Ranadivé entrenaba a unas jugadoras mediocres de un deporte del que lo desconocía todo. Era un inadaptado y llevaba las de perder, y eso le otorgó la libertad de probar cosas con las que nadie más había soñado.

6

En los campeonatos nacionales, las chicas de Redwood City ganaron sus dos primeros partidos. Sus rivales en la tercera ronda provenían del profundo Orange County. Jugaban como anfitrionas y además se encargaban de aportar el árbitro. El partido se disputaba a las ocho de la mañana. Las jugadoras de Redwood City abandonaron el hotel a las seis para evitar embotellamientos. A partir de ahí, todo fue cuesta abajo. El árbitro no se creyó lo del «¡Un, dos, tres, actitud, *hurra!*». No pensaba que el baloncesto consistiera en impedir que el rival sacara de fondo. Empezó a pitar una falta personal tras otra.

—Cualquier contacto era falta —decía Craig. El mínimo roce. Le dolía recordar aquello.

—Mis chicas no lo entendían —intervenía Ranadivé—. El árbitro nos pitó como cuatro veces más faltas que a las rivales.

—La gente nos abucheaba —seguía Craig—. Fue desagradable.

—Una proporción de dos a uno puede entenderse. Pero ¿cuatro veces más? —Ranadivé sacudía la cabeza.

—Eliminaron a una de las chicas por faltas.

—No desfallecimos. Todavía teníamos una oportunidad de ganar. Pero...

Ranadivé ordenó a sus chicas que abandonaran la presión. Tenía que hacerlo. Las jugadoras de Redwood City se retiraron hasta su campo y observaron pasivas el avance de sus rivales. Las chicas de Redwood City no corrían. Pausaban el juego y deliberaban entre ellas cuando tenían la posesión de la pelota. Se pusieron a jugar al baloncesto del modo en que se supone que hay que jugar, y terminaron perdiendo. Aunque no sin haber demostrado antes que Goliat no es tan gigante como él se cree.

Capítulo 2
Teresa DeBrito

«En mi clase más numerosa había veintinueve niños.
Oh, aquello fue divertido»

1

Cuando se construyó la escuela secundaria de Shepaug Valley para cubrir las necesidades de los niños del *baby boom*, cada mañana salían desparramados de los autobuses escolares trescientos estudiantes. El edificio tenía en la entrada una hilera de puertas dobles para asimilar la estampida, y los pasillos estaban tan concurridos como una autopista.

Pero estamos hablando de los viejos tiempos. El *baby boom* ya pasó. Y las parejas adineradas de Nueva York descubrieron el bucólico rincón de Connecticut donde está emplazado Shepaug, con sus encantadores pueblos coloniales y sus serpenteantes caminos rurales. Los precios de la vivienda subieron. Las familias más jóvenes ya no podían permitirse vivir en la zona. La matrícula bajó entonces a 245 alumnos, y pronto a poco más de 200. Hoy el sexto curso del centro cuenta con 80 alumnos. Atendiendo a las cifras de estudiantes de las escuelas de enseñanza primaria de la región, el número en breve posiblemente se quede en la mitad, con lo cual la ratio por clase será menor que la media del país. Lo que antes era una escuela bulliciosa se ha convertido en algo íntimo.

¿Enviaría a sus hijos a la escuela secundaria de Shepaug Valley?

2

La historia de Vivek Ranadivé y su equipo de baloncesto sugiere que nuestros juicios sobre lo que es una ventaja o una desventaja no son siempre correctos, y que muchas veces confundimos esas dos categorías. Tanto en este capítulo como en el siguiente voy a aplicar estas impresiones a dos preguntas sobre la educación aparentemente sencillas. Digo «aparentemente» porque a primera vista lo parecen, pero, como no tardaremos en descubrir, son lo opuesto a eso.

La primera de estas preguntas sencillas es la que acabo de formularle sobre la escuela de Shepaug Valley. Mi suposición es que a usted le encantaría tener a su hijo en una de esas clases tan particulares. Prácticamente en cualquier parte del mundo, padres y legisladores dan por sentado que las clases pequeñas son las mejores. En los últimos años, los Gobiernos de Estados Unidos, Gran Bretaña, Holanda, Canadá, Hong Kong, Singapur, Corea y China, por nombrar solo a unos pocos, han dado pasos importantes para reducir el tamaño de las aulas. Cuando el gobernador de California anunció un plan de choque para bajar la ratio por clase en el estado, a las tres semanas su índice de popularidad se había *doblado*. En el plazo de un mes, otros veinte gobernadores anunciaron sus propios planes para no perder comba y, al cabo de un mes y medio, la Casa Blanca informó de que había ideado sus propias medidas para reducir las ratios. En la actualidad, el 77 por ciento de los estadounidenses preferiría que el dinero de sus impuestos se empleara en reducir las ratios antes que en subirles el sueldo a los profesores. ¿Saben lo difícil que es poner al 77 por ciento de los estadounidenses de acuerdo en algo?

En el pasado, la clase más nutrida en Shepaug Valley tenía veinticinco alumnos. Ahora ese número se ha reducido a quince. Esto significa que los estudiantes de Shepaug reciben hoy una atención mucho más personalizada de sus profesores; y el sentido común nos dice que, cuanta más atención reciban los alumnos de sus profesores, mejor será la educación que obtengan. El rendimiento de los estudiantes en la nueva versión íntima de Shepaug Valley debería ser mejor que el de sus predecesores en la atiborrada Shepaug, ¿no es así?

Hay una manera espléndida de valorar si esto es cierto. En Connecticut abundan las escuelas del estilo de Shepaug. Es un estado de pueblos pequeños con colegios pequeños, y las escuelas pequeñas de los pueblos pequeños son especialmente susceptibles a los vaivenes en la tasa de natalidad y los precios de la vivienda; a raíz de eso, un curso puede quedarse vacío un año y estar lleno al siguiente. Ofrezco a continuación las cifras de las matrículas del quinto curso en otra escuela secundaria de Connecticut:

1993	18	2000	21
1994	11	2001	23
1995	17	2002	10
1996	14	2003	18
1997	13	2004	21
1998	16	2005	18
1999	15		

En 2001, había veintitrés alumnos en quinto curso. ¡Y el siguiente año bajaron a diez! Entre 2001 y 2002, no se produjo ningún cambio en el centro. Tenían a los mismos profesores, al mismo director, los mismos manuales. Se trataba del mismo edificio en el mismo municipio. La economía local y el censo apenas sufrieron alteraciones. El único cambio apreciable era el del número de estudiantes en quinto curso. Entonces, en el supuesto de que los alumnos del curso con mayor matrícula hubieran cosechado mejores resultados que sus compañeros del año siguiente, podríamos deducir que el tamaño de la clase fue el factor determinante, ¿no?

Esto es lo que viene a denominarse un «experimento natural». Algunos científicos, con el objetivo de someter a prueba sus hipótesis, preparan experimentos formales. Pero, de tanto en tanto, el mundo real proporciona situaciones no forzadas donde pueden analizarse las mismas teorías, lo cual presenta un número considerable de ventajas. Así que ¿qué pasa si tomamos las estadísticas de Connecticut y comparamos las notas anuales de todos los niños de clases pequeñas con las de los niños de aulas llenas? La economista Caroline Hoxby ha hecho eso precisamente, tomando como muestra todas las escuelas de enseñanza primaria del estado de Connecticut. ¿Y qué es lo que encontró? ¡Nada! «Muchos estudios afirman no haber sido capaces de hallar una repercusión estadísticamente significativa de los cambios en política educativa», afirma Hoxby. «Eso no quiere decir que no tengan ninguna repercusión. Simplemente no salen a relucir en las cifras. En este estudio, trabajé con estimaciones muy precisas que se acercaban al cero. Yo obtuve un cero exacto. En otras palabras, *no tienen ninguna repercusión*».

Por supuesto, estamos hablando de un único estudio. Pero el panorama no se aclara lo más mínimo si ojeamos todos los trabajos sobre ratios, y hay cientos, que se han efectuado a lo largo de los años. El 15 por ciento halla pruebas estadísticamente significativas de que los estudiantes rinden más en aulas reducidas. Aproximadamente el mismo porcentaje concluye que en las aulas reducidas a los estudiantes les va peor. El 20 por ciento coincide con Hoxby y no advierte ninguna diferencia. Al hacer balance, observamos que hay dos grupos muy repartidos que defienden ideas opuestas, y eso nos previene de extraer ninguna conclusión definitiva. Veamos un párrafo de conclusiones representativo de este tipo de trabajos:

En cuatro países —Australia, Hong Kong, Escocia y Estados Unidos— nuestra estrategia de identificación lleva a estimaciones altamente imprecisas que no permiten realizar ninguna afirmación segura sobre la influencia del tamaño de la clase. En dos países —Grecia e Islandia—, parecían existir efectos beneficiosos nada desdeñables para las clases de tamaño reducido. Francia es el único país donde parecen existir diferencias dignas de consideración entre la enseñanza de las matemáticas y las ciencias: mientras que en el caso de las matemáticas se apreciaba un efecto estadísticamente significativo y mensurable, se debía descartar una influencia análoga del tamaño reducido del aula en las ciencias. Los nueve sistemas educativos en los que pueden descartarse efectos a gran escala tanto en matemáticas como en ciencias por la reducción de las ratios son: los dos existentes en Bélgica, Canadá, la República Checa, Corea, Portugal, Rumanía, Eslovenia y España. Finalmente, podemos descartar una relación causa-efecto nítida en dos países: Japón y Singapur.

¿Ha prestado atención? Tras revisar miles de documentos con los resultados de los alumnos de dieciocho países, los economistas concluían que solo había dos sitios en el mundo, Grecia e Islandia, donde se advertían «efectos beneficiosos nada desdeñables para las clases de tamaño reducido». ¿Grecia e Islandia? Entre 1996 y 2004, en Estados Unidos hubo que contratar a un cuarto de millón de profesores nuevos para bajar las ratios por aula. Durante ese periodo, el gasto por alumno en el país se incrementó un 21 por ciento; decenas de miles de millones de dólares que básicamente se destinaron a pagar a todos esos profesores nuevos. Podemos decir sin miedo a equivocarnos que en las dos últimas décadas no ha habido otra profesión en el mundo que haya crecido tanto (ni en el número, ni en el ritmo del crecimiento, ni en el gasto final) como la de profesor. Y si un país tras otro han invertido esas sumas es porque, cuando miramos a una escuela como la de Shepaug Valley, en la que los profesores pueden conocer personalmente a sus alumnos, pensamos: «Ese es el sitio al que me gustaría enviar a mi hijo». Sin embargo, la evidencia sugiere que eso que juzgamos una gran ventaja tal vez no lo sea en absoluto*.

3

No hace mucho, estuve sentado al lado de uno de los hombres más poderosos de Hollywood. Empezó hablándome de su infancia en Mineápolis. Al comienzo del invierno, se recorría las calles de su barrio de arriba abajo, decía, consiguiendo encargos de la gente que deseaba limpiar de nieve sus entradas y aceras. Luego les pasaba esos encargos a otros niños del barrio. A estos les pagaba una vez finalizado el trabajo, entregándoles el dinero en mano, y luego se ocupaba de recolectar los pagos casa por casa, ya que

---

* El economista educativo Eric Hanushek hizo el análisis definitivo de los centenares de estudios sobre ratios en *The Evidence on Class Size* [Las pruebas sobre las ratios por clase]. El autor afirma allí: «Probablemente no exista otro aspecto de la educación al que se haya dedicado más tiempo y atención que al de las ratios. Y, sin embargo, no hay evidencia de que exista una relación constante entre ratio y éxito escolar».

había aprendido que ese era el modo más seguro de que su plantilla se esmerara en el trabajo. Tenía a ocho chicos en nómina, que a veces subían a nueve. En otoño, cambiaba de sector y rastrillaba hojas.

«Me acercaba para supervisar los trabajos, y así luego podía decirle al cliente que su entrada había quedado exactamente como él quería. Siempre había un par de chicos que flojeaban, y me veía obligado a despedirlos». Tenía entonces diez años. A los once, acumulaba seiscientos dólares en el banco, del primero al último ganados por su trabajo. Esto ocurría en los años cincuenta del siglo pasado. En la actualidad esa cifra sería el equivalente a cinco mil dólares. «No tenía dinero para el sitio al que quería ir», me dijo encogiéndose de hombros, como si fuera algo tan frecuente que un niño de once años tenga una noción sobre su destino. «Cualquier idiota puede gastar el dinero. Pero ganarlo y ahorrarlo, y posponer la gratificación, eso te enseña a valorarlo de otro modo».

Su familia vivía en lo que eufemísticamente se denominaba un «barrio mixto». Él iba a colegios públicos y llevaba ropa de segunda mano. Su padre era un hijo de la Depresión y hablaba sin tapujos sobre el dinero. El hombre de Hollywood me contaba que si quería algo —un par nuevo de zapatillas de correr, por ejemplo, o una bicicleta—, su padre le decía que debía poner la mitad del dinero. Si se dejaba las luces encendidas, su padre le mostraba la factura de la electricidad. «Me decía: "Mira, esto es lo que hemos gastado de electricidad. No has apagado las luces por pura pereza. Y tu pereza nos hace gastar más dinero. Eso sí, si necesitas la luz para trabajar, aunque sea las veinticuatro horas del día, no hay ningún problema"».

Con poco más de quince años, trabajó durante el verano en el negocio de chatarrería de su padre. Era un trabajo duro, muy exigente físicamente. Recibía el mismo trato que el resto de los empleados. «Eso me hizo querer salir de Mineápolis», decía. «Se me quitaron las ganas de tener a mi padre como jefe nunca más. Fue terrible. Era sucio. Muy duro. Y aburrido. Tenía que meter la chatarra en cubos. Estuve trabajando allí del 15 de mayo hasta el Día del Trabajo [el 1 de septiembre en Estados Unidos]. No me podía quitar la mugre de encima. Ahora pienso, echando la vista atrás, que mi padre me puso a trabajar allí porque sabía que esa experiencia me haría querer escapar. Eso me motivaría para buscar algo más».

En la universidad gestionó el servicio de lavandería, recogiendo y repartiendo la colada seca de sus compañeros más acomodados. Organizaba viajes de estudiantes a Europa en avión. Cuando acudía con un amigo a los partidos de baloncesto, ambos se sentaban en uno de los peores sitios, donde los cegaba un pilar, y entonces él se preguntaba cómo sería verlo todo en los asientos de preferencia junto a la cancha. En Nueva York estudió en las facultades de Empresariales y de Derecho, y mientras tanto vivía en un mal barrio de Brooklyn para ahorrar dinero. Tras licenciarse, consiguió un empleo en Hollywood y eso le llevó a un puesto mejor, y luego a otro más, y a negociaciones con terceros, a obtener premios y a una cadena de éxitos tan extraordinaria que hoy puede permitirse vivir en una casa de Beverly Hills del tamaño de un hangar para aviones y tener un jet, un Ferrari en el garaje y un portalón en su aparentemente inacabable camino de entrada que parece como enviado desde un castillo medieval europeo. Él entendía al dinero. Y entendía al dinero porque, en su opinión, había recibido una educación integral sobre su valor y utilidad en las calles de Mineápolis muchos años atrás.

«Quería tener más libertad. Quería aspirar a conseguir cosas diferentes. El dinero era una herramienta para plasmar mis aspiraciones, deseos e iniciativas», declaraba. «Nadie me enseñó eso. Lo aprendí yo. Era un asunto de ensayo y error. Me gustaba el jugo que sacabas. Me dio bastante autoestima. Sentía que tenía un mayor control sobre mi vida».

Estaba sentado en el despacho de su hogar mientras me contaba eso —en una estancia que tendría el tamaño de una casa mediana—, y finalmente fue al grano. Había tenido hijos y los había querido sin medida. Como cualquier padre, deseaba asegurar su bienestar, darles más de lo que él había tenido. Pero con eso había incurrido en una enorme contradicción, y él se hacía cargo. Había triunfado porque había aprendido de la manera más difícil y costosa el valor del dinero, el significado del trabajo y la satisfacción y la sensación de logro que uno alcanza al abrirse camino por sus propias fuerzas. Pero, debido a su éxito, para sus hijos iba a ser mucho más complicado aprender esas lecciones. Los cachorros de los multimillonarios de Hollywood no se ponen a rastrillar las hojas de sus vecinos en Beverly Hills. Sus padres no agitan enfadados la factura de la electricidad si se han dejado las luces encendidas. Y no se sientan en las gradas tras una columna mientras fantasean sobre cómo sería sentarse al lado de la cancha. Su vida es una primera fila constante.

«Mi intuición me dice que criar a los niños en un entorno privilegiado es mucho más difícil de lo que nadie piensa», decía. «El potencial de uno se frustra al vivir con pocos medios. Pero la riqueza también frustra, porque se pierde la ambición, y de ahí el orgullo y el respeto por la valía de uno mismo. Las cosas son complicadas en los dos extremos. Supongo que lo mejor es un punto intermedio».

Pocas cosas hay que generen menos simpatías que contemplar a un millonario entonando lamentos por la suerte de sus hijos. Los de nuestro hombre de Hollywood solo conocerán las casas más excelsas y los asientos de primera clase, sin duda. Pero él no estaba refiriéndose al bienestar material. Ese hombre se había forjado un nombre por sí solo. Uno de sus hermanos había heredado el negocio familiar de chatarrería y había conseguido medrar. Y el otro se había hecho médico y tenía una consulta muy próspera. Su padre había criado a tres hijos íntegros y motivados, que habían logrado cosas por sí mismos en la sociedad. Y lo que quería expresar ese hombre, que tenía cientos de millones de dólares, era que a él iba a resultarle mucho más difícil igualar el éxito de su padre en ese barrio mixto de Mineápolis.

4

El hombre de Hollywood no es la primera persona asaltada por esa revelación. Creo que se trata de algo que, en realidad, todos comprendemos intuitivamente. Es un principio importante que guía nuestras ideas sobre la relación entre paternidad y dinero: el principio de que más no es siempre mejor.

Si se tiene poco dinero, resulta muy duro ser un buen padre, sobra decirlo. La pobreza agota y estresa. Si has de compaginar dos trabajos para llegar a fin de mes, no es fácil reservar energías al final del día para leerles un cuento a tus hijos. En las familias monoparentales, hay que hacer malabarismos para trabajar, pagar el alquiler, alimentar y vestir a los hijos, afrontar largos trayectos diarios para llegar a un trabajo que exige mucho físicamente, y además darles a los niños el cariño, la atención y el rigor necesarios para construir un hogar armonioso.

Pero nadie aseguraría que *siempre* se cumple la máxima de que, cuanto más dinero tenga uno, mejor padre va a ser. Si a usted le pidieran dibujar una gráfica sobre la relación entre paternidad y dinero, el resultado no sería este:

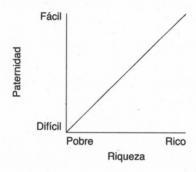

El dinero facilita la labor de los padres hasta cierto punto, pero luego deja de contribuir favorablemente. ¿Dónde se encuentra ese punto? Los académicos que sondean el tema de la felicidad sugieren que cuando una familia tiene unos ingresos anuales de más de setenta y cinco mil dólares, el dinero deja de ser causa de felicidad. A partir de esa cifra, se establece lo que los economistas denominan «la ley de los rendimientos decrecientes». Si su familia gana setenta y cinco mil dólares y su vecino cien mil, esos veinticinco mil dólares de diferencia anuales supondrán que su vecino conduzca un coche mejor y coma más a menudo fuera de casa. Pero eso no hará a su vecino más feliz que usted, ni le pertrechará mejor para desempeñar la miríada de pequeñas y grandes cosas que identifican a un buen padre. Una versión mejorada de la gráfica paternidad-dinero tiene este aspecto:

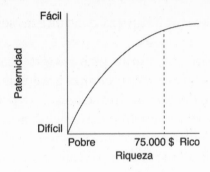

Sin embargo, la curva solo nos cuenta una parte de la historia, ¿no? Porque cuando los ingresos de los padres son lo suficientemente altos, la crianza de los hijos vuelve a *complicarse* de nuevo. Para la mayoría de nosotros, los valores del mundo en que crecimos no difieren demasiado del mundo que creamos para nuestros hijos. Pero esto no se cumple en el caso de los padres realmente ricos. El psicólogo James Grubman usa la acertada expresión «inmigrantes de la riqueza» para describir a la primera generación de millonarios, señalando que los desafíos a los que se enfrentan al relacionarse con sus hijos son los mismos que los de los inmigrantes que llegan a un país nuevo. Es el caso del magnate de Hollywood, que creció en una familia de clase media del Viejo Mundo, donde la escasez era una gran motivadora y profesora. Su padre le enseñó el significado del dinero y las virtudes que traen la independencia y el trabajo duro. Pero sus hijos viven hoy en el Nuevo Mundo de los ricos, donde las leyes que imperan son nuevas y desconcertantes. ¿Cómo les enseña uno aquello de «Trabaja duro, sé autosuficiente, aprende el significado del dinero» a unos niños que no tienen más que mirar a su alrededor para saber que no necesitan trabajar duro, ser autosuficientes y aprender el significado del dinero? De ahí que proliferen tanto en las diferentes culturas los refranes y proverbios sobre lo difícil que es criar a los hijos en un entorno privilegiado. En inglés, se dice: «Shirtsleeves to shirtsleeves in three generations» («De descamisado a descamisado en tres generaciones»). Los italianos explican que «Dalle stelle alle stalle» («De las estrellas a los establos»), mientras que los españoles cuentan con su «Quien no lo tiene, lo hace; y quien lo tiene, lo deshace». La riqueza contiene las semillas de su propia destrucción.

Decía Grubman: «Un padre ha de poner límites. Pero este es uno de los retos mayores para los inmigrantes de la riqueza, porque no saben qué decir cuando la excusa de "No nos lo podemos permitir" ya no sirve. No quieren mentir diciendo: "No tenemos dinero", porque si le estás hablando a un adolescente, este te replicará: "Perdona un momento. Tú tienes un Porsche, y mamá el Maserati". Los padres han de pasar del "No, no podemos" al "No, no queremos"».

El «No queremos», según Grubman, es mucho más complejo. «No podemos» resulta una frase sencilla. Todo padre tiene que recurrir a ella alguna vez. Y el chico de una familia de clase media no tarda mucho en darse cuenta de que es absurdo pedir un poni, porque nunca lo va a obtener.

«No, no queremos» comprar un poni exige *conversar* y la franqueza y la habilidad necesarias para explicar que lo posible no es siempre lo correcto. Decía Grubman: «Cuando pongo a los padres adinerados en esa tesitura, no tienen ni idea de cómo comportarse. Les tengo que enseñar a decir: "Sí, te lo podría comprar. Pero elijo lo contrario. No se aviene con nuestros valores"». Pero, por supuesto, para alegar tal cosa uno ha de contar con una serie de valores, y además saber cómo transmitirlos, y por último hacer ver a sus hijos que esos valores son algo factible. Toda una serie de complicadas acciones en cualquier circunstancia, especialmente si el Ferrari espera aparcado en la entrada, y se tiene un jet privado y una casa en Beverly Hills que parece un hangar para aviones.

El hombre de Hollywood poseía claramente *demasiado* dinero. Y ese era su gran problema como padre. Había rebasado con mucho el punto en el que el dinero contribuía favorablemente, y también aquel a partir del cual el dinero dejaba de tener una importancia real. Se encontraba en ese punto en el que el dinero comienza a ser un inconveniente para formar a unos chicos normales y sensatos. Este es el aspecto de la gráfica real sobre paternidad:

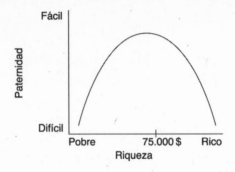

De aquí le viene el nombre de curva en forma de U invertida. Estas curvas son difíciles de entender. Casi siempre nos pillan por sorpresa, y uno de los motivos por los que no identificamos nuestras ventajas y desventajas es que nos olvidamos de que nos manejamos en un mundo en forma de U invertida[*].

Esto nos devuelve al enigma de las ratios por aula. ¿Qué ocurre si la relación entre el número de alumnos por clase y los resultados académicos se aleja de esto?

O incluso de esto:

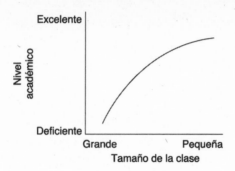

¿Qué pasa si es algo así?

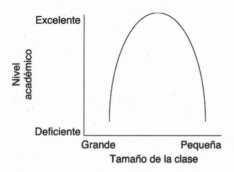

Teresa DeBrito es la directora de la escuela secundaria de Shepaug Valley. En los cinco años que lleva en el centro, ha visto cómo el alumnado menguaba sin pausa curso tras curso. Para un padre, esto podría constituir una buena noticia. Sin embargo, cuando DeBrito piensa sobre ello, lo que le viene a la cabeza es el dibujo de la última curva. «Dentro de poco habrá menos de cincuenta niños en el primer curso tras la escuela de enseñanza primaria». Teme ese día: «Lo vamos a pasar mal».

5

Las curvas en forma de U invertida tienen tres partes, y cada una de ellas sigue una lógica diferente*. Tenemos el lado izquierdo,

_____

* Mi padre, un matemático muy purista en estas cuestiones, me pide paso para discrepar. Estoy simplificando demasiado las cosas, me señala. Las curvas en forma de donde hacer o tener más beneficia; luego hay una zona plana en la mitad, donde hacer o tener más no tiene una gran influencia; y por último está el lado derecho, donde hacer o tener más *empeora* las cosas[*].

Si uno aplica esta gráfica al enigma de las ratios por aula, lo que resultaba desconcertante comienza a cobrar cierto sentido. El número de alumnos en una clase es como la cantidad de dinero que posee un padre. Todo depende de en qué punto de la curva nos situemos. Israel, por ejemplo, ha contado históricamente con clases más numerosas en la escuela elemental. El sistema educativo del país emplea la «Regla de Maimónides», bautizada así por el rabí del siglo XII que decretó que las clases no debían exceder de cuarenta estudiantes. A causa de esto, resulta frecuente encontrar clases con hasta treinta y ocho y treinta y nueve alumnos en la escuela elemental. Si en un centro donde hay cuarenta alumnos en un curso, dividiéramos la clase en dos de veinte y se realizara un análisis al modo de Hoxby, al comparar los resultados académicos las clases con veinte alumnos sacarían mejores regis-

---

U invertida realmente se dividen en cuatro partes. Un estadio primero donde la curva es lineal. Uno segundo en el que «la relación lineal inicial ha decaído». Aquí es donde se activa la ley de los rendimientos decrecientes. El estadio tercero es el momento en el que los recursos excedentes no tienen un efecto en el resultado. Y en el cuarto, esos recursos ya resultan contraproducentes. Mi padre me escribe: «Tomamos un término del vocabulario de la construcción para el primer estadio —cimentar—, y luego empleamos la serie mnemotécnica "cimentar, decrecer, aplanar y derrumbar"».

[*] Una curva en forma de U invertida clásica es la que muestra la relación entre consumo de alcohol y salud. Si usted pasa de ser completamente abstemio a beber un vaso de vino a la semana, eso le hará vivir más años. Si dobla la cantidad semanal, aún añadirá un poco más de tiempo a su vida; lo mismo si la triplica, y así hasta llegar a los siete vasos por semana (estos números sirven para los varones, no para las mujeres). Hasta aquí la curva ascendente: cuanto más, mejor. Luego existe un tramo, pongamos que entre los siete y los catorce vasos de vino semanales. Usted ya no está haciéndose ningún favor al beber en esas cantidades. Pero tampoco está causándose ningún daño. Esta es la parte intermedia de la curva. Finalmente, tenemos el lado derecho: la pendiente descendente. En este punto, usted supera los catorce vasos de vino semanales, y entonces la bebida comienza a *acortar* su esperanza de vida. El alcohol no es intrínsicamente ni bueno ni malo ni neutro. Empieza bien, se vuelve neutro y termina mal.

tros. Esto no debería sorprender a nadie. A ningún profesor le puede resultar liviano manejarse con treinta y seis o treinta y siete pupilos. Israel estaría en el lado izquierdo de la curva en forma de U invertida.

Ahora volvamos a estudiar el caso de Connecticut. En las escuelas examinadas por Hoxby, la ratio por aula oscilaba entre los veintipocos y diecimuchos alumnos. Cuando Hoxby afirma que no ha hallado nada en su estudio, lo que quiere decir es que no advertía ninguna diferencia considerable entre las clases con más o menos alumnos dentro de *esa* horquilla. Dicho de otra manera, en algún punto entre Israel y Connecticut, las repercusiones de la ratio pasan de un arco a dibujar una línea plana: en ese punto, añadir recursos al aula deja de traducirse en una mejor experiencia académica para los niños.

¿Por qué no hay apenas diferencias entre una clase de veinticinco estudiantes y otra de dieciocho? No cabe duda de que la segunda es más grata al profesor: menos trabajos que corregir, menos niños para conocer y seguir. No obstante, una clase más reducida se traduce en mejores resultados solo si los profesores, que han visto bajar su carga de trabajo, modifican su manera de enseñar. Y lo que sugieren las cifras es que en estos estadios intermedios, los profesores no se ven necesariamente impelidos a cambiar. Simplemente, trabajan menos. Es la naturaleza humana. Imagine que usted es médico, y que de repente se entera de que tendrá que pasar consulta a veinte pacientes el viernes por la tarde, en lugar de los veinticinco acostumbrados, y que eso no va a afectar a su salario. ¿Su reacción sería dedicarle más tiempo a cada paciente? ¿O aprovecharía para salir del trabajo a las seis y media en lugar de a las siete y media para poder cenar con sus hijos?

Ahora llega el momento de hacerse la pregunta crucial. ¿Existen las clases *excesivamente* pequeñas, del mismo modo que un padre puede ser *excesivamente* rico? Para averiguar esto, llevé a cabo una encuesta con una amplia muestra de profesores de Estados Unidos y Canadá y, al formularles esa cuestión, un profesor tras otro me admitieron que tal cosa es posible.

Aquí sigue una respuesta representativa:

Mi número ideal es dieciocho: son suficientes cuerpos en una habitación para que nadie se sienta vulnerable; pero todos pueden seguir siendo importantes. Dieciocho es un buen número para hacer grupos de dos, tres o seis, lo que permite jugar con el grado de cercanía y privacidad entre ellos. Con dieciocho estudiantes, siempre puedo dirigirme a ellos individualmente si es necesario. Veinticuatro es mi siguiente número favorito. Esas seis incorporaciones multiplican las probabilidades de que haya un disidente infiltrado, algún rebelde que desafiará el statu quo. Pero lo que ganas con el número veinticuatro es que, más que un equipo, quienes te escuchan son como una masa dinámica. Añade seis chicos más, y con treinta cuerpos en la clase habrás debilitado esas conexiones dinámicas, y ni el profesor más carismático podrá preservar la magia todo el tiempo.

¿Y qué sucede en el otro sentido? Reste seis al número ideal de dieciocho y tendremos la Última Cena. Ese es el problema. Doce es un número perfecto para completar una mesa un día de fiesta, pero resulta una cifra demasiado exigua para que los alumnos de instituto puedan proteger su autonomía cuando lo deseen; o para que no acaben dominados por el escandaloso o bravucón de turno (que en algún caso podría ser el propio profesor). Si rebajamos hasta seis alumnos, ya no hay ningún sitio en el que esconderse, y la falta de diversidad en cuanto a pensamientos y experiencias neutraliza las posibles ventajas de una clase reducida.

La clase pequeña es, dicho de otra manera, tan difícil de gestionar para un profesor como una clase muy populosa. En un caso, el problema es el número de interacciones potenciales que ha de manejarse. En el otro, se trata de la intensidad de esas interacciones potenciales. Como señaló con gran agudeza otro profesor, cuando una clase se hace demasiado pequeña, los estudiantes pueden comenzar a comportarse como «hermanos en el asiento de atrás del coche. No hay espacio para que las rencillas se sofoquen».

Aquí sigue otro comentario de un profesor de instituto. Recientemente había tenido una clase con treinta y dos alumnos y había salido muy escaldado. «Cuando me enfrento a una clase de esas dimensiones, lo primero que pienso es: "Maldita sea, cada vez que me den trabajos para corregir, me voy a pasar *el día* en la escuela cuando podría estar con mis hijos"». Sin embargo, tampoco quería enseñar en una clase de menos de veinte alumnos.

El debate es lo que da vida a una clase, y para activarlo se requiere una cierta masa crítica. Ahora tengo clases en las que nadie comenta nada y eso puede ser desesperante. Si la ratio baja mucho, los debates se resienten. No es lo que uno esperaría, porque creerías que en un ambiente más familiar los chicos más tímidos se animarán a participar. Pero esa no ha sido mi experiencia. Los tímidos tienden a mantenerse callados haya dieciséis o treinta y dos alumnos. Y si la clase es de verdad minúscula, entre los que suelen participar no habrá disparidad suficiente para que la conversación prenda. El nivel de energía es una materia muy escurridiza. Un grupo muy pequeño suele carecer de esa energía que sale del roce entre las personas.

¿Y una clase realmente, *realmente* pequeña? ¡Atención!

Tenía nueve estudiantes en francés académico de duodécimo. Suena a sueño hecho realidad, ¿no? ¡Resultó una pesadilla! No puedes iniciar ninguna clase de conversación o debate en el idioma extranjero. Se hace más difícil plantear juegos para reforzar el vocabulario o las destrezas gramaticales... Siempre falta el impulso necesario.

El economista Jesse Levin ha realizado un trabajo fantástico con unas intenciones similares, prestando atención en su caso a los escolares holandeses. Se propuso hallar el número de «iguales» que cada alumno tenía dentro de su clase, es decir, de compañeros con una competencia académica semejante, y descubrió que el número de iguales guardaba una correlación sorprendente con los resultados académicos, en especial en el caso de los alumnos con dificultades[*]. En otras palabras, si usted es un estudiante —en

---

[*] La excepción obvia: Los niños con graves problemas de comportamiento o de aprendizaje. Para los alumnos con necesidades especiales, la curva en forma de U invertida se inclina pronunciadamente hacia la derecha.

especial un estudiante mediocre—, lo que necesita es tener alrededor a personas que pregunten las mismas cuestiones que usted, que suden con los mismos temas y que se preocupen por las mismas cosas: de ese modo se sentirá menos aislado y un poco más normal.

Este es el problema de las clases realmente reducidas, afirma Levin. Cuando hay un número mínimo de alumnos por clase, las posibilidades de que se rodeen de una masa crítica de personas como ellos comienzan a reducirse hasta un nivel alarmante. Llevada demasiado lejos, dice Levin, esta reducción de la ratio por clase «aparta a los estudiantes con problemas de los iguales de los que podrían aprender».

¿Ve ahora por qué Teresa DeBrito se inquietaba sobre el futuro de Shepaug Valley? Es la directora de una escuela secundaria y enseña a muchachos de entre doce y catorce años, que justo comienzan la difícil transición a la adolescencia. Estos se caracterizan por ser complicados y vergonzosos, y parecer demasiado listos les produce sarpullidos. Hacer que se involucren, que vayan más allá del pregunta-respuesta con el profesor, decía DeBrito, puede ser como «sacarles las muelas». Ella quería aulas llenas de voces interesantes y variadas, y percibir la clase de excitación que surge cuando una masa crítica de alumnos tiene que vérselas con un mismo problema. ¿Cómo se consigue eso en un aula medio vacía? «Cuantos más estudiantes tengas», me contaba Teresa DeBrito, «más puntos de vista habrá en los debates. Si la clase es muy reducida, por cómo son los chicos a esas edades, es como si les pusieras un bozal». No llegó a decirlo, pero uno podía imaginarse que, si en el futuro a alguien se le ocurriese levantar un gran complejo de viviendas en el bucólico prado que hay junto a la escuela, a Teresa DeBrito el plan no le parecería un espanto.

«Comencé como profesora de matemáticas en la escuela secundaria de Meriden», continuó DeBrito. Meriden es una ciudad en otra zona de Connecticut, con una población predominantemente de clase media y clase media-baja. «En mi clase más numerosa había veintinueve niños». Me habló de lo duro que era el trabajo, de cuánto costaba seguir, conocer y responder a tal número de alumnos. «Has de tener ojos en la nuca. Has de oír qué pasa cuando te pones a trabajar aparte con un grupo. Con ese número de alumnos en la clase, tienes que dar lo mejor de ti, porque si no se pondrán a hablar en cualquier rincón sobre algo que no tenga nada que ver con lo que se está tratando en clase».

Pero entonces DeBrito me hizo una confesión: le *gustaba* de verdad enseñar en esa clase. Fue uno de los mejores años en su vida profesional. El gran desafío de enseñar matemáticas a esos niños de entre doce y trece años volvió el trabajo estimulante..., y es que veintinueve niños son en sí mismos algo estimulante. «Tenían muchos más compañeros con los que interactuar», contaba. «No estaban siempre relacionándose dentro del mismo grupito. Había un surtido mayor de vivencias. Y eso es lo fundamental: aquello que te permite alentar, enriquecer e involucrar a los niños, para que no sean unos convidados de piedra».

¿Entonces Teresa DeBrito deseaba que en Shepaug hubiera veintinueve alumnos por clase? Por supuesto que no. Ella sabía que su caso fue algo inusual y que el número ideal de alumnos para los profesores estaba por debajo de esa cifra. Lo que ella quería apuntar era sencillamente que, en la cuestión de las ratios por aula, nos hemos obsesionado con las virtudes de las clases reducidas y hemos pasado por alto lo bueno de las clases con más alumnos. Parece extraño, ¿no? Tenemos una teoría pedagógica que piensa que los compañeros de sus hijos son rivales a la hora de atraer la atención del profesor, en lugar de sus aliados en la aventura del aprendizaje. Al remontarse a ese año en Meriden, la mirada de DeBrito se perdía lejos de la habitación. «Me gusta el ruido. Me gusta oírlos interactuar. Oh, aquello fue divertido».

6

A media hora en coche de Shepaug Valley, en la localidad de Lakeville, también en Connecticut, se levanta un centro llamado Hotchkiss. Está considerado uno de los internados cimeros en Estados Unidos. La matrícula anual asciende casi a 50.000 dólares. El centro cuenta con un par de lagos, dos pistas de *hockey*, cuatro telescopios, un campo de golf y doce pianos. Y no hablamos de cualquier clase de piano, son Steinway, la marca de piano más prestigiosa que el dinero puede comprar*. Hotchkiss es la clase de sitio que no escatima en gastos para educar a sus alumnos. ¿Cuál es la ratio por aula del centro? Doce alumnos. El mismo escenario temido por Teresa DeBrito, en Hotchkiss —prácticamente convecinos— se anuncia como su mayor atractivo. «[Nuestro] entorno educativo es íntimo, interactivo e inclusivo», declara con orgullo el centro.

¿Por qué un centro como Hotchkiss hace algo que parece tan contrario a los intereses de su alumnado? Una posible respuesta es que la escuela no está pensando en sus estudiantes. Piensa más bien en los padres de los estudiantes, para los que no hay mejores pruebas de que sus 50.000 dólares están muy bien gastados que un campo de golf, unos cuantos pianos Steinway y unas aulas con menos alumnos. Sin embargo, la respuesta más plausible es que Hotchkiss sencillamente ha caído en la misma trampa en la que tan a menudo caen tantos padres, organismos y países ricos —todos ellos Goliats—: El centro asume que las cosas que se compran con mucho dinero se traducen en ventajas en el mundo real. Esto no sucede así, por supuesto. Recordemos la lección de la curva en forma de U invertida. Es bueno ser más grande y más fuerte que nuestro oponente. No lo es tanto ser tan grande y tan fuerte que acabemos convertidos en un pato de feria frente a una piedra que vuela a toda velocidad. Goliat no consiguió su propósito porque era demasiado grande. El hombre de Hollywood no era el padre que hubiera querido ser porque era demasiado rico. Hotchkiss no es la escuela que pretende porque sus clases son excesivamente reducidas. Todos damos por hecho que ser más grande, más fuerte y más rico siempre va a facilitarnos mucho las cosas. Vivek Ranadivé, un pastorcillo de nombre David y la directora de la escuela de Shepaug Valley le dirán lo contrario.

---

* Aunque en su página web Hotchkiss afirma poseer doce pianos Steinway, el director musical de la escuela ha afirmado en otros medios que el número total de pianos a su disposición es veinte, entre los que figura un Fazioli, el Rolls-Royce de los pianos de cola para conciertos. Estamos hablando de más de un millón de dólares en pianos. Cualquier escala fácil tocada en las salas de ensayo de Hotchkiss debe de sonar *realmente* bien.

Capítulo 3
Caroline Sacks

«Si hubiera ido a la Universidad de Maryland,
nunca habría dejado las ciencias»

1

Hace ciento cincuenta años, París era la capital artística del mundo, y un grupo de pintores solía reunirse todas las tardes en el Café Guerbois, en el barrio de Batignolles. El cabecilla del grupo era Édouard Manet. Se trataba de uno de sus miembros mayores y más consagrados, un hombre atractivo y sociable al inicio de la treintena que vestía a la última moda y embaucaba a los que le rodeaban con su energía y humor. El mejor amigo de Manet era Edgar Degas, uno de los pocos que podía rivalizar en ingenio con Manet. Los dos compartían un espíritu ardiente y una lengua afilada, y a menudo la cosa terminaba en discusiones bastante agrias. Paul Cézanne, alto y brusco, al llegar tomaba asiento huraño en un rincón, dejando ver el cinturón con el que se ataba los pantalones. «No te doy la mano, porque hace ocho días que no me la lavo», le soltó un día a Manet, antes de desplomarse en la silla. Claude Monet, narcisista y tenaz, era hijo de un tendero y había tenido una educación más pobre que algunos de sus camaradas. Su mejor amigo era el «golfillo bonachón» Pierre-Auguste Renoir, quien dejó como legado de su afecto a Monet los once retratos que le pintó. El guía moral del grupo era Camille Pissarro: fervientemente político, leal, y una persona de principios. Hasta Cézanne, el alienado y antisocial por antonomasia, apreciaba mucho a Pissarro. Años después, se identificaría como «Cézanne, pupilo de Pissarro».

Los excelentes artistas de ese grupo terminarían inventando el arte moderno con el movimiento conocido como impresionismo. Se retrataban unos a otros y pintaban unos junto a otros; se apoyaban tanto emocional como financieramente; y hoy sus cuadros cuelgan en todos los museos de primer nivel del mundo. Pero en la década de 1860 pasaban auténticas penalidades. Monet estaba arruinado. En una ocasión, Renoir tuvo que llevarle pan para que calmara el hambre. Y no es que a Renoir le fueran mucho mejor las cosas. No tenía dinero ni para comprar los sellos de las cartas. Ningún marchante parecía ni lejanamente interesado en sus pinturas. Cuando los críticos de arte mentaban a los impresionistas, y no es que escasearan los críticos de arte en el París de la época, normalmente era para menospreciar al grupo. Manet y sus amigos se sentaban entre las maderas oscuras, las mesas de mármol y las frágiles sillas de metal del Café Guerbois y bebían, comían y discutían sobre política, literatura y arte, y sobre todo sobre sus respectivas carreras, porque en buena medida para los impresionistas solo existía una pregunta capital: ¿Qué debían hacer con el Salón?

El arte desempeñaba un papel esencial en la vida cultural de la Francia del siglo xix. Una sección del Gobierno, el Ministerio de la Casa Imperial y las Bellas Artes, se ocupaba de regular la pintura, que estaba considerada una profesión del mismo modo que hoy la medicina o la abogacía. Un pintor prometedor daba sus primeros pasos en la École Nationale Supérieure des Beaux-Arts parisina, donde recibía una educación rigurosa y formal, y progresaba de la copia de dibujos a la pintura con modelos reales. En cada etapa de su educación, se convocaban concursos. Los artistas vulgares eran descalificados. Los que destacaban ganaban premios y prestigiosas becas, y la cumbre en ese ascenso profesional era el Salón, la galería de arte más importante en toda Europa.

Todos los años, cada pintor de Francia presentaba dos o tres de sus mejores obras para someterse al escrutinio de un jurado de expertos. La fecha límite era el 1 de abril. Por las calles adoquinadas de París, artistas provenientes de todo el mundo empujaban carretillas cargadas con sus lienzos, y todos confluían en el Palais de l'Industrie, un palacio de congresos levantado para la Exposición Universal de París entre los Campos Elíseos y el Sena. A lo largo de las semanas siguientes, el jurado votaba cada una de esas obras a concurso. A las eliminadas se les ponía un sello con la «R» de «rechazada». Las obras aceptadas se colgaban en las paredes del Palais, y a partir de comienzos de mayo, durante las seis semanas siguientes, hasta un millón de personas pululaba por la muestra, dándose codazos para ponerse delante de las pinturas de los artistas más consolidados y famosos, y escarneciendo los trabajos que no les gustaban. Los mejores cuadros eran premiados con medallas. Los ganadores recibían el aplauso general y veían cómo su obra se revalorizaba. Los perdedores retornaban taciturnos a sus casas para reemprender el trabajo.

«En París apenas hay quince amantes del arte capaces de apreciar una obra sin la aprobación del Salón. 80.000 no le comprarán ni una nariz al pintor que no haya expuesto en el Salón», dijo en una ocasión Renoir. El Salón le suscitaba tal ansiedad al pintor que un año se acercó hasta allí durante las deliberaciones del jurado y esperó fuera para averiguar cuanto antes si le aceptaban. Al rato se sintió azorado y terminó presentándose a sí mismo como un amigo de Renoir. Otro de los habituales del Guerbois, Frédéric Bazille, confesó una vez: «El rechazo me causa un pavor absoluto». Cuando el artista Jules Holtzapffel se quedó fuera del Salón de 1866, se pegó un tiro en la cabeza. «Los miembros del jurado me han rechazado. Así pues, carezco de talento. Debo morir», decía su nota de suicidio. Para un pintor en la Francia del siglo XIX, el Salón lo era todo, y los impresionistas tenían sus buenas razones para preocuparse, pues los miembros del jurado habían desestimado sus obras una vez tras otra.

El Salón era el garante de la tradición. «Se esperaba que las obras fueran exactas a un nivel microscópico, que estuvieran apropiadamente "terminadas" y debidamente enmarcadas, respetando siempre la perspectiva y todas las convenciones artísticas acostumbradas», escribe la historiadora del arte Sue Roe. «La luz se empleaba para acentuar el dramatismo, mientras que la oscuridad sugería gravedad. En la pintura narrativa, el escenario no debía ser solo "exacto", además debía transmitir un tono moral aceptable. Una tarde en el Salón era como una velada en la Ópera de París: el público esperaba edificación y entretenimiento.

La mayoría sabía lo que le gustaba, y esperaba encontrarse algo familiar». Las obras merecedoras de medallas, según Roe, eran enormes y meticulosos lienzos que mostraban estampas de la historia francesa o de la mitología, con caballos, ejércitos y bellas damiselas, y títulos como *La partida del soldado*, *Jóvenes llorando ante una carta* e *Inocencia abandonada*.

Los impresionistas tenían una concepción diametralmente opuesta del arte. Pintaban la vida cotidiana. Sus pinceladas quedaban a la vista. Sus figuras eran borrosas. Para el jurado del Salón y el gentío que abarrotaba el Palais, sus obras parecían de aficionados, e incluso eran escandalosas. En 1865, inesperadamente, el Salón aceptó un cuadro de Manet, un retrato de una prostituta titulado *Olimpia*, y la obra provocó un enorme revuelo en todo París. Hubo que colocar a guardias alrededor de la pintura para protegerla de las avalanchas de curiosos. «Se instaló una atmósfera de histeria, e incluso se desató el miedo», escribe el historiador Ross King. «Algunos espectadores se desplomaban con "accesos de risa demente", mientras que otros, sobre todo las mujeres, apartaban la vista del cuadro con gesto horrorizado». En 1868, Renoir, Bazille y Monet consiguieron que el Salón admitiera obras suyas. Sin embargo, a las tres semanas de la inauguración, sus cuadros fueron descolgados de la sala principal y terminaron exiliados en el *dépotoir* —el vertedero—, un cuartucho oscuro al fondo del recinto, donde se reubicaban los trabajos considerados deficientes. Para eso, casi valía más no haber sido aceptados.

El Salón era una de las exposiciones de arte más prestigiosas del mundo. Nadie en el Café Guerbois discutía eso. Pero ser admitido allí tenía un alto precio: había que crear un arte vacuo en opinión de esos pintores; y, así pues, se arriesgaban a quedar desdibujados en la vulgaridad general. ¿Valía la pena? Noche tras noche, los impresionistas discutían sobre si debían llamar a la puerta del Salón o emprender algo por su cuenta. ¿Preferían ser un pececito en el gran estanque del Salón o un gran pez en un pequeño estanque de lo que ellos eligieran?

Al final, los impresionistas tomaron la decisión acertada, y en parte por eso hoy sus cuadros cuelgan de las paredes de todos los museos principales del mundo. En nuestras vidas nos enfrentamos reiteradas veces al mismo dilema, pero en muchas ocasiones no decidimos con el mismo acierto. La curva en forma de U invertida nos recuerda que existe un punto en el que el dinero y los recursos dejan de suponer un beneficio para convertirse en un inconveniente. La historia de los impresionistas nos plantea un segundo problema paralelo. Nos afanamos por conseguir lo mejor y le concedemos suma importancia al hecho de entrar en las mejores instituciones a nuestro alcance. Pero pocas veces nos paramos a pensar —como hicieron los impresionistas— si esa institución del mayor prestigio nos conviene realmente. Existen muchos ejemplos al respecto, pero pocos tan elocuentes como el de la elección de la universidad en la que estudiaremos.

2

Caroline Sacks* creció en la periferia del área metropolitana de Washington. Fue a centros públicos hasta su graduación en el instituto. Su madre es contable y su padre trabaja para una empresa de tecnología. De niña cantaba en el coro de la iglesia y adoraba escribir y dibujar. Pero lo que realmente la motivaba era la ciencia.

«Me pasaba horas arrastrándome por la hierba con la lupa y un cuaderno, e iba detrás de cualquier bicho y lo dibujaba», explica. Es una joven reflexiva que sabe expresarse, y su franqueza y naturalidad suenan muy frescas. «Era una fanática de los insectos. Y también de los tiburones. Así que durante un tiempo pensé que de mayor sería veterinaria o ictióloga. Eugenie Clark era mi heroína. La primera mujer buzo. Se había criado en una familia de inmigrantes en Nueva York y terminó llegando a lo más alto en su campo, a pesar de las veces que tuvo que oír eso de "Vaya, eres mujer, tú no puedes ir bajo el océano". Yo pensaba que era fantástica. Mi padre estuvo con ella y me consiguió una foto firmada, algo que me hizo una ilusión tremenda. La ciencia era una parte importante de todo lo que hacía».

Sacks pasó por el instituto como una de las mejores de su clase. Sin haberse graduado todavía, hizo un curso de Ciencias Políticas

---

* He modificado su nombre real y datos que la identifican.

en un colegio universitario próximo, y otro de Cálculo multivariable en el colegio universitario municipal. Obtuvo sendos sobresalientes en esos cursos, la misma calificación que había merecido en todas las asignaturas del instituto. También obtuvo las mejores notas en los cursos de aptitud preuniversitarios de nivel superior.

El verano previo a su último año en el instituto, su padre la acompañó en un tour relámpago por universidades de todo el país. «Creo que miramos cinco universidades en tres días», dice. «Wesleyan, Brown, Providence College, Boston College y Yale. Wesleyan estaba bien pero era muy pequeña. Yale me gustó, pero claramente yo no pegaba allí». En cambio, la Universidad de Brown, en Providence (Rhode Island), la conquistó. Era pequeña y exclusiva y estaba emplazada sobre una ladera, en mitad de un barrio del siglo XIX con casas georgianas y coloniales de ladrillo rojo. Quizá fuera el campus universitario más bonito de todo Estados Unidos. Caroline envió la solicitud a Brown, con la Universidad de Maryland como segunda opción. Unos meses después, recibió la contestación por correo. La habían aceptado.

«Esperaba que todo el mundo en Brown fuera rico, cosmopolita y sabio», cuenta. «Y cuando llegué allí, la gente se parecía a mí; personas con curiosidad intelectual, pero también nerviosas e inquietas, no muy aptas para empezar a hacer amigos de golpe. Me sentía como en mi casa». Lo más complicado fue elegir las asignaturas, porque todo le sonaba apasionante. Terminó escogiendo Introducción a la química, Español, una clase llamada Evolución del lenguaje, y otra llamada Raíces botánicas de la medicina moderna, que ella describe como «una mezcla de clase de botánica y de análisis de los usos de las plantas autóctonas en medicina, deteniéndose en las teorías químicas sobre las que se basan». Estaba en el séptimo cielo.

3

¿Tomó Caroline Sacks la decisión correcta? La mayoría de nosotros responderíamos que sí. Tras el tour relámpago por diferentes universidades con su padre, elaboró un *ranking* con sus preferencias, de mejor a peor. La Universidad de Brown estaba arriba del todo. La de Maryland era su segunda opción, a mucha distancia de la otra. Brown pertenece a la Ivy League. Tiene más recursos, más prestigio, estudiantes con un mayor nivel académico y un profesorado más eminente que la Universidad de Maryland. En las listas de las universidades del país que publica todos los años la revista *U. S. News & World Report,* Brown aparece invariablemente como uno de los diez o veinte mejores centros universitarios de Estados Unidos. La Universidad de Maryland siempre acaba muchos puestos por detrás.

Pero pensemos en la decisión de Caroline recordando lo que pensaban los impresionistas sobre el Salón. En sus interminables tertulias en el Café Guerbois, esos pintores comprendieron que la disyuntiva entre el Salón y una muestra independiente no era un simple caso de elegir entre lo mejor y lo bueno. Tenían que escoger entre dos opciones muy *diferentes,* cada una con sus propias ventajas e inconvenientes.

El Salón se parecía mucho a una universidad de la Ivy League. Era el sitio donde uno podía labrarse una reputación. Y su carácter selecto era lo que lo volvía especial. En la década de 1860, había en Francia aproximadamente unos tres mil pintores «de renombre nacional», y cada uno de ellos enviaba dos o tres de sus mejores obras al Salón, así que el jurado tenía que hacer su criba a partir de una pequeña montaña de lienzos. Ser rechazado era la norma. Entrar una auténtica proeza. «El Salón es el auténtico campo de batalla. Allí se prueba la valía de uno», dejó dicho Manet. De todos los impresionistas, él era el más convencido acerca del valor del Salón. El crítico de arte Théodore Duret, otro integrante del círculo del Guerbois, estaba de acuerdo. «Aún te queda un paso que dar», le escribió a Pissarro en 1874. «Y este paso es que seas conocido por el público y aceptado por todos los marchantes y amantes del arte [...] Te urjo a exponer; debes triunfar haciendo algo de ruido, desafiando y atrayendo a la crítica y poniéndote frente a frente con el gran público».

Pero aquello que hacía tan atractivo al Salón —su exclusividad y el prestigio aparejado— también lo volvía problemático. El Palais era una nave enorme de unos trescientos metros de largo, con un pasillo central de dos pisos de altura. El Salón podía albergar de promedio unas tres mil o cuatro mil pinturas, y estas se disponían en cuatro niveles, desde el suelo hasta llegar a lo alto del techo. Únicamente las pinturas que gozaban de la aprobación unánime del jurado se exponían «en línea» con la altura de la vista. Si a uno lo ponían «por los cielos», es decir, lo más cerca posible del techo, el cuadro en cuestión resultaba en la práctica invisible (uno de los cuadros de Renoir adornó una vez los cielos del *dépotoir)*. Los pintores podían enviar un máximo de tres obras. Las multitudes que acudían allí eran a veces apabullantes. El Salón representaba a un gran estanque. Y allí era muy difícil no terminar siendo un pececito.

Pissarro y Monet no estaban de acuerdo con Manet. Pensaban que tenía más sentido ser un gran pez en un pequeño estanque. Si iban por libre y organizaban su propia exposición, decían, no tendrían por qué someterse a las restrictivas normas del Salón, donde *Olimpia* era considerada una aberración y los cuadros que obtenían las medallas mostraban a soldados y a damiselas sollozantes. Yendo por su cuenta podrían pintar lo que les viniera en gana y no acabarían perdidos entre la multitud, porque allí no habría ninguna multitud de la que hablar. En 1873, Pissarro y Monet propusieron al resto de los impresionistas montar una exposición colectiva con el título de Société Anonyme Coopérative des Artistes Peintres, Sculpteurs, Graveurs. Los participantes no competirían entre sí, y no habría jurados ni medallas. Todos los artistas recibirían un trato equivalente. Manet fue el único en quedarse fuera.

El grupo encontró un espacio en el Boulevard des Capucines, en un último piso que acababa de dejar libre un fotógrafo. Consistía en una serie de pequeños cuartos de paredes cobrizas. La exposición de los impresionistas se inauguró el 15 de abril de 1874 y se prolongó durante un mes. La admisión costaba un franco. Se expusieron 165 obras de arte, entre las que figuraban tres Cézannes, diez cuadros de Degas, nueve Monets, cinco Pissarros, seis Renoirs y cinco pinturas de Alfred Sisley, apenas una pequeña fracción de lo que ofrecían las paredes del Salón al otro lado de la ciudad. En su muestra, los impresionistas podían exponer cuantos lienzos quisieran y además colgarlos de modo que pudieran ser apreciados de verdad por el público. Escriben los historiadores del arte Harrison White y Cynthia White: «Incluso cuando los aceptaban, los impresionistas acababan sepultados bajo la avalancha de cuadros del Salón. En [...] la muestra independiente del grupo, pudieron atraerse la atención del público».

Tres mil quinientas personas se acercaron a esa exposición, 175 el día de la inauguración solamente, un número suficiente para picar la curiosidad de los críticos. No siempre esa curiosidad devino en comentarios positivos: circulaba un chiste que decía que los impresionistas se limitaban a cargar una pistola con pintura y a disparar contra el lienzo. Pero esa es la segunda parte del trato de ser un pez grande en un estanque pequeño: uno se arriesga a recibir el desdén de los que están fuera; a cambio, para los que están dentro, resulta un entorno propicio. La comunidad de amigos sirve de gran apoyo, y allí no se frunce el ceño ante la innovación y la personalidad. «Nos empezamos a hacer un hueco. Igual que unos intrusos, hemos logrado levantar nuestro estandarte en mitad de la multitud», le escribió un esperanzado Pissarro a un amigo. El reto era «avanzar sin atender a opiniones ajenas». Estaba en lo cierto. Independientes, los impresionistas se forjaron una identidad nueva. Conquistaron una libertad para crear desconocida, y, más pronto que tarde, el mundo de fuera se incorporó para tomar nota. En la historia del arte moderno, no ha habido otra exposición más relevante ni más famosa que esa. Si intentara comprar hoy los cuadros repartidos por esa maraña de cuartos cimeros, tendría que desembolsar más de mil millones de dólares.

La lección de los impresionistas nos dice que hay momentos y situaciones en que conviene más ser cabeza de ratón que cola de león, donde la aparente desventaja de provenir de los márgenes se transforma en todo lo contrario. Pissarro, Monet, Renoir y Cézanne contrapesaron prestigio y visibilidad, excelencia y libertad, y concluyeron que los costes que originaba ser cola de león eran excesivos. Caroline Sacks se enfrentó al mismo dilema. Podía ser cabeza en la Universidad de Maryland, o cola de una de las universidades más prestigiosas del mundo. Ella se decantó por el Salón frente a los tres cuartos del Boulevard des Capucines, y terminó pagando un precio muy alto por ello.

4

Los problemas para Caroline Sacks empezaron durante la primavera de su primer año, tras matricularse en Química. Probablemente se equivocó al apuntarse a demasiadas asignaturas y actividades extracurriculares, reconoce ahora. Al saber la nota de su tercer examen parcial, el corazón le dio un vuelco. Acudió a hablar con su profesor: «Repasó conmigo algunos de los ejercicios, y me dijo: "Mira, tienes carencias fundamentales en alguno de estos conceptos, así que te recomendaría que dejaras la clase, te olvidaras del examen final y volvieras a apuntarte en otoño"». Caroline siguió el consejo de su profesor. Volvió a matricularse en la asignatura en su segundo año. Pero los resultados apenas mejoraron. Obtuvo un notable bajo. Ella estaba anonadada. «Nunca había tenido un notable en todo mi expediente», decía. «Estaba acostumbrada a destacar *siempre*. Y me veía en esa clase de nuevo, entonces ya en mi segundo año, rodeada de críos que acababan de empezar la universidad. Era bastante descorazonador».

Cuando Brown la aceptó, ella ya sabía que iba a entrar en un mundo muy diferente al instituto. No podía ser de otro modo. Ya no sería la chica más brillante de la clase. Caroline Sacks tenía asumido eso. «Me imaginaba que, por mucho que me preparara bien, me encontraría con chicos que habrían estado expuestos a cosas desconocidas para mí. Así que intentaba no ser ingenua al respecto». Sin embargo, la clase de Química superaba todo lo que había imaginado. Sus compañeros de clase eran *competitivos*. «Solo hablar con la gente de esas clases me costaba horrores. No querían comentarme cómo estudiaban. Tampoco querían aclarar lo que tratábamos en clase, no fuera que eso me ayudara a remontar el vuelo».

En la primavera de su segundo año, Sacks se matriculó en Química orgánica, y la situación no hizo sino empeorar. Era demasiado para ella. «Memorizas cómo funciona un concepto y entonces te dan una molécula que no has visto nunca, te piden que hagas otra igual de desconocida y luego te dicen que vayas de una a otra. Había gente que seguía las instrucciones y en cinco minutos ya había acabado. Era como si eso les viniera dado... Luego estaba la gente capaz de esforzarse increíblemente para pensar de ese modo. Yo trabajé *realmente* duro pero nunca lo saqué». Cuando el profesor planteaba una cuestión, un bosque de manos se alzaba a su alrededor, mientras ella se quedaba en silencio y escuchaba las brillantes respuestas de sus compañeros. «Te sientes como una completa inepta».

Una noche se quedó a estudiar hasta bien entrada la madrugada, preparando unas sesiones de revisión de Química orgánica. Se sentía desgraciada y furiosa. No le veía sentido a estar estudiando Química orgánica a las tres de la mañana cuando todo ese trabajo no la estaba llevando a ningún lado. «Creo que fue entonces cuando empecé a pensar que tal vez no valiera la pena empeñarse más», me dijo. Había tenido suficiente.

Lo triste del caso es que Sacks *adoraba* la ciencia. Al hablar del final de su primer amor, ella enumeraba con añoranza todas las asignaturas que le habría encantado estudiar: Psicología, Enfermedades infecciosas, Biología, Matemáticas. Se pasó el verano siguiente a su segundo año debatiéndose sobre lo que hacer. «Cuando era pequeña, estaba orgullosa de poder decir cosas como, ya sabe: "¡Soy una niña de siete años y me apasionan los insectos! Me gusta estudiarlos y no dejo de leer cosas sobre ellos, y lleno los cuadernos con dibujos y hago etiquetas con los nombres de sus partes y hablo sobre los sitios donde viven y sobre las cosas que hacen". Más tarde aquello evolucionó a: "Me interesa muchísimo cómo es la gente y cómo funciona el cuerpo humano, ¿no es algo excepcional?". Sin duda había un matiz de orgullo en poder decir: "Soy de ciencias", y casi sentí vergüenza al tener que aparcarlo todo y decir: "Mira, voy a tener que estudiar algo más sencillo porque no aguanto más". Durante un tiempo, solo lo veía de ese modo, como si hubiera fracasado. Me había planteado una meta y no la había alcanzado».

Los resultados de Sacks en Química orgánica no deberían haber sido tan determinantes, ¿no? Al fin y al cabo, ella nunca había pensado en dedicarse a la Química orgánica. Se trataba tan solo de una asignatura. Hay mucha gente a la que se le atraganta esa materia. No es extraño que los estudiantes que van a cursar Medicina sigan durante el verano un curso previo en otra universidad, para tener al menos un semestre de práctica. Además, Sacks estaba estudiando Química orgánica en una universidad extremadamente rigurosa tanto competitiva como académicamente. Si uno se pusiera a hacer un *ranking* de todos los estudiantes de Química orgánica del mundo, Sacks probablemente estaría en el percentil 99.

Pero el problema era que Sacks no estaba comparándose con todos los estudiantes del mundo que cursan esa asignatura. Se medía con sus compañeros de Brown. Era un pececito en uno de los estanques más profundos y competitivos del país, y la experiencia de tener que compararse con todos esos brillantes peces terminó haciendo añicos su confianza en sí misma. La hizo creerse estúpida, aunque no lo fuera en absoluto. «Uf, la gente domina esto por completo, incluso los que tenían tan poca idea como yo al principio, y yo parezco incapaz de aprender nada de esta manera».

5

Caroline Sacks estaba experimentando lo que viene a denominarse una «privación relativa», un término acuñado por el sociólogo Samuel Stouffer durante la Segunda Guerra Mundial. El ejército de Estados Unidos encargó a Stouffer que analizara la actitud y la moral de los soldados del país, y terminó entrevistando a medio millón de hombres y mujeres, interesándose por cuestiones tales como la opinión que tenían de sus superiores al mando, el trato que creían recibir los soldados negros o las dificultades que presentaban a los soldados los destinos en emplazamientos aislados.

Un conjunto de preguntas deparó resultados especialmente chocantes. Stouffer les solicitó a los soldados de la policía militar y de la aviación su visión sobre el modo en que su cuerpo reconocía y promocionaba a la gente más capaz. La respuesta fue clara. Los miembros de la policía militar tenían una opinión mucho mejor al respecto que los alistados en aviación.

Aparentemente, eso carecía de sentido. La policía militar presentaba una de las peores cifras de ascensos en las fuerzas armadas. En cambio, la aviación tenía una de las mejores. Un hombre en la aviación contaba con el *doble* de oportunidades de ascender al rango de oficial. Así que ¿cómo podía ser que los soldados de la policía militar se mostraran más satisfechos? La respuesta, como Stouffer explicó con gran efecto, es que los policías militares solo se comparaban con los de su mismo grupo. Cuando alguien era ascendido en la policía militar, esa persona se alegraba de verdad por un hecho tan infrecuente. Pero cuando le era negada la promoción, esa persona se sentía uno más entre la mayoría, así que no se deprimía *tanto*.

«Compárese con un hombre en aviación con la misma educación y antigüedad», escribió Stouffer. Ese soldado contaba con un 50 por ciento más de probabilidades de obtener un ascenso. «En caso de recibir esa [promoción], se sumaba a la mayoría de sus compañeros de cuartel, y por eso su logro resultaba mucho menos notorio que en la policía militar. En el caso de que hubiera fracasado al intentar subir de grado, cuando la mayoría lo había conseguido, sus motivos para sentirse personalmente frustrado eran mayores, y eso podía traducirse en críticas al sistema de promoción».

La tesis de Stouffer es que no formamos nuestras impresiones globalmente, ubicándonos en el contexto más amplio posible, sino localmente: nos comparamos con la gente «que va en nuestro mismo barco». La privación que sentimos es *relativa*. Se trata de una de esas observaciones obvias y (tras indagar en ellas) profundas al mismo tiempo, y explica muchas cosas en otro caso desconcertantes. ¿Cuáles cree, por ejemplo, que son los países con una tasa de suicidios más alta? ¿Países cuyos ciudadanos se declaran por lo general muy felices, como Suiza, Dinamarca, Islandia, Holanda y Canadá? ¿O países cuyos ciudadanos afirman sentirse muy descontentos, como Grecia, Italia, Portugal y España? La respuesta: los autodenominados países felices. Aquí se produce el mismo fenómeno que en el caso de la policía militar y la aviación. Si se está deprimido en un sitio donde la mayoría de la gente es bastante infeliz, uno tiende a compararse con los que tiene alrededor y no se siente tan desgraciado. Pero imagínese lo que ha de ser estar deprimido en un país donde todo el mundo tiene una gran sonrisa en la cara*.

---

* Este caso está extraído del trabajo de la economista Mary Daly, que ha escrito por extenso sobre este fenómeno. Aquí viene otro ejemplo, sacado esta vez del libro de Carol Graham *Happiness Around the World: The Paradox of Happy Peasants and Miserable Millionaires* [La felicidad en el mundo: la paradoja de los campesinos felices y los

Por lo tanto, la decisión de Caroline Sacks de evaluarse a sí misma en su clase de Química orgánica no respondía a ninguna conducta anómala o irracional. Es algo muy humano. Nos comparamos con aquellos en nuestra misma situación, y por eso los estudiantes de una escuela de élite —exceptuando quizá a los primeros de la clase— están destinados a soportar una carga que no encontrarían en una atmósfera menos competitiva. Los ciudadanos de países felices tienen unas tasas de suicidio más altas que los de países infelices, porque ven las sonrisas en los rostros de sus compatriotas y el contraste les resulta excesivo. Los estudiantes de las escuelas «excelentes» observan a los estudiantes tan listos que los rodean, ¿y cómo cree que se sienten?

Aplicado a la educación, el fenómeno de la privación relativa recibe el nombre —atinadamente— de «El efecto pez grande/ estanque pequeño». Cuanto más exclusiva es una institución educativa, peor será la opinión que tengan los estudiantes de sus aptitudes académicas. Estudiantes que irían en cabeza en una escuela buena pueden quedarse rezagados fácilmente en una escuela *realmente* buena. Estudiantes que sentirían que dominan una materia en una escuela buena pueden sentirse completamente desbordados en una escuela realmente buena. Y esa sensación —por subjetiva, ridícula e irracional que pueda ser— *importa mucho*. La impresión que uno tiene sobre sus capacidades dentro de la clase —nuestra autoimagen académica— modela nuestra voluntad para asumir retos y completar tareas complicadas. Se trata de un elemento crucial para la motivación y la confianza en nosotros mismos.

---

millonarios desdichados]. ¿Quién cree que es más feliz, una persona pobre en Chile o una persona pobre en Honduras? Aplicando la lógica, diríamos que la de Chile. Su país es una economía moderna y desarrollada. Los pobres en Chile ganan casi el doble que los pobres en Honduras, y en razón de eso viven en mejores casas, comen mejor y disfrutan de más comodidades materiales. Pero si se comparan los índices de felicidad de los pobres en ambos países, Honduras supera con holgura a Chile. ¿Por qué? Porque los hondureños se fijan únicamente en la suerte de sus compatriotas. Graham afirma: «Puesto que la renta per cápita no influye en la felicidad de los países, y sí la disparidad respecto a la media nacional, los hondureños son más felices porque la distancia con respecto a la renta media es menor». En conclusión, los pobres en Honduras están mucho más cerca de la clase media que los pobres de Chile, y por eso se *sienten* mucho mejor.

El inventor de la teoría del «Pez grande/estanque pequeño» es un psicólogo llamado Herbert Marsh, para quien la mayoría de padres y alumnos elige un centro frente a otro por razones equivocadas: «Mucha gente cree que ir a una escuela muy selectiva académicamente va a ser algo bueno. Eso no es verdad. La realidad es que tiene consecuencias *positivas y negativas*. Cuando vivía en Sídney, había unas cuantas escuelas públicas muy selectas que eran incluso más prestigiosas que las escuelas privadas de élite. Las pruebas de acceso eran increíblemente exigentes. Así que el *Sydney Morning Herald* —el periódico de referencia allí— siempre se ponía en contacto conmigo cuando llegaba la época de las pruebas de acceso. Todos los años pasaba lo mismo, y había esa pretensión de añadir algo nuevo al tema. Al final les dije —y tal vez debería haberme callado—, si queréis ver los efectos beneficiosos de las escuelas de élite en la autoestima, estáis evaluando a la persona equivocada. Deberíais evaluar a los padres».

6

Lo que le ocurrió a Caroline Sacks es del todo común. Más de la mitad de los estudiantes estadounidenses que comienzan los programas de ciencia, tecnología y matemáticas (o STEM, su acrónimo en inglés) abandonan al final de su primer o su segundo año. A pesar de que un título en ciencias es uno de los mayores activos que un joven pueda presentar en la economía moderna, un gran número de los candidatos a hacerse con un STEM terminan pasándose a las humanidades, donde los criterios académicos son menos exigentes y se respira un clima menos competitivo en las clases. Esa es la razón principal por la que el país tiene hoy un gran déficit de licenciados en ciencias y en ingeniería estadounidenses.

Para hacernos una idea más clara de las personas que abandonan —y de sus motivos—, podemos echarles un vistazo a los matriculados en ciencias en Hartwick College, un centro emplazado en el norte del estado de Nueva York. Se trata de un pequeño colegio universitario de humanidades como tantos otros del noreste de Estados Unidos.

He repartido a los estudiantes STEM de Hartwick en tres grupos: el tercio superior, el intermedio y el inferior, de acuerdo con sus notas en Matemáticas. Las notas proceden de los exámenes de acceso estándar (SAT, en sus siglas en inglés), un modelo adoptado por muchos centros estadounidenses como prueba de acceso. El máximo del test es 800 puntos en la prueba de Matemáticas*.

Estudiantes STEM	Tercio superior	Tercio intermedio	Tercio inferior
Matemáticas del SAT	569	472	407

Si tomamos el SAT como indicador, existe una gran disparidad entre la competencia básica para las matemáticas de los mejores y los peores estudiantes de Hartwick.

Fijémonos a continuación en el porcentaje de todos los títulos en ciencias que cada uno de esos grupos de Hartwick ha obtenido.

Títulos STEM	Tercio superior	Tercio intermedio	Tercio inferior
Porcentaje	55,0	27,1	17,8

Los estudiantes del tercio superior de Hartwick acaparan más de la mitad de todos los títulos en ciencias. El tercio inferior solo consigue el 17,8 por ciento de esos títulos. Los estudiantes que llegan a Hartwick con los peores niveles en competencia matemática abandonan masivamente la asignatura. Esto parece algo de sentido común. Aprender las matemáticas y la física del nivel avanzado necesarias para convertirse en ingeniero o científico no está al alcance de todo el mundo; y solo un número escaso de estudiantes, los que se concentran en la cúspide, son lo suficientemente listos para asimilar la materia de estudio.

Realicemos ahora el mismo análisis en Harvard, una de las universidades más prestigiosas del mundo.

---

* Estas estadísticas provienen de un artículo titulado «The Role of Ethnicity in Choosing and Leaving Science in Highly Selective Institutions» [El papel de las etnias al elegir o dejar las ciencias en instituciones muy selectas], obra de los sociólogos Rogers Elliott y A. Christopher Strenta, junto a otros autores. Los resultados del SAT son de principios de los años noventa del siglo pasado y podrían haber variado algo.

Estudiantes STEM	Tercio superior	Tercio intermedio	Tercio inferior
Matemáticas del SAT	753	674	581

Los estudiantes de Harvard, como cabía esperar, consiguen unas notas mucho más altas en el examen de Matemáticas que sus homólogos de Hartwick. De hecho, los estudiantes del tercio inferior de Harvard obtienen unos resultados más altos que los *mejores* estudiantes de Hartwick. Si conseguir un título en ciencias depende de nuestro intelecto, uno aventuraría que prácticamente todo el mundo en Harvard terminará haciéndose con uno, ¿no? Al menos sobre el papel, en Harvard nadie carece del potencial intelectual para soportar la carga de trabajo. Bueno, miremos ahora la proporción de títulos conseguidos por cada uno de los grupos.

Títulos STEM	Tercio superior	Tercio intermedio	Tercio inferior
Porcentaje	53,4	31,2	15,4

¿No le parece raro? Los estudiantes del tercio inferior de Harvard dejan por imposibles las matemáticas y las ciencias en una proporción semejante a sus homólogos de Nueva York. *Harvard tiene la misma distribución de títulos en ciencias que Hartwick.*

Reflexione sobre esto un instante. Tenemos a un grupo de lumbreras en Hartwick. Podemos denominarlos la selección de las estrellas de Hartwick. Y luego a un grupo de estudiantes menos cualificados en Harvard. Serían los parias de Harvard. Ambos grupos estudian los mismos manuales y lidian con los mismos conceptos, tratando de resolver los mismos problemas de cursos tales como Cálculo avanzado o Química orgánica, y, de acuerdo con las notas, su competencia académica es muy pareja. Sin embargo, la inmensa mayoría de las estrellas de Hartwick consigue su propósito y se convierte en ingenieros y biólogos; mientras que los parias de Harvard —que han conseguido ingresar en una escuela mucho más prestigiosa— se quedan tan desalentados con la experiencia que muchos terminan abandonando del todo las ciencias para pasar a estudiar algo completamente diferente. Los parias de Harvard son pececillos en un estanque muy grande y temible. Las estrellas de Hartwick son grandes peces en un estanque muy pequeño y acogedor. Lo determinante, a la hora de calcular las probabilidades de conseguir un título en ciencias, no es solo la inteligencia de cada uno. Lo determinante es lo listo que se *siente* uno en relación con las personas de su clase.

Por cierto, este patrón se cumple en prácticamente todas las escuelas que se quieran sondear, sin que importe su calidad académica. Los sociólogos Rogers Elliott y Christopher Strenta recabaron los mismos datos en once colegios universitarios de humanidades de todo Estados Unidos. Écheles un vistazo usted mismo:

Centro	Tercio superior	Matemáticas del SAT	Tercio intermedio	Matemáticas del SAT	Tercio inferior	Matemáticas del SAT
1. Harvard University	53,4%	753	31,2%	674	15,4%	581
2. Dartmouth College	57,3%	729	29,8%	656	12,9%	546
3. Williams College	45,6%	697	34,7%	631	19,7%	547
4. Colgate University	53,6%	697	31,4%	626	15,0%	534
5. University of Richmond	51,0%	696	34,7%	624	14,4%	534
6. Bucknell University	57,3%	688	24,0%	601	18,8%	494
7. Kenyon College	62,1%	678	22,6%	583	15,4%	485
8. Occidental College	49,0%	663	32,4%	573	18,6%	492
9. Kalamazoo College	51,8%	633	27,3%	551	20,8%	479
10. Ohio Wesleyan	54,9%	591	33,9%	514	11,2%	431
11. Hartwick College	55,0%	569	27,1%	472	17,8%	407

Volvamos atrás, y reconstruyamos lo que Caroline Sacks debió haber sopesado al enfrentarse a la elección entre Brown y la Universidad de Maryland. Si iba a Brown, se beneficiaría del prestigio de la universidad. Podría tener unos compañeros más interesantes y ricos. Los contactos que podría establecer allí y la reputación de la marca Brown en cualquier título la impulsarían en el mercado de trabajo. Estas son las clásicas ventajas del gran estanque. Brown es el Salón.

Pero ella estaba asumiendo un riesgo: sus probabilidades de abandonar por completo las ciencias aumentaban sobremanera. ¿Cómo de grande era ese riesgo? De acuerdo con un estudio efectuado por Mitchell Chang, de la Universidad de California, las probabilidades que tiene alguien de completar un programa STEM —en unas circunstancias idénticas— aumentan un 2 por ciento cada vez que la media del SAT de su universidad baja 10 puntos[*]. Cuanto más espabilados son sus compañeros, más tonto se cree el estudiante; cuanto más tonto se cree el estudiante, más probable es que termine abandonando las ciencias. Teniendo en cuenta que hay una diferencia de aproximadamente 150 puntos entre los resultados del SAT de los estudiantes de la Universidad de Maryland y de los de Brown, la «penalización» que Sacks pagó al escoger ingresar en una escuela excelente (frente a una escuela buena) fue una merma de un 30 por ciento en sus posibilidades de terminar con éxito sus estudios. *¡Un 30 por ciento!* Justo en una época en la que los estudiantes de humanidades lo pasan mal para encontrar trabajo, mientras que los poseedores de un título STEM tienen casi asegurada una

---

* Este es un aspecto crucial al que merece la pena dedicarle algo más de tiempo. Chang y sus coautores tomaron una muestra de varios miles de estudiantes universitarios novatos y midieron qué factores jugaban un papel más importante para que el estudiante pudiera acabar abandonando sus estudios de ciencias. ¿El factor más importante? La competencia académica de los estudiantes: «Cada vez que la media del SAT aumentaba 10 puntos en esa remesa de novatos de un centro determinado, las probabilidades de permanencia se reducían 2 puntos porcentuales», escriben los autores. Curiosamente, si uno se fija en los estudiantes que pertenecen a minorías étnicas, las cifras todavía son más elevadas. Con cada ascenso de 10 puntos en las notas del SAT, las probabilidades de permanencia caen hasta 3 puntos porcentuales. «Los estudiantes que acceden a las escuelas que ellos eligieron como primera opción eran menos tendentes a continuar en una licenciatura en Biomedicina o en Ciencias del comportamiento», escriben. Uno cree que lo mejor es ir al centro más de campanillas posible. Mucho cuidado.

buena trayectoria profesional. No faltan los empleos para las personas con un título en ciencias o en ingeniería, empleos por lo general muy bien remunerados. En definitiva, entraña un riesgo muy grande optar por el prestigio de una institución de la Ivy League.

Déjeme darle otro ejemplo del gran estanque en el mundo real. Tal vez le resulte aún más llamativo. Suponga que usted es una universidad que quiere contratar a los mejores profesores universitarios entre las nuevas hornadas de licenciados. ¿Cuál sería su criterio de selección? ¿Se fijaría solo en los estudiantes de los centros más prestigiosos? ¿O intentaría contratar a los más brillantes en sus clases, con independencia del centro en el que estudiaron?

La mayoría de las universidades siguen la primera estrategia. Incluso se jactan de ello: *Solo contratamos a los licenciados de las universidades más egregias.* Pero espero que, llegados a estas alturas, usted se muestre un poco más escéptico frente a estas asunciones. ¿No deberíamos reconsiderar unos segundos «al cabeza de ratón» antes de decantarnos definitivamente por «el cola de león»?

Por fortuna, hay una manera muy sencilla de comparar ambas estrategias. Está extraída de un estudio de John Conley y Ali Sina Önder sobre los licenciados que estudian cursos de doctorado en economía. En el campo de la economía académica, existe un puñado de revistas especializadas que todo el mundo lee y respeta. Estas publicaciones ilustres solo aceptan los mejores y más creativos trabajos de investigación, y los economistas se evalúan entre sí —en buena parte— a partir del número de artículos que han publicado en esas revistas cimeras. Conley y Önder afirman que, para crear el mejor filtro para contratar, basta con comparar el número de trabajos publicados por los grandes peces de los estanques pequeños con los de los publicados por los pececitos de los grandes estanques. ¿Y qué descubrieron? *Que los mejores estudiantes de las escuelas mediocres son casi siempre una apuesta mejor que los buenos estudiantes de los mejores centros.*

Entiendo que esto atenta contra la lógica. La idea de que tal vez para las universidades no sea una buena idea contratar a gente de Harvard o el MIT parece una locura. Pero es difícil rebatir el análisis de Conley y Önder.

Empecemos echándoles un vistazo a los cursos de doctorado más excelsos de Estados Unidos, también entre los más insignes de todo el mundo: Harvard, MIT, Yale, Princeton, Columbia, Stanford y la Universidad de Chicago. Conley y Önder dividieron a los licenciados de esos cursos según la posición que ocupaban en el *ranking* de sus respectivas clases, y luego contabilizaron el número de publicaciones de cada doctorado en sus seis primeros años de carrera académica.

	99°	95°	90°	85°	80°	75°	70°	65°	60°	55°
Harvard	4,31	2,36	1,47	1,04	0,71	0,41	0,30	0,21	0,12	0,07
MIT	4,73	2,87	1,66	1,24	0,83	0,64	0,48	0,33	0,20	0,12
Yale	3,78	2,15	1,22	0,83	0,57	0,39	0,19	0,12	0,08	0,05
Princeton	4,10	2,17	1,79	1,23	1,01	0,82	0,60	0,45	0,36	0,28
Columbia	2,90	1,15	0,62	0,34	0,17	0,10	0,06	0,02	0,01	0,01
Stanford	3,43	1,58	1,02	0,67	0,50	0,33	0,23	0,14	0,08	0,05
Chicago	2,88	1,71	1,04	0,72	0,51	0,33	0,19	0,10	0,06	0,03

Me hago cargo de que esto parece una ensalada de números. Pero les pido que se detengan en el lado izquierdo del cuadro: los estudiantes que terminaron en el percentil 99 de sus clases. Haber publicado tres o cuatro trabajos al comienzo de tu carrera en las revistas más prestigiosas es un logro indiscutible. Esta gente es buena de verdad. Tiene todo el sentido. Figurar entre los mejores licenciados en Economía de centros como el MIT o Stanford constituye de por sí un auténtico éxito.

Pero a partir de aquí los esquemas comienzan a romperse. Mire las cifras de los estudiantes que se encuentran en la columna del percentil 80. Centros como el MIT, Stanford o Harvard solo aceptan a poco más de veinte estudiantes por año en sus cursos de doctorado, así que, si uno forma parte del percentil 80, está entre los cinco o seis alumnos más brillantes de la clase. Se trata también de estudiantes extraordinarios. Y ahora fíjese bien en el número de publicaciones que acumulan estos estudiantes. ¡Una fracción de las cifras conseguidas por los mejores de la clase!

Y ya puestos, saltemos hasta la última fila, a los estudiantes del percentil 55, aquellos que superan la media con apuros. Han sido capaces de entrar en uno de los programas para licenciados más demandados del mundo y han completado sus estudios por encima de la media de su clase. Y, sin embargo, apenas han conseguido colar algún artículo. Su paso a la vida profesional solo puede calificarse de decepcionante.

Ahora pongamos el foco sobre los licenciados de los centros mediocres. Digo «mediocres» solo porque ese sería el calificativo que les dedicaría alguien proveniente de uno de los siete centros insignes. En los *rankings* anuales de escuelas de posgrado aparecidos en *U. S. News & World Report,* muy al fondo aparece una serie de instituciones. He seleccionado a tres de ellas como elementos de comparación. La primera es mi alma máter, la Universidad de Toronto (¡me puede el espíritu de la casa!). La segunda es la Universidad de Boston. La tercera pertenece a lo que Conley y Önder llaman «fuera del top 30», una forma suave de decir que esas escuelas habitan las catacumbas de la lista.

	99°	95°	90°	85°	80°	75°	70°	65°	60°	55°
Univ. de Toronto	3,13	1,85	0,80	0,61	0,29	0,19	0,15	0,10	0,07	0,05
Boston Univ.	1,59	0,49	0,21	0,08	0,05	0,02	0,02	0,01	0,00	0,00
Fuera del top 30	1,05	0,31	0,12	0,06	0,04	0,02	0,01	0,01	0,00	0,00

¿Se ha dado cuenta? Resulta fascinante: los mejores estudiantes del «fuera del top 30» —es decir, un centro tan hundido en el *ranking* que los de las Ivy League torcerían el gesto solo ante la idea de poner un pie allí— presentan una cifra de 1,05 publicaciones, un resultado sensiblemente superior al de todos los que no forman parte de los elegidos en Harvard, el MIT, Yale, Princeton, Columbia, Stanford y Chicago. ¿Acaso es mejor contratar a un gran pez de un estanque minúsculo que a un pez incluso mediano de un gran estanque? *Por supuesto que sí.*

Conley y Önder han de realizar un esfuerzo extra para explicar sus hallazgos*. Escriben:

> Para llegar a Harvard el candidato ha de contar con unas califica-ciones excelentes, unas notas de examen sobresalientes, cartas de recomendación potentes y veraces, y saber además cómo presen-tar el conjunto para que llame la atención del comité de admisio-nes. Así pues, los candidatos exitosos deben ser trabajadores, in-teligentes, despiertos, ambiciosos y haber aprovechado muy bien sus años de universidad. ¿Cómo puede ser que la mayoría de estos candidatos exitosos, todos ellos unos ganadores que cumplieron con los requerimientos al acceder a la escuela de posgrado, tuvie-ran una actuación tan deslucida después de concluidos esos estu-dios? ¿Les estamos fallando a esos estudiantes, o son los estudian-tes los que nos están fallando?

Por supuesto, nadie es culpable de nada. Nadie le está *fallando* a nadie. Simplemente, aquello que convierte a esas escuelas de éli-te en destinos inmejorables para los estudiantes más brillantes crea escenarios mucho peores para todos los demás. Es grosso modo lo que le ocurrió a Caroline Sacks. El estanque grande acoge a estudiantes muy brillantes y los desmoraliza.

Por cierto, ¿sabe qué centro de élite ha reconocido los peligros del gran estanque durante casi cincuenta años? ¡Harvard! En los años sesenta del siglo pasado, se nombró director de admisiones a Fred Glimp, y este instituyó la política conocida como la «feliz cuarta parte del fondo». En uno de sus primeros informes tras tomar el cargo, escribió: «Cualquier clase, por muy brillante que sea, siempre tendrá una cuarta parte en el fondo. ¿Cuáles son los

---

* Un pequeño apunte aclaratorio: la selección de Conley y Önder no es una lista del número total de publicaciones de cada economista. En realidad, se trata de una media ponderada: conseguir que un artículo sea aceptado por las publicacio-nes más prestigiosas (*The American Economic Review* o *Econometrica*) cuenta más que lograr lo mismo en una publicación menos reputada. Dicho de otro modo, sus números no nos hablan de cuántos artículos ha conseguido sacar a la luz un pro-fesor. Miden cuántos artículos de primer nivel ha conseguido publicar ese profesor universitario.

efectos psicológicos de sentirse una medianía, aunque sea dentro de un grupo selecto? ¿Se puede identificar a un tipo con una especial tolerancia psicológica o de otro tipo para ser "feliz", o para sacarle el mayor provecho a su educación aunque sea desde la cuarta parte del fondo?». Glimp sabía muy bien lo desmoralizante que podía resultar el gran estanque a cualquiera que no formara parte del cuadro de honor. A juicio de Glimp, la misión de su cargo era encontrar a estudiantes curtidos que supieran triunfar en el mundo fuera de las aulas; eso les permitiría sobrevivir al estrés de ser un pez muy pequeño en ese gran estanque. Con ese objetivo en mente, Harvard estableció la práctica (que continúa hoy) de admitir a un número considerable de atletas dotados con unos expedientes muy inferiores a los del resto de sus compañeros. Si uno va a ser la carne de cañón de su clase, en principio será mejor que esa persona pueda sentirse realizada por otras vías como, por ejemplo, el campo de fútbol americano.

La misma lógica se aplica en el debate sobre la «acción afirmativa». En Estados Unidos existe una enorme controversia acerca de si las facultades y las escuelas profesionales deberían establecer unos criterios de admisión más bajos para las minorías menos favorecidas. Los defensores de la acción afirmativa sostienen que promocionar la entrada de las minorías en los centros selectos se justifica por la larga historia sufrida de discriminación. Los opositores dicen que poder acceder a esos centros selectos es tan importante que habría de tenerse en cuenta únicamente el mérito académico. Un grupo situado en el centro argumenta que es un error que la raza sea el principio fundamental de compensación, y lo que debería hacerse es dar preferencia a la gente con menos recursos económicos. Lo que comparten estos tres grupos es que dan por hecho que acceder a una de esas instituciones ilustres es una prerrogativa tal que merece la pena luchar por uno de los pocos espacios en la cumbre. Y, podemos preguntarnos entonces, ¿por qué todo el mundo está tan convencido de que merece la pena luchar por algo así?

Si en algún ámbito se aplica la acción afirmativa de forma enérgica es en las facultades de Derecho, que ofrecen automáticamente a los estudiantes negros plazas en un nivel superior al que se les asignaría de otra forma. ¿Cuál es el resultado? De acuerdo con el profesor de Derecho Richard Sander, más de la mitad de los estudiantes de Derecho afroamericanos en Estados Unidos —el 51,6 por ciento— ocupa el 10 por ciento inferior de sus clases, y casi tres cuartos se quedan en el 20 por ciento más mediocre*. Tras haber comprobado lo duro que es conseguir un título en ciencias si uno ocupa la franja más baja de su clase, posiblemente coincidirá conmigo si digo que esas cifras son terroríficas. ¿Recuerda las palabras de Caroline Sacks? *Uf, la gente domina esto por completo, incluso los que tenían tan poca idea como yo al principio, y yo parezco incapaz de aprender nada de esta manera.* Sacks no es ninguna estú-

---

* El profesor de Derecho Richard Sander es el principal defensor del argumento del gran estanque contra la acción afirmativa. Ha escrito con Stuart Taylor un libro fascinante sobre el tema titulado *Mismatch: How Affirmative Action Hurts Students It's Intended to Help, and Why Universities Won't Admit It* [Desparejados: Cómo la acción afirmativa daña a los estudiantes cuando pretende ayudar y por qué las universidades no lo admitirán]. Incluyo un resumen de algunas de las ideas principales de Sander en las notas finales de *David y Goliat*.

Por ejemplo, una de las cuestiones que se plantea Sander es la siguiente: para un estudiante de una minoría, conseguir un título de Derecho resulta más complicado si va a una escuela mejor. Esto es evidente. Pero ¿qué pasa si el esfuerzo se compensa por el hecho de que ese título vale más? Esto no es cierto. Sander y Taylor afirman que unas notas excelentes en una escuela buena valen casi lo mismo —y tal vez incluso más— que unas notas buenas en una escuela excelente. A continuación escriben:

> Una estudiante que estudió en Fordham (puesto 30 en el *ranking*) y terminó sus estudios figurando entre los cinco primeros de su clase tuvo trabajos e ingresos muy similares a los de otra estudiante que estudió en la mucho más exclusiva Columbia (puesto 5 en el *ranking*) y obtuvo unas notas ligeramente por debajo de la media de su clase. Esto se cumplía en la mayoría de los casos como el anterior: la estudiante de Fordham llevaba la delantera en el mercado de trabajo.

Este desenlace no debería sorprendernos. ¿Por qué los estudiantes negros habrían de comportarse diferente que cualquiera obligado a aprender desde la posición menos ventajosa de la clase?

Las opiniones de Sander son controvertidas. Algunos de sus hallazgos han sido rebatidos por otros investigadores que interpretan los datos de otra manera. En general, lo que dice Sander sobre los peligros del gran estanque es algo que muchos psicólogos, que se remontan hasta Stouffer y su trabajo en la Segunda Guerra Mundial, consideran de puro sentido común.

pida. En realidad, es muy brillante. Pero la Universidad de Brown le hizo pensar lo contrario; y si ella quería de verdad conseguir un título en ciencias, lo mejor que habría podido hacer hubiera sido *bajar* un peldaño y estudiar en Maryland. Ninguna persona en su sano juicio diría que la solución a sus problemas sería ir a un centro aún más exigente, como Stanford o el MIT. Sin embargo, en lo que concierne a la acción afirmativa, eso es precisamente lo que hacemos. Tomamos a estudiantes prometedores como Caroline Sacks —pero que en este caso son negros— y les ofrecemos *subir* un poco en el escalafón. ¿Y por qué hacemos eso? *Porque creemos que les estamos ayudando así.*

Eso no significa que la acción afirmativa sea mala. Está concebida con la mejor de las intenciones, y las instituciones de élite a menudo cuentan con recursos para ayudar a los estudiantes pobres de los que carecen otros centros. Pero eso no modifica el hecho de que —como dice Herbert Marsh— los beneficios del gran estanque sean ambivalentes, y resulta extraño ver qué pocas veces se mencionan sus contrapartidas. Los padres todavía instan a sus hijos a aspirar a la mejor escuela posible, bajo la creencia de que eso les permitirá alcanzar cualquier cosa que se propongan. Damos por hecho que el gran estanque abrirá nuestro abanico de oportunidades; igual que damos por hecho que una ratio reducida favorece siempre el aprendizaje. Tenemos en la cabeza una definición clara de ventaja..., pero esa definición es incorrecta. ¿Y qué consecuencias trae eso? Que cometemos errores. Que realizamos interpretaciones inexactas de las luchas entre pastores y gigantes. Que no valoramos lo suficiente el grado de libertad que puede otorgarnos algo que se considera una desventaja. El pequeño estanque conspira para multiplicar al máximo las opciones de cumplir nuestros deseos.

Cuando Caroline Sacks presentó su solicitud de ingreso, no sabía que estaba poniendo en riesgo aquello que tanto amaba. Ahora lo sabe. Al final de nuestra charla, le pregunté qué creía que habría ocurrido en la hipótesis de que se hubiera decantado por la Universidad de Maryland, por ser un gran pez en un pequeño estanque. Me respondió sin un atisbo de duda: «Nunca habría dejado las ciencias».

7

«De niño era un estudiante que rebosaba entusiasmo, me encantaba aprender y me encantaba la escuela, y se me daba muy bien», me comenzó a decir Stephen Randolph*, un joven alto de pelo castaño, que se había peinado con esmero, vestido con unos pantalones de soldado bien planchados. «Empecé a estudiar el álgebra del instituto en cuarto. Luego hice Álgebra II en quinto y Geometría en sexto. A los doce años, ya iba al instituto para estudiar Matemáticas, Biología y Química, e Historia de Estados Unidos de nivel superior. En quinto curso empecé a ir a un colegio universitario local para estudiar algo de matemáticas, y además ese año hice otro curso de ciencias. Creo que, para cuando me gradué en el instituto, no exagero si digo que tenía suficientes créditos como para recibir ipso facto un diploma de la Universidad de Georgia».

Desde primero hasta el final del instituto, Randolph fue a la escuela con corbata. «Daba un poco de vergüenza, era un poco estrafalario. Pero lo hice. No me acuerdo de por qué empecé. Quise ponerme la corbata un día en primero y luego seguí haciéndolo. Era un bicho raro, supongo».

Randolph fue reconocido como el alumno más sobresaliente de su clase en el instituto. Sus notas en los exámenes de acceso a la universidad fueron prácticamente inmejorables. Fue admitido tanto en Harvard como en el MIT y se decantó por la primera. En su primera semana, atravesó el Harvard Yard maravillándose ante su buena fortuna. «Pensé que todos allí eran estudiantes seleccionados por Harvard. Sé que no tiene mucho sentido, pero creí que, bueno, que toda esa gente era interesante, lista y deslumbrante, y que iba a vivir una experiencia fantástica. Estaba lleno de entusiasmo».

Su historia reproducía casi paso por paso la de Caroline Sacks y, al volver a escuchar esa secuencia de hechos, uno se daba cuenta mejor del enorme valor del triunfo de los impresionistas. Tenían el genio de los artistas. Pero también poseían una extraña sabidu-

---

* «Stephen Randolph» es un seudónimo.

ría sobre los asuntos del mundo. Fueron capaces de pararse a analizar lo que era el destino ambicionado por todos y supieron valorarlo justamente. Monet, Degas, Cézanne, Renoir y Pissarro habrían escogido su segunda opción.

¿Y qué sucedió con Stephen Randolph en Harvard? Creo que pueden adivinar la respuesta. En su tercer año, se matriculó en Mecánica cuántica. «No me fue bien», me admitió, «creo que me dieron un notable bajo». Nunca había sacado una nota tan mala. «Creí que no se me daba bien o que no era lo suficientemente bueno. Tal vez pensaba que para que continuar allí tuviera sentido debía ser el mejor o un genio. Algunos parecían captar las cosas más rápido que yo, y tiendes a fijarte en esa gente y no en los que se encontraban tan perdidos como tú».

«La materia me estimulaba», continuó. «Pero aquello fue una auténtica cura de humildad; estás sentado en clase y no entiendes nada, y piensas: "¡Esto no lo voy a entender en la vida!". Entonces te pones a hacer problemas y entiendes un poco de aquí y otro poco de allá, pero siempre piensas que los demás de la clase lo entienden mejor. Creo que uno de los problemas de Harvard es que atrae a tanta gente brillante que es muy difícil poder brillar allí». Al final Randolph decidió que no podía seguir.

«Ya sabe, hay algo muy gratificante en poder resolver un problema de matemáticas», me dijo Randolph en ese momento, y un gesto apesadumbrado casi nubló su rostro. «Al comienzo quizá no ves la manera de resolver el problema, pero sabes que existen unas reglas que pueden servir, y también unas vías de aproximación, y a menudo, a lo largo de ese proceso, el resultado intermedio es más enrevesado que lo que tenías de entrada, pero el resultado final es muy simple. Y llegar a la meta te proporciona una gran satisfacción». Randolph fue a la escuela que quería. ¿Pero obtuvo la educación que deseaba? «En general creo que estoy contento con el modo en que resultaron las cosas», me dijo. Y luego rio, con un deje de tristeza. «Al menos eso es lo que me digo».

Al final de su tercer año en la universidad, Randolph decidió realizar la prueba de acceso para la facultad de Derecho. Una vez conseguido el título, se puso a trabajar en un bufete de Manhattan.

Harvard le arrebató un científico al mundo y le entregó a cambio otro abogado. «Me ocupo de la ley tributaria. Es divertido. Hay muchos estudiantes de matemáticas y física que terminan dedicándose a la ley tributaria».

Segunda parte

La teoría de la dificultad deseable

Me fue dado un aguijón en mi carne, un mensajero de Satanás que me abofetee, para que no me enaltezca sobremanera; respecto a lo cual tres veces he rogado al Señor que lo quite de mí. Y me ha dicho: «Bástate mi gracia; porque mi poder se perfecciona en la debilidad». Por tanto, de buena gana me gloriaré más bien en mis debilidades, para que repose sobre mí el poder de Cristo. Por lo cual, por amor a Cristo me gozo en las debilidades, en afrentas, en necesidades, en persecuciones, en angustias; porque cuando soy débil, entonces soy fuerte.

2 Corintios 12, 7-10

Capítulo 4
David Boies

«Nadie querría que su hijo tuviera dislexia, ¿o sí?»

1

Si se le realiza una exploración cerebral a una persona con dislexia, las imágenes obtenidas parecen extrañas. En ciertas zonas del cerebro —aquellas que se ocupan de la lectura y de procesar las palabras—, los disléxicos tienen menos materia gris. Poseen menos células cerebrales en esas partes de las que debieran. A medida que el feto se desarrolla dentro del útero, se espera que las neuronas se trasladen hasta las zonas apropiadas del cerebro, conquistando esos lugares como las piezas en un tablero de ajedrez. Sin embargo, por alguna razón, las neuronas de los disléxicos se pierden por el camino. Y terminan en el sitio equivocado. El cerebro cuenta con algo que se llama el sistema ventricular, que funciona como su punto de entrada y de salida. Algunas personas con disfunciones para la lectura tienen neuronas haciendo cola en los ventrículos, como unos pasajeros varados en un aeropuerto.

Mientras se toma la imagen del cerebro, los pacientes tienen que desempeñar una tarea, para que el neurocientífico pueda ver las partes del cerebro que se activan en respuesta a esa tarea. Si usted le pide a un disléxico que lea mientras se le hace una exploración cerebral, las partes que supuestamente han de iluminarse no lo hacen en absoluto. Lo que muestra el examen parece una toma aérea de una ciudad durante un apagón. Durante la lectura, los disléxicos usan mucho más el hemisferio derecho del cerebro que los lectores normales. El hemisferio derecho es el conceptual.

Se trata del lado equivocado para llevar a cabo tareas precisas y rigurosas como la lectura. Algunas veces, cuando un disléxico lee, se retarda a cada paso, como si las diferentes partes del cerebro responsabilizadas de la lectura estuvieran comunicándose mediante una conexión débil. Uno de los modos de constatar la presencia de la dislexia en un niño pequeño es haciéndole participar en un «nombramiento rápido automatizado». Se le muestra un color tras otro —un punto rojo, luego uno verde, luego uno azul, después uno amarillo— y se comprueban sus respuestas. *Mira el color. Reconoce el color. Asocia un nombre al color. Di el nombre.* Solemos hacer esto automáticamente. Pero en las personas con una disfunción lectora no ocurre igual; en algún punto del camino, los vínculos entre esos cuatro pasos comienzan a resquebrajarse. Pregúntele a un niño de cuatro años: ¿Puedes decir la palabra «banana» sin la «ba»? Otro ejercicio: Escucha los tres siguientes sonidos, «ra», «ton» y «es». ¿Los puedes combinar para que te dé «ratones»? O piensa en «gato», «pato» y «pelo». ¿Cuál de estas palabras no rima? Preguntas sencillas para la mayoría de niños de cuatro años. Cuestiones muy peliagudas para los disléxicos. Mucha gente piensa que lo que distingue a los disléxicos es que a veces entienden las palabras al revés —«gato» sería «otag», o algo similar—, y entonces la dislexia sería un problema de cómo se ven las palabras. Pero es algo mucho más profundo. La dislexia afecta al modo en que la gente oye y manipula los sonidos. La diferencia entre «ba» y «da» es realmente sutil durante los primeros 40 milisegundos de la sílaba. El lenguaje humano se basa en la asunción de que podemos distinguir el matiz en esos 40 milisegundos, y la diferencia entre el sonido «ba» y el sonido «da» puede marcar la frontera entre entender bien o no entender absolutamente nada. ¿Puede imaginar las consecuencias de tener un cerebro tan moroso que, cuando llega el momento de juntar las piezas que construyen las palabras, esos 40 milisegundos cruciales pasan sin ser aprovechados?

«Si uno carece de una noción de los sonidos del lenguaje —si quita una letra, o quita un sonido, y no sabe qué hacer—, entonces se hace muy complicado acotar esos sonidos para transcribirlos», explica Nadine Gaab, una especialista en dislexia de Harvard. «Posiblemente le cueste un tiempo aprender a leer. Al leer muy lentamente, se entorpece la fluidez de la lectura, lo cual a su vez entorpece la comprensión lectora, porque va tan lento que, para cuando ha terminado una frase, ya se ha olvidado de cómo comenzaba. Y eso indefectiblemente provoca muchas dificultades en el instituto. Y llega a afectar a todas las asignaturas. El estudiante no sabe leer bien. Entonces, ¿cómo va a desenvolverse en exámenes de Matemáticas que tienen muchas partes escritas? ¿O cómo va a hacer un examen de Sociales si le cuesta dos horas leer lo que se le pide?».

«Normalmente se obtiene un diagnóstico a los ocho o nueve años», continúa Gaab. «Y en ese punto ya descubrimos que existen muchas implicaciones psicológicas graves, porque para entonces el niño ya lleva tres años remando con el viento en contra. A los cuatro años podía ser un niño popular en el patio de recreo. Luego, al pasar a párvulos, todos los compañeros comenzaron a leer de repente y él no era capaz de descifrar eso. Así que se frustra. Sus compañeros pueden pensar que es tonto. Sus padres a lo mejor piensan que es perezoso. Su autoestima está por los suelos, y entonces crece el riesgo de caer en una depresión. Los niños con dislexia, porque dan guerra, tienen muchos más boletos de terminar como delincuentes juveniles. Y eso es porque no descifran las cosas. En nuestra sociedad saber leer es *indispensable*».

Parece claro que nadie querría que su hijo tuviera dislexia, ¿o sí?

2

Hasta ahora en *David y Goliat* hemos visto las maneras en que acostumbramos a equivocarnos al tratar de entender la naturaleza de las ventajas. Ahora es hora de poner nuestra atención no tanto en los haberes como en los debes. ¿Qué queremos decir cuando nos referimos a algo como una desventaja? El saber común sostiene que una desventaja es algo que debe evitarse, que se trata de un contratiempo o una dificultad que te coloca en una situación peor que la que tendrías en otro caso. Pero esto no siempre sucede así. En los siguientes capítulos, quiero explorar la posibilidad de que existan las «dificultades *deseables*». Este concepto lo idearon Robert Bjork y Elizabeth Bjork, dos psicólogos de la Universidad de California, en Los Ángeles, y se trata de un bello —e inquietante— modo de entender por qué quienes parten desde una posición de aparente desventaja pueden acabar deslumbrando.

Considere, por ejemplo, el siguiente acertijo:

1. Un bate y una pelota cuestan 1,10 dólares en total. El bate cuesta 1 dólar más que la pelota. ¿Cuánto cuesta la pelota?

¿Qué respondería instintivamente? Supongo que diría que la pelota vale 10 centavos. Esto no puede ser así, ¿no? Se dice que el bate cuesta 1 dólar *más que* la pelota. Si esta costara 10 centavos, entonces el bate costaría 1,10, y se sobrepasaría la cifra total. La respuesta correcta es que la pelota vale 5 centavos.

Otra pregunta más:

2. Si hay 5 máquinas a las que les cuesta 5 minutos producir 5 cosas, ¿cuánto tiempo les costaría a 100 máquinas producir 100 cosas?

El enunciado nos invita claramente a responder que 100 minutos. Pero tiene trampa. A 100 máquinas les cuesta exactamente el mismo tiempo producir esas 100 cosas que a 5 máquinas 5 cosas. La respuesta correcta es 5 minutos.

Estos acertijos son dos de las tres preguntas que componen el test de inteligencia más breve del mundo*. Responde a las siglas CRT (Cognitive Reflection Test [Test de Reflexión Cognitiva]). Lo creó el profesor de Yale Shane Frederick y mide la capacidad para entender cuando algo es más complejo de lo que dicen las apariencias, debiéndose superar las respuestas impulsivas para dar paso a juicios más profundos y analíticos.

Frederick afirma que, si se quiere un atajo para clasificar a la gente según su competencia cognitiva básica, su pequeño test resulta casi tan útil como otras pruebas con cientos de ítems que

---

* En realidad, existe un test aún más corto. Amos Tversky fue uno de los psicólogos modernos más destacados. Tversky era tan inteligente que sus colegas psicólogos idearon el «Test de inteligencia Tversky»: cuanto más rápido se diera uno cuenta de que Tversky era más listo que él, más inteligente era. Adam Alter me dio la pista sobre este curioso test. Él sacaría una nota muy alta.

cuesta varias horas completar. Para probar su afirmación, Frederick entregó el CRT a estudiantes de nueve universidades estadounidenses. Los resultados se aproximaron mucho a lo cosechado por esos estudiantes en otros test de inteligencia más tradicionales*. Los estudiantes del Instituto de Tecnología de Massachusetts —tal vez la universidad más sesuda del mundo— obtuvieron una media de 2,18 respuestas correctas sobre tres. Los estudiantes de la Universidad Carnegie Mellon, en Pittsburgh, otro excelente centro puntero, alcanzaron una media de 1,51 respuestas acertadas. Los estudiantes de Harvard obtuvieron un 1,43; los de la Universidad de Michigan, en Ann Arbor, un 1,18; y los de la Universidad de Toledo un 0,57.

El CRT es realmente complicado. Pero ahora viene lo extraño. ¿Sabe cuál es el mejor modo para que la gente mejore sus puntuaciones? Complicarlo un poco *más*. Los psicólogos Adam Alter y Daniel Oppenheimer intentaron esto hace unos pocos años con un grupo de estudiantes de la Universidad de Princeton. Primero les entregaron el CRT en su formato normal, y los estudiantes sacaron una media de 1,9 respuestas acertadas sobre tres. Eso está muy bien, aunque queda bastante por debajo del 2,18 de los estudiantes del MIT. Entonces Alter y Oppenheimer imprimieron las preguntas del test en un tipo de letra poco legible: una Myriad Pro cursiva, tamaño 10, y un 10 por ciento gris. Los enunciados tenían esta apariencia:

1. Un bate y una pelota cuestan 1,10 dólares en total. El bate cuesta 1 dólar más que la pelota. ¿Cuánto cuesta la pelota?

---

* Para asegurarse de que medía la inteligencia y no otra cosa, Frederick además ligó los resultados del CRT a otros factores. «Un análisis de estas respuestas muestra que las notas del CRT son totalmente indiferentes a preferencias entre manzanas y naranjas, Pepsi y Coca-Cola, cerveza y vino o conciertos de rap y ballet», escribe. «Sin embargo, las puntuaciones del CRT predicen con certeza quién elegirá la revista *People* frente a *The New Yorker*. Entre los que figuraban en el espectro bajo del CRT, el 67 por ciento prefería *People*. Entre los que puntuaban más alto, el 64 por ciento se decantaba por *The New Yorker*». (Yo escribo para *The New Yorker*, así que no pensarían que iba a dejar pasar la oportunidad de mencionar esto, ¿no?).

¿Cuál fue la media en esta ocasión? 2,45. De pronto, esos estudiantes les habían sacado un cuerpo de distancia a sus homólogos del MIT.

Resulta extraño, ¿no? Normalmente pensamos que se nos da mejor resolver problemas que se nos presentan clara y sencillamente. Pero aquí sucedió justo lo contrario. Leer una Myriad Pro cursiva, tamaño 10 y un 10 por ciento gris es un auténtico incordio. Hay que achicar los ojos y leer cada frase un par de veces; y lo más probable es que a mitad de camino haga una pausa para preguntarse a quién diablos se le ha podido ocurrir elegir esa fuente para un examen. De repente, el mero hecho de leer el enunciado nos exige un trabajo.

Y, no obstante, ese esfuerzo extra tiene su recompensa. Como dice Alter, al hacer esas preguntas «no fluidas», el examinado tiene que «pensar más profundamente sobre lo que tiene delante. Pone en juego más recursos. Procesa más profundamente o piensa con más cuidado lo que está sucediendo. Si ha de salvar un obstáculo, tendrá más éxito si le obligan a pensarse más las cosas». Alter y Oppenheimer complicaron el CRT. Pero esa dificultad resultó ser *deseable*.

Por supuesto, no todas las dificultades tienen su lado positivo. El trance por el que pasó Caroline Sacks en la clase de Química orgánica de Brown fue una dificultad nada deseable. Ella es una estudiante dotada, inquisitiva y trabajadora, y no le reportó ningún beneficio vivir una situación en la que se sintió desmoralizada e inepta. El viento en contra no le inspiró una apreciación nueva de la ciencia. La ahuyentó muy lejos. Sin embargo, hay momentos y lugares en los que las adversidades producen el efecto inverso; en los que el obstáculo que debería menguar nuestras opciones de éxito es en realidad como la fuente Myriad Pro cursiva, tamaño 10 y un 10 por ciento gris empleada por Alter y Oppenheimer.

¿Puede convertirse la dislexia en una dificultad deseable? Resulta difícil creer algo así, considerando cuántas personas han de bregar con esta disfunción a lo largo de sus vidas, salvo por un hecho extraño. Un número extraordinariamente alto de emprendedores de éxito son disléxicos. Un estudio reciente dirigido por Julie Logan en la City University de Londres concluye que alrededor de un tercio. La lista incluye a algunos de los innovadores más conocidos durante las últimas décadas. Richard Branson, el empresario multimillonario británico, es disléxico. Charles Schwab, el fundador de la agencia de corredores de bolsa con su nombre, también es disléxico, al igual que Craig McCaw, pionero de la telefonía móvil. Más ejemplos, por citar algunos: David Neeleman, el fundador de JetBlue; John Chambers, el presidente del gigante de la tecnología Cisco; y Paul Orfalea, el fundador de Kinko's. La neurocientífica Sharon Thompson-Schill recuerda una reunión con mecenas destacados de la universidad —prácticamente en su totalidad triunfadores en el mundo de los negocios— en la que se le ocurrió preguntar a cuántos de ellos les habían diagnosticado un trastorno del aprendizaje. «La mitad de las manos se alzaron. Fue increíble».

Existen dos interpretaciones posibles de este hecho. Una es que ese grupo de gente sobresaliente ha triunfado a pesar de su discapacidad: son tan inteligentes y creativos que nada —ni siquiera un impedimento para leer a lo largo de su vida— ha podido frenarlos. La segunda, más intrigante, es que han triunfado, en cierta medida, *precisamente* por su enfermedad; en tal caso, remar contra el viento les ha enseñado algo que ha terminado constituyendo una ventaja fundamental. ¿Querría que su hijo tuviera dislexia? Si la segunda de esas posibilidades es cierta, tal vez sí.

3

David Boies creció en una región predominantemente campesina en el Illinois rural. Era el mayor de cinco hermanos. Sus padres enseñaban en colegios públicos. Su madre le leía cuando era pequeño. Él memorizaba esas palabras porque no podía seguir el contenido de la página. No empezó a leer hasta tercero, y solo podía hacerlo muy lentamente y con grandes trabas. Muchos años después, se daría cuenta de que tenía dislexia. Pero en el momento, no pensó que tuviera ningún problema. Su pequeña localidad en el Illinois rural no era un sitio donde leer bien se considerara el distintivo de los ganadores. Muchos de sus compañeros de colegio abandonaban la escuela para ponerse a trabajar en los campos a la primera oportunidad. Boies leía cómics, que le resultaban más fáciles de seguir y tenían muchos dibujos. Nunca leía para divertirse. Incluso hoy, su promedio es de un libro al año, como mucho. Ve la televisión; cualquier cosa, dice sonriendo, «que se mueva y sea en color». Su vocabulario al hablar es limitado. Emplea palabras pequeñas y frases cortas. A veces, cuando está leyendo en alto, se topa con un vocablo que no conoce y ha de pararse para silabearlo lentamente. «Mi mujer me regaló un iPad hace año y medio, en realidad el primer aparato informático que tengo, y esto que voy a decir es interesante: cuando me pongo a escribir las palabras cometo tantos errores que el corrector ortográfico no funciona. No podría contar las veces que me ha aparecido el mensaje de "No hay sugerencias"».

Cuando Boies se graduó en el instituto, tenía unas aspiraciones modestas. Sus notas habían sido «desiguales». Para entonces, su familia se había mudado al sur de California y la economía local estaba en pleno auge. Consiguió un trabajo en la construcción. «Trabajaba al aire libre, con tipos mayores que yo», recuerda Boies. «Ganaba más de lo que nunca había imaginado. Era muy divertido». Más tarde, se empleó durante un tiempo como contable en un banco, mientras le dedicaba muchas horas a su afición al *bridge*. «Me pegaba una buena vida. Podía haber seguido así un tiempo más. Pero tras nacer nuestro primer hijo, mi mujer empezó a inquietarse por mi futuro». Ella le llevó a casa folletos y panfletos de las universidades locales. Boies recordó la fascinación que de pequeño le había producido el mundo de las leyes y decidió matricularse en Derecho. Hoy David Boies es uno de los abogados penalistas más famosos del mundo.

Cómo se las ingenió Boies para pasar de obrero de la construcción con estudios secundarios a figura estelar de la abogacía es un enigma, por decir algo. La ley se constituye mediante la lectura —abordando casos, opiniones y análisis de especialistas—, y a Boies leer le cuesta un mundo. Parece una locura solo el que contemplara la abogacía como carrera. Pero no olvidemos una cosa: al leer este libro, usted está identificándose como lector, y precisamente por eso es posible que nunca haya tenido que recurrir a todos los atajos, estrategias y puentes que nos permiten *evitar* la lectura de algo.

Boies comenzó sus estudios universitarios en la Universidad de Redlands, un pequeño centro privado a una hora al este de Los Ángeles. Acudir allí fue su primera buena jugada. Redlands era un estanque pequeño. Boies sobresalió allí. Trabajaba duro y era muy organizado. Sabía que no le quedaba otra. Luego además tuvo suerte. Para estudiar allí, Redlands obligaba a seguir un número de cursos troncales, todos los cuales exigían cuantiosas lecturas. En esos años, sin embargo, uno podía solicitar el ingreso en la facultad de Derecho sin haber conseguido ese diploma intermedio. Boies se limitó a saltarse esos cursos. «Recuerdo cuando descubrí que podía ir a la facultad de Derecho sin el diploma», dice. «Fue fantástico. No podía creérmelo».

La facultad de Derecho, por supuesto, exigía todavía más lecturas. Pero Boies descubrió que había resúmenes de los casos más importantes: guías que condensaban en una página los puntos clave de una larga valoración del Tribunal Supremo. «La gente a veces te decía que ese no era el modo más apropiado de realizar los estudios de Derecho. Pero era práctico». Además, Boies sabía escuchar: «Escuchar es básicamente lo que he hecho toda mi vida. Aprendí porque era el único modo que tenía de aprender. Me acuerdo de lo que dice la gente. Me acuerdo de las palabras que usan». Así pues, Boies se sentaba en sus clases de la facultad y se centraba en lo que se decía allí, registrando en su memoria todo lo que oía, mientras el resto del mundo tomaba apuntes furiosamente, garrapateaba notas, se perdía en ensoñaciones o atendía intermitentemente a la lección. Su memoria a esas alturas era un formidable instrumento. Había estado entrenándola, después de todo, desde que su madre le leía de niño y él memorizaba esas palabras. Sus compañeros no dejaban de tomar notas, de garrapatear, de conectar y desconectar su atención, y se perdían cosas. Su capacidad para atender pendía de un hilo. Boies no tenía ese problema. Tal vez no fuera un lector, pero las cosas que estaba obligado a hacer por no saber leer bien terminaron resultándole más valiosas. Tras comenzar en la facultad de Derecho de Northwestern, fue transferido a Yale.

Cuando Boies empezó a ejercer, no escogió el derecho societario. Esa habría sido una decisión insensata. Los abogados de esa rama tienen que abrirse paso a través de montañas de documentos y apreciar la trascendencia de un pie de página minúsculo en la página 367. En lugar de eso, comenzó como litigante, un trabajo para el que tenía que pensar y valerse por sí mismo. Boies memoriza lo que tiene que decir. A veces en los tribunales, se traba cuando ha de leer algo y topa con una palabra que no sabe procesar en el momento. Entonces se para y deletrea el obstáculo, como un niño en un concurso de ortografía. Resulta extraño. Pero se trata más de una excentricidad que de un problema real. En los años noventa del siglo pasado, Boies dirigió la acusación contra Microsoft por haber violado la ley antimonopolio y, durante el juicio, no dejó de referirse a la palabra «login» [entrada en una red], como «lojin», un error propio de cualquier disléxico. Pero durante el interrogatorio a los testigos se mostró implacable, y no hubo un matiz, una sutil evasiva o una elección de términos peculiar que se le pasara por alto; tampoco dejó de oír, registrar y recordar cualquier comentario casual o admisión reveladora de los testimonios, sin que importara si se habían realizado una hora, un día o una semana antes.

«Si pudiera leer mucho más rápido, eso me facilitaría mucho las cosas. No hay duda», decía Boies. «Pero por otra parte, al no poder leer muy bien y haber aprendido a través de escuchar y preguntar, tengo que reducir los asuntos a su esencia. Y esto puede ser una herramienta muy importante, porque durante los procesos, los jueces y los jurados no tienen ni el tiempo ni las capacidades para volverse expertos en la materia en cuestión. Uno de mis puntos fuertes es que presento el caso de modo que cualquiera puede entenderlo». Sus oponentes suelen ser tipos cultivados, que han leído todos los análisis existentes sobre el asunto en litigio. Las más de las veces, abruman con su avalancha de datos. Boies no.

En uno de sus casos más famosos, Perry contra Schwarzenegger[*], se enjuiciaba una ley californiana que limitaba el matrimonio

---

[*] Cuando Blankenhorn se subió al estrado en enero de 2010, el caso se conocía como Perry contra Schwarzenegger; se convirtió en Hollingsworth contra Perry cuando llegó al Tribunal Supremo en 2013.

a la unión de dos personas de diferente sexo. Boies era el abogado que sostenía que la ley era inconstitucional y, en el intercambio de pareceres más memorable del juicio, desarboló al experto
clave de la otra parte, David Blankenhorn, que al final tuvo que
admitir algunos puntos fundamentales de la argumentación de
Boies.

«Una de las cosas que se les dice a los testigos durante los pre-
parativos es que se tomen su tiempo», decía Boies. «Incluso cuando
no es necesario. Porque habrá algunos momentos en que necesi-
tes ir un poco más lento, y hay que evitar que quien te interroga
piense que vas más lento porque necesitas algo de tiempo. Así que:
¿Cuándo nació?», Boies hablaba despacio y midiendo las palabras.
«"Fue... ejem... en 1941". No sueltas como una ametralladora: "El
11 de marzo de 1941 a las seis y media de la mañana", aunque no
sea un dato que intentes ocultar. Tienes que tratar de responder
del mismo modo a las preguntas sencillas y a las preguntas más
difíciles, para que el abogado de la otra parte no sepa qué respuestas te resultan fáciles y cuáles complicadas».

Cuando Blankenhorn se tomaba una pausa demasiado larga
en ciertos momentos decisivos, a Boies eso no le pasaba inadver-
tido.

«Era el tono, el ritmo y las palabras que usaba. En parte era por
las pausas. Se frenaba si se ponía a pensar en cómo articular algo.
Era alguien que, a medida que le sonsacabas y escuchabas, te dejaba ver los temas donde se sentía incómodo, y entonces usaba un
término oscuro. Al centrarme en esos temas, conseguí que admitiera algunos aspectos clave de nuestras tesis».

4

Boies posee una habilidad especial que ayuda a explicar por qué
es tan bueno en lo que hace. Sabe escuchar como poca gente.
Ahora piense un momento en cómo ha llegado a desarrollar esa
habilidad. La mayoría de nosotros nos sentimos atraídos de forma
natural hacia los campos en los que sobresalimos. El niño que
aprende a leer precozmente sigue leyendo más y mejorando pro-

gresivamente, y al final desemboca en alguna actividad que requiera leer mucho. Un joven llamado Tiger Woods presenta una coordinación inusual para su edad y descubre que el golf se ajusta a lo que le interesa; por eso le gusta jugar al golf. Y cómo eso le gusta tanto, alcanza un buen nivel y sigue mejorando, como en un círculo virtuoso. A eso se le denomina «aprendizaje de capitalización»: nos volvemos buenos al trabajar los talentos que se nos han concedido naturalmente.

Sin embargo, las dificultades deseables siguen una lógica opuesta. En sus experimentos con el CRT, Alter y Oppenheimer consiguieron que los estudiantes se lucieran al ponerles las cosas más crudas, al obligarles a buscar la manera de compensar algo que se les había sustraído. Eso mismo hizo Baies cuando aprendió a escuchar. Estaba compensando. No tenía otra opción. Era un lector tan negado que tenía que bregar, adaptarse e idear alguna clase de estrategia que le permitiera mantener el paso de los que tenía alrededor.

La mayor parte de nuestro aprendizaje es de capitalización. Es sencillo y hasta obvio. Si usted tiene una voz bonita con el timbre perfecto, no hace falta mucho más para que le admitan en un coro. El «aprendizaje de compensación», por el contrario, es realmente duro. Memorizar lo que dice tu madre mientras lee en voz alta y reproducir luego las palabras de un modo que resulte convincente para quienes nos rodean, nos obliga a hacer frente a nuestras limitaciones; a sobreponernos a la inseguridad y la humillación; a concentrarnos para poder memorizar las palabras; y a adquirir el saber estar suficiente para expresarnos con éxito en público. La mayoría de personas con una discapacidad no consiguen dominar todos estos pasos. Pero los que son capaces de hacerlo quedan en una situación *mejor* que la que tendrían en otra coyuntura, porque lo que se aprende por necesidad está mucho más cargado de significado que lo que se aprende fácilmente.

Llama la atención la frecuencia con que los disléxicos triunfadores cuentan variaciones de la misma historia sobre compensación. «Estar en la escuela era un horror», me dijo un hombre llamado Brian Grazer. «La química de mi cuerpo no dejaba de alterarse. Tenía ansiedad, auténtica ansiedad. Me costaba siglos completar una tarea sencilla. Me pasaba horas soñando despierto porque de verdad no podía leer las palabras. Te veías sentado allí durante una hora y media, para nada. Séptimo, octavo, noveno y décimo fueron así, recibiendo sobre todo suspensos, o algún aprobado ocasional y algún bien que otro. Pasaba de curso solamente porque mi madre se negaba a que me hicieran repetir».

¿Y cómo consiguió Grazer aprobar finalmente? Antes de cualquier prueba y cualquier examen, empezaba a planificar su estrategia, incluso en la escuela de enseñanza primaria. «Solía quedar con alguien la noche previa», me confesaba. «¿Qué vas a hacer? ¿Qué respuesta piensas dar a estas preguntas? Trataba de adivinar las preguntas y, si había un modo para hacerme con algunas preguntas o con los exámenes por adelantado, lo hacía».

Para cuando alcanzó el instituto, Grazer había urdido una estrategia mejor. «Protestaba la nota siempre», continuaba, «así que durante el instituto, cada vez que nos evaluaban, después de que nos dieran las notas, me dirigía a cada uno de los profesores y les pedía reuniones a solas. Protestaba para pasar del suficiente al bien y del bien al notable. Lo cierto es que la mayoría de las veces, el 90 por ciento de las veces, conseguía que me subieran la nota. Sencillamente los agotaba. Perfeccioné mucho eso. Gané seguridad. En la universidad, estudiaba anticipando que luego tendría esas reuniones de una hora con el profesor. Aprendí a hacer todo lo posible para vender mis puntos de vista. Fue un entrenamiento fantástico».

Todo buen padre intenta enseñar a sus hijos el arte de la persuasión, por supuesto. Pero un niño normal y equilibrado no tiene que tomarse realmente en serio esas lecciones. Si sacas sobresalientes en el colegio, nunca vas a necesitar urdir una estratagema para pasar de curso; ni recorrer con la vista el aula a los nueve años para idear un modo de llegar al final de esa hora. Sin embargo, cuando Grazer ensayaba la negociación —igual que cuando Boies ensayaba la escucha—, estaba al borde del precipicio. Y tuvo que practicar día sí, día también, año tras año. Cuando Grazer decía que fue «un entrenamiento fantástico», quería decir que estaba aprendiendo a hablar para pasar de una posición de debilidad a otra de fuerza; y eso resultó ser una preparación óptima para la profesión que terminó desempeñando. Grazer es uno de los productores de cine de Hollywood más exitosos en los últimos treinta años*. ¿Estaría Brian Grazer donde está hoy de no ser disléxico?

5

Profundicemos un poco más en este extraño vínculo entre lo que es esencialmente una disfunción neurológica y el éxito profesional. En el capítulo 3, hablé sobre que permanecer en la periferia, en un entorno menos selecto y privilegiado, puede dotarte de mayor libertad para dedicarte a tus propias ideas e intereses académicos. Caroline Sacks habría tenido más posibilidades de haber trabajado en lo que quería si hubiera escogido su segunda opción en lugar de la primera. De una forma similar, el impresionismo fue solo posible en una diminuta galería a la que nadie habría ido de haber formado parte de la exposición artística más prestigiosa del mundo.

Los disléxicos son otros marginales. En la escuela los obligan a apartarse de los demás porque no cumplen con los requerimientos que plantea la educación. ¿Es posible que su carácter marginal les conceda una especie de ventaja a medio plazo? Para responder a esta cuestión, vale la pena reflexionar sobre el tipo de personalidad que caracteriza a los innovadores y emprendedores.

Los psicólogos miden la personalidad según lo que se conoce como el Modelo de Cinco Factores, o el inventario de «los cinco grandes», que estima quiénes somos teniendo en cuenta las siguientes dimensiones**:

---

* Algunas de las muchas películas de Grazer son *1, 2, 3... Splash, Apolo XIII, Una mente maravillosa* y *8 millas*. También me ocupé de él en mi libro *Inteligencia intuitiva*, al hablar sobre el arte de elegir un reparto.

** Los «cinco grandes» forman la medida estándar que los psicólogos sociales usan para medir la personalidad. Los sociólogos no son siempre muy aficionados a los test de personalidad, como, por ejemplo, el de Myers-Briggs, porque según ellos estas pruebas «legas» desatienden rasgos clave o confunden otros.

Inestabilidad emocional
(sensible/nervioso contra seguro/confiado)
Extraversión
(animado/sociable contra solitario/reservado)
Apertura
(inventivo/curioso contra consecuente/cauteloso)
Responsabilidad
(metódico/voluntarioso contra despreocupado/descuidado)
Amabilidad
(cooperativo/empático contra egocéntrico/antagónico)

El psicólogo Jordan Peterson afirma que los innovadores y revolucionarios tienden a reunir una combinación particular de estos rasgos, en especial de los tres últimos: apertura, responsabilidad y amabilidad.

Los innovadores tienen que ser abiertos. Han de ser capaces de imaginar lo que otros no pueden y estar dispuestos a desafiar sus propias preconcepciones. También necesitan ser responsables. Un innovador que posee ideas brillantes pero al que le falta la disciplina y la persistencia para llevarlas a buen puerto es poco más que un soñador. Esto también es obvio.

Pero, y de un modo crucial, los innovadores necesitan ser *desagradables*. Con desagradable no quiero decir intratable o antipático. Me refiero a que, en esa quinta dimensión de los «cinco grandes» del modelo de la personalidad, la correspondiente a «amabilidad», esas personas suelen situarse en una punta del espectro. Se trata de gente dispuesta a asumir riesgos *sociales,* a hacer cosas que tal vez causarán la desaprobación de los otros.

Eso no es fácil. La sociedad ve con malos ojos a las personas que no agradan. Como seres humanos estamos programados para buscar la aprobación de quienes nos rodean. Sin embargo, un pensamiento radical y transformador no va a ninguna parte si falta la voluntad de desafiar las convenciones. «Si tienes una idea nueva, y es rompedora, y tú eres una persona amable, ¿qué vas a hacer con ella?», pregunta Peterson. «Si te preocupa herir los sentimientos de los demás y perturbar el orden social, no vas a llevar adelante tus ideas». Como formuló una vez el dramaturgo

George Bernard Shaw: «El hombre razonable se adapta al mundo; el irrazonable insiste en que el mundo se adapte a él. Por este motivo, todo progreso depende del hombre irrazonable».

Un buen ejemplo de la tesis de Peterson es la historia de cómo se puso en marcha la empresa de muebles sueca IKEA, fundada por Ingvar Kamprad. Su gran innovación fue darse cuenta de que gran parte del coste de los muebles se generaba en el montaje: ponerle las patas a una mesa no solo vale dinero, también encarece mucho los gastos de envío de la mesa montada. Así pues, si él vendía los muebles sin montar, podría mover las mercancías en cajas planas de forma mucha más barata y ofrecer unos precios más bajos que la competencia.

A mediados de la década de 1950, sin embargo, Kamprad se vio en apuros. Los fabricantes de muebles suecos lanzaron un boicot contra IKEA. Estaban ofendidos por los precios reducidos que ofrecía y dejaron de atender sus pedidos. IKEA iba directa a la quiebra. Desesperado por hallar una solución, Kamprad miró al sur y se dio cuenta de que, al otro lado del mar Báltico, estaba Polonia, un país con una mano de obra más barata y abundancia más que suficiente de madera. En este punto se evidencia la apertura de Kamprad: pocas compañías contrataban en el extranjero de esa manera entonces. Kamprad centró sus esfuerzos en hacer que el enlace polaco funcionara. No fue sencillo. En esos años, Polonia estaba muy mal. Era un país comunista. No contaba con la infraestructura, la maquinaria, los trabajadores cualificados o la protección legal de un país occidental. Pero Kamprad siguió adelante pese a las dificultades. «Es un microgestor», afirma Anders Åslund, un colega del Peterson Institute for International Economics. «Por eso triunfó allí donde otros fracasaron. Salió a esos sitios nada recomendables y se aseguró de que las cosas marcharan. Es tremendamente obstinado». Aquí entra en juego la responsabilidad.

Pero ¿qué es lo más llamativo sobre la decisión de Kamprad? El año en que fue a Polonia: 1961. El Muro de Berlín se levantaba entonces. La Guerra Fría estaba en su apogeo. Al año siguiente, los bloques del Este y el Oeste estarían al borde de la contienda nuclear durante la crisis de los misiles en Cuba. Un posible equivalente hoy sería Walmart montando una tienda en Corea del Norte. La mayoría de gente ni siquiera contemplaría hacer negocios en tierra enemiga por miedo a que la acusaran de traidora. No fue el caso de Kamprad. No le importaba lo que los demás pensaran de él. Eso es ser desagradable.

Solo un puñado de gente tiene el ingenio necesario para enviar muebles planos y encargar trabajos en el extranjero en mitad de un boicot. Aún menos gente alumbra esas ideas y tiene además la disciplina para crear una fábrica de primera en un páramo económico. Pero ¿que sea creativo y responsable *y además* tenga la fortaleza mental necesaria para desafiar la Guerra Fría? Eso es insólito.

La dislexia no hace necesariamente a la gente más abierta. Tampoco la vuelve más responsable (aunque sin duda podría). Pero la posibilidad más sugestiva sobre este trastorno es que tal vez haga algo más fácil ser desagradable.

6

Gary Cohn creció en una urbanización de Cleveland, en el noreste de Ohio. Su familia se dedicaba a las instalaciones eléctricas. Esto sucedía en la década de 1970, cuando la dislexia aún no se diagnosticaba tan comúnmente. Repitió un año en primaria porque era incapaz de leer[*]. Pese a eso, decía: «La segunda vez lo hice igual de mal que la primera». Tenía un problema de disciplina. «Se puede decir que me expulsaron de la escuela de primaria. Cuando le pegas a un profesor, me parece que te cae la expulsión. Fue uno de esos incidentes en clase... Me pegaban. La profesora me metió bajo su escritorio, acercó su silla y comenzó a darme patadas. Así que volví a empujar la silla hacia ella, la golpeé en la cara y salí de allí. Estaba en cuarto».

---

[*] La dislexia, hay que señalarlo, solo afecta a la lectura. La destreza de Cohn con los números se mantuvo inalterada. La única persona que creyó en él durante su infancia fue su abuelo, afirma Cohn, y eso debido a que se dio cuenta de que el pequeño Gary había hecho un inventario completo de todos los suministros de fontanería de la familia.

Él denominaba ese periodo de su vida como «los años feos». Sus padres no sabían qué hacer. «Probablemente fue la época más frustrante de mi vida, lo cual es decir mucho. No era que no lo intentara. Me esforzaba de verdad, pero nadie entendía esa parte de la ecuación. Ellos pensaban que actuaba consciente y deliberadamente para ser un niño conflictivo, para no aprender y para retrasar a toda la clase. Ya sabe cómo es; tienes seis, siete u ocho años, estás en la escuela pública y todo el mundo piensa que eres tonto, así que te pones a actuar como un gracioso para conseguir al menos ser popular. Al levantarte cada mañana te dices: hoy las cosas irán mejor; pero al cabo de un par de años, te das cuenta de que hoy no va a ser diferente a ayer. Y cada día es una lucha constante, y a ver qué es lo siguiente que pasa».

Sus padres lo cambiaban de una escuela a otra, esperando encontrar un sitio donde encajara. «Lo único que quería mi madre era que me graduara en el instituto. Si le hubieras preguntado, creo que te habría dicho: "El día más feliz de mi vida llegará cuando se gradúe en el instituto. Luego puede ponerse a conducir un camión, pero al menos tendrá la secundaria"». Cuando por fin llegó ese día, la madre de Cohn era un manantial de lágrimas. «No he visto a nadie llorar tanto en mi vida», me dijo él.

A los veintidós años, Gary Cohn consiguió un empleo en U. S. Steel de Cleveland, donde vendía revestimientos de aluminio y marcos de ventanas. Acababa de terminar una carrera en la American University, con unos resultados regulares. La víspera del Día de Acción de Gracias, mientras visitaba la oficina de ventas de la empresa en Long Island, convenció al director para que le diera el día libre y se acercó hasta Wall Street. Unos cuantos veranos atrás había estado de prácticas en una correduría local de agentes de bolsa y había empezado a interesarse por los mercados. Se dirigió a la bolsa del mercado de futuros, emplazada en el antiguo complejo del World Trade Center.

«Creía que iba a conseguir un trabajo», decía. «Pero no había ningún sitio al que ir. Seguridad por todos lados. Así que subí a la planta de observación, miré a esos tipos y pensé: ¿Puedo hablar con ellos? Entonces bajé al parqué, junto a la puerta de seguridad, y me paré allí delante, como si alguien fuera a dejarme entrar. Por supuesto nadie me esperaba. Y, entonces, justamente después de que se cerraran los mercados, vi a un hombre muy trajeado que salía corriendo del parqué y que le gritaba a su empleado: "Tengo que irme, me voy corriendo a LaGuardia, llego tarde, te llamaré desde el aeropuerto". Me metí con él en el ascensor y le dije: "He oído que va a LaGuardia". "Sí", me dice. "¿Podemos compartir el taxi?". "Claro", me responde. Me pareció una oportunidad de oro. Con los atascos de un viernes por la tarde, tenía una hora para conseguir trabajo dentro de ese taxi».

El desconocido con el que Cohn se había subido al taxi resultó ser directivo en una de las mayores compañías de agentes de bolsa en Wall Street. Y, precisamente esa misma semana, la compañía había abierto un negocio para comerciar con opciones de compra.

«Ese hombre estaba a cargo del negocio de las opciones de compra, pero no sabía lo que era una opción de compra», continuaba Cohn. Se reía ante la enorme audacia que mostró. «No paré de mentirle durante todo el trayecto al aeropuerto. Me preguntó: "¿Sabes lo que es una opción de compra?". Y yo le contesté: "Por supuesto, lo sé todo sobre el tema, puedo hacer lo que quiera". Para cuando salimos del taxi, ya tenía su número. "Llámame el lunes", me dijo. Le llamé el lunes, volé de vuelta a Nueva York el martes o el miércoles, hice la entrevista y comencé a trabajar el lunes de la semana siguiente. En ese intervalo de tiempo, me leí *Options as a Strategic Investment* [Las opciones como una inversión estratégica] de McMillan. Una especie de biblia del mercado de opciones de compra».

No fue pan comido, por supuesto —Cohn calcula que leer veintidós páginas puede costarle hasta seis horas*, eso en un día bueno—. Se sumergió en la lectura del libro, aplicándose para desentrañar esas palabras una por una y repitiendo las frases has-

---

* Este capítulo tiene más o menos esa extensión. Si Gary Cohn quiere leer sobre sí mismo, tendrá que sentarse y desocupar un buen espacio de su agenda. «Para entenderlo de verdad, leerlo, comprenderlo, buscar todas las palabras que no conozco, buscar una palabra y entonces darme cuenta de que no es esa, de que estoy buscando mal, eso son dos horas durante tres días seguidos», me dijo. Es un hombre ocupado. Esos paréntesis son improbables. «Buena suerte con tu libro que no voy a leer», me dijo con una sonrisa al finalizar la entrevista.

ta que estaba seguro de que las comprendía. El primer día de trabajo, estaba listo. «Literalmente me puse a su espalda y le dije: "Compre esas, venda aquellas y venda aquellas otras". Nunca le confesé lo que había hecho. Tal vez acabó figurándoselo, pero le dio igual. Le hice ganar montones de dinero».

A Cohn no le avergüenzan sus comienzos en Wall Street. Pero tampoco sería justo decir que está orgulloso de ellos. Es lo suficientemente inteligente como para saber que la historia sobre el farol que se echó para lograr su primer empleo no es precisamente enaltecedora. Si me la contó, me dijo, fue en honor a la franqueza. Reflejaba realmente *la persona que es.*

En ese taxi, Cohn tuvo que representar un papel y fingir que era un experimentado agente de opciones de compra cuando no lo era en absoluto. La mayoría de nosotros la habríamos pifiado en esa situación. No estamos acostumbrados a ser otra persona aparte de nosotros. Pero Cohn había estado jugando a ser otro desde la escuela primaria. *Ya sabe cómo es, tienes seis, siete u ocho años, estás en la escuela pública y todo el mundo piensa que eres tonto, así que te pones a actuar como un gracioso para conseguir al menos ser popular.* Mejor ser el payaso que el que te crean tonto. Y si uno ha estado fingiendo ser otra persona durante toda su vida, ¿por qué va ser tan difícil disimular durante una hora en una carrera en taxi hasta LaGuardia?

La mayoría de nosotros, y esto es más relevante, nunca habría subido a ese taxi por temor a las consecuencias sociales. El ejecutivo podría haber descubierto el juego de Cohn y haberle contado a todo el mundo en Wall Street que un joven estaba haciéndose pasar por un vendedor de opciones de compra. Y luego posiblemente nos habría echado del taxi. Quizá podríamos haber vuelto a casa con el trabajo... para darnos cuenta de que las opciones es una materia que nos supera. O podríamos habernos presentado el lunes, para terminar haciendo el ridículo. O nos habrían desenmascarado al cabo de una semana o un mes, y entonces habríamos sido despedidos. Montarse en ese taxi fue un acto *desa*gradable, y la mayoría de nosotros nos inclinamos por la amabilidad. ¿Y Cohn? Él vendía revestimientos de aluminio. Su madre creía que tendría suerte si acababa al volante de un camión. Lo habían expulsado de la escuela y arrinconado por su escasa inteligencia; e, incluso ya de adulto, le costaba seis horas leer veintidós páginas de un libro, porque tenía que ir descifrando una palabra tras otra hasta estar seguro de lo que leía. No tenía nada que perder.

«Mi infancia y juventud me familiarizaron con el fracaso», decía. «El rasgo en el que coinciden muchos disléxicos que conozco es que, para cuando terminan los estudios universitarios, su capacidad para gestionar el fracaso está muy desarrollada. Así que cuando analizamos una situación vemos mucho más las posibles ganancias que las pérdidas. Porque estamos más que acostumbrados a perder. Eso no nos echa para atrás. He pensado muchas veces sobre eso, claro que sí, porque me define como persona. No estaría hoy aquí sin mi dislexia. Nunca habría agarrado esa primera oportunidad».

La dislexia, en el mejor de los casos, obliga a desarrollar unas habilidades que en otro contexto permanecerían latentes. También obliga a acometer cosas que ni entraríamos a considerar sin ese condicionante, tales como protagonizar una nueva versión del desagradable viaje de Kamprad a Polonia, o colarse en el taxi de un desconocido para hacerle creer que eres lo que no eres. Por si se lo preguntan, Kamprad también es disléxico. ¿Y Gary Cohn? Al final resultó ser un vendedor excelente; según parece, aprender a gestionar la posibilidad del fracaso es una preparación fantástica para labrarse una carrera en el mundo de los negocios. Hoy es el presidente de Goldman Sachs.

Capítulo 5
Emil «Jay» Freireich

«¿Cómo lo consiguió Jay? No lo sé»

1

El padre de Jay Freireich murió repentinamente cuando él era aún muy pequeño. Los Freireich, unos inmigrantes húngaros, regentaban un restaurante en Chicago. El triste suceso tuvo lugar justo después del crac de 1929 en la bolsa. Su padre lo había perdido todo. «Se lo encontraron en el baño», contaba Freireich. «Creo que fue un suicidio, ya que se sentía muy solo. Había venido a Chicago porque un hermano vivía aquí. Cuando la bolsa se desplomó, su hermano se marchó de la ciudad. Con mujer, dos hijos pequeños, sin dinero y con el restaurante perdido, debió de sentirse desesperado».

La madre de Freireich se puso a trabajar en una fábrica, cosiendo las alas de los sombreros. Ganaba dos centavos por sombrero. No hablaba bien el inglés. «Tenía que trabajar dieciocho horas al día, siete días a la semana, para ganar lo suficiente para el alquiler de un apartamento», continuaba Freireich. «No la veíamos nunca. Vivíamos en un piso pequeño en el lado oeste de Humboldt Park, al borde del gueto. No podía dejar solos a dos niños de dos y cinco años, así que trajo a una inmigrante irlandesa que trabajaba por la cama y la comida. Esa doncella irlandesa fue para mí, desde los dos años, mi padre y mi madre. La adoraba. Era mi madre. Luego, cuando yo tenía nueve años, mi madre conoció a un hombre húngaro que había perdido a su mujer y que tenía un hijo, y se casaron. Fue un matrimonio de conveniencia. Él no podía cuidar a su hijo, y ella no tenía a nadie. Era un tipo muy agrio y ajado. Una vez casados, mi madre dejó la fábrica y volvió a aparecer en escena, ya no podían permitirse tener doncella. Así que la despacharon. Despidieron a mi *madre*. Nunca perdonaré a mi madre por ello».

La familia se mudaba de un piso a otro. Ingería proteínas un día por semana. Freireich recuerda que una vez le mandaron ir de tienda en tienda a la búsqueda de una botella de leche que costara cuatro centavos, porque la normal de cinco centavos excedía el presupuesto familiar. Freireich se pasaba el día en la calle. Robaba. No le tenía cariño a su hermana. Ella era más una institutriz que una amiga. Tampoco le gustaba su padrastro. De todas formas, el matrimonio no duró mucho. Pero a él tampoco le gustaba su madre. «Lo que tuviera dentro de la cabeza quedó destrozado en las factorías», decía. «Era una persona malhumorada. Y entonces se casó con ese tipo feo, que trajo a cuestas a esa otra persona, mi hermanastro, al que había que darle la mitad de todo lo que antes era solo para mí, y entonces despidió a *mi* madre...». En este punto su voz se apagaba.

Freireich estaba sentado frente a su escritorio. Llevaba una bata blanca. Todo lo que relataba había ocurrido hacía mucho y —en otro sentido, más profundo— hacía demasiado poco. «No recuerdo que ella me abrazara nunca ni me besara ni nada. Nunca mencionaba a mi padre. No tengo ni idea de si fue bueno o mezquino con ella. Nunca oí una sola palabra. ¿Si pienso alguna vez en cómo pudo haber sido? Todo el tiempo. Conservo una foto». Freireich se giró sentado sobre su silla y abrió un archivo de imágenes en el ordenador. En la pantalla surgió una granulosa foto de comienzos del siglo XX, con un hombre que, como cabía esperar, se parecía mucho al propio Freireich. «Esta es la única foto de él que tuvo mi madre», me dijo. Los bordes de la imagen eran desiguales. Había sido recortada de un retrato de familia mucho mayor.

Le pregunté sobre la doncella irlandesa que lo había criado. ¿Cómo se llamaba? Freireich se paró en seco, una pausa infrecuente en él. «No lo sé. Estoy seguro de que algún día el nombre me vendrá a la cabeza». Se quedó allí, sentado e inmóvil, durante un momento, concentrándose. «Mi hermana se acordaría, también mi madre. Pero ninguna de las dos siguen vivas. No me quedan familiares con vida, únicamente dos primos». Volvió a hacer una pausa. «Me gusta llamarla Mary. Y tal vez sea su nombre. Pero mi madre se llamaba Mary. Así que tal vez esté confundiéndolas...».

Freireich tenía ochenta y cuatro años cuando mantuvimos esa charla. Pero sería un error achacar el olvido a un fallo de la memoria en la vejez. Jay Freireich no tiene lagunas en la memoria. Lo entrevisté por primera vez una primavera, y por segunda vez seis meses después, y constantemente recordaba fechas, nombres y hechos con la precisión de un reloj; y si alguna vez tocaba un tema ya abordado en alguna ocasión previa, se paraba y decía: «Ya sé que le mencioné esto antes». Freireich no era capaz de recuperar el nombre de la mujer que lo había criado porque todo lo ocurrido en esos años le resultaba tan doloroso que lo había empujado hasta los lugares más recónditos de su mente.

2

En los años previos a la Segunda Guerra Mundial, la preocupación cundía en el Gobierno británico. En el caso de declararse la guerra y de que la aviación alemana lanzara una gran ofensiva aérea contra Londres, el mando militar británico creía que estarían inermes ante el enemigo. Basil Liddell Hart, uno de los teóricos de la guerra más destacados de la época, estimaba que Londres podría tener un cuarto de millón de muertos y heridos civiles tras la primera semana de un ataque alemán. Winston Churchill describió Londres como «el mayor blanco del mundo, una suerte de enorme vaca, bien gorda y preciada, amarrada para atraer a la alimaña del prado». Churchill predijo que la ciudad estaría tan indefensa frente a un ataque que entre tres y cuatro millones de londinenses habrían de emigrar hacia el campo. En 1937, en las vísperas de la guerra, el mando militar británico publicó un informe con la predicción más catastrófica: un bombardeo sostenido de los alemanes causaría seiscientos mil muertos y el doble de heridos, desatando el pánico en las calles. La gente se negaría a acudir al trabajo. La producción industrial se frenaría en seco. El ejército sería inoperante frente al ataque alemán, porque tendría que mantener el orden entre los millones de civiles aterrados. Los planificadores de la ciudad contemplaron brevemente la construcción de una gigantesca red de refugios subterráneos por todo Londres, pero desestimaron el proyecto por miedo a que, si lo llevaban a cabo, los refugiados se negaran a salir nunca de allí. Se montaron varios hospitales psiquiátricos en las afueras de la ciudad para ocuparse de lo que presagiaban sería una avalancha de bajas psicológicas. «Existe la certeza de que tal eventualidad nos cueste la guerra», establecía el informe.

En el otoño de 1940, se produjo ese ataque tan anticipado. Durante un periodo de ocho meses —que comenzó con cincuenta y siete noches consecutivas de bombardeos devastadores—, los aviones alemanes atronaron los cielos de Londres, arrojando decenas de miles de bombas altamente destructoras y más de un millón de proyectiles incendiarios. Fueron asesinadas cuarenta mil personas, y cuarenta y seis mil resultaron heridas. Un millón de edificios terminaron dañados o destruidos. En el East End, barrios enteros quedaron en ruinas. Se habían confirmado los peores miedos del Gobierno británico, salvo por un hecho: ninguna de sus predicciones sobre el comportamiento de los londinenses se había cumplido.

Nunca se desató el pánico. Los hospitales psiquiátricos levantados en los límites de Londres se cedieron al ejército por falta de pacientes. Cuando se inició el bombardeo, grandes grupos de mujeres y niños fueron evacuados al campo. Pero la gente que necesitaba permanecer en la ciudad se quedó en su gran mayoría. A medida que el Blitz continuaba y las acometidas alemanas se hacían más y más agresivas, las autoridades británicas comenzaron a apreciar —para su pasmo— no únicamente el coraje de la población frente a las bombas, sino algo que lindaba casi con la indiferencia. «En octubre de 1940 tuve ocasión de conducir a través del sudeste de Londres, justo tras haberse producido una serie de ataques sobre ese distrito», escribió un psiquiatra inglés tras concluir la guerra:

Parecía que cada cien metros, más o menos, había un cráter o unos escombros donde antes había habido una casa o una tienda.

La sirena dejó oír su alarma y yo miré para ver lo que sucedía. Una monja le tomó la mano al niño que escoltaba y ambos se apresuraron. Ella y yo parecíamos los únicos que habíamos oído la alarma. Los niños pequeños seguían jugando sobre las aceras; los comerciantes continuaban anunciando sus productos; y un policía dirigía el tráfico, soberanamente aburrido, mientras los ciclistas desafiaban a la muerte y a las normas de tráfico. Hasta donde llegaba a ver, nadie se dignaba a levantar la cabeza al cielo.

Supongo que coincidirá conmigo en que cuesta dar crédito a algo así. El Blitz era la *guerra*. Al explotar, las bombas esparcían la mortal metralla en todas las direcciones. Los artefactos incendiarios dejaban en llamas un vecindario diferente todas las noches. Más de un millón de personas perdieron sus casas. Cada noche, miles se hacinaban en refugios improvisados dentro de las estaciones de metro. Afuera, entre el atronar de los aviones que surcaban los cielos, el ruido sordo de las explosiones y el incesante ulular de ambulancias, coches de bomberos y sirenas de alarma, el estruendo era brutal. En una encuesta realizada a los londinenses la noche del 12 de septiembre de 1940, un tercio dijo haber pasado la noche anterior en vela, y otro tercio afirmó haber dormido menos de cuatro horas. ¿Pueden imaginar cómo habrían reaccionado los neoyorquinos si una de sus torres de oficinas hubiera sido reducida a escombros no una vez sino todas las noches *durante dos meses y medio?*

La explicación típica para la reacción de los londinenses invoca la «flema» británica: el supuesto estoicismo inherente al carácter inglés —como es lógico, esta es la explicación que goza de mayor predicamento entre los propios británicos—. Pero ya entonces quedó claro muy pronto que los británicos no eran los únicos en comportarse de ese modo. Los civiles de otros países también exhibían una increíble resistencia en medio de los bombardeos. Las bombas, se evidenció entonces, no tenían el efecto que todo el mundo había vaticinado. No fue hasta terminada la guerra que el psiquiatra canadiense J. T. MacCurdy le dio una solución al misterio en un libro titulado *The Structure of Morale* [La estructura de la moral].

MacCurdy afirmaba que, cuando una bomba cae, divide a la población afectada en tres grupos. El primero es el de la gente muerta. Para estas personas la experiencia del bombardeo es —obviamente— absolutamente devastadora. Pero tal y como señala MacCurdy (un poco cruelmente tal vez): «La moral de la comunidad depende de la reacción de los supervivientes, así que, desde esa perspectiva, las bajas mortales carecen de importancia. Planteado así, el hecho es obvio: los cadáveres no echan a correr propagando el pánico».

El psiquiatra denominaba al siguiente grupo los «salvados por poco»:

> Sienten la explosión, ven la destrucción, se horrorizan ante la carnicería; tal vez están heridos, pero sobreviven víctimas de una honda impresión. «Impresión» significa, aquí, un potente refuerzo de la reacción de miedo vinculada con el bombardeo. Puede terminar en un «trauma», un término vago que abarca desde el estado de aturdimiento o el estupor tangible hasta la nerviosidad y la consternación por los horrores que se han presenciado.

El tercer grupo, seguía el psiquiatra, son los «salvados por mucho»; es la gente que escucha las sirenas, observa el vuelo de los bombarderos enemigos y oye las detonaciones. Pero la bomba cae al final de la calle o en la siguiente manzana. Y para estas personas, las consecuencias de un bombardeo son exactamente las opuestas a las de los «salvados por poco». Los «salvados por mucho» salen vivos, y la segunda o tercera vez en que tal cosa ocurre, la emoción asociada con el ataque, escribió MacCurdy, «es un sentimiento de excitación con un ingrediente de invulnerabilidad». Si te salvas por los pelos, quedas traumatizado. Si te salvas holgadamente, piensas que eres invencible.

En los diarios y las reminiscencias de los londinenses que sobrevivieron al Blitz hay incontables ejemplos de este fenómeno. Por ejemplo:

> Cuando sonó la primera sirena, llevé a mis hijos al refugio cavado en el jardín, y pensé de verdad que nos iban a matar a todos.

Entonces se oyó la sirena de final del bombardeo, sin que hubiera pasado nada. Desde el momento en que pusimos un pie fuera del refugio, no he dejado de sentir una seguridad total sobre que nada puede hacernos daño.

O juzgue estas líneas, extraídas del diario de una joven cuya casa había temblado por una explosión cercana:

> Me tumbé allí sintiéndome indescriptiblemente feliz y triunfante. «¡Me han *bombardeado!*», me repetía una y otra vez. Como un vestido de estreno, me probaba esa frase para ver cómo me quedaba. «¡Me han bombardeado!... ¡Me han bombardeado... *a mí!*».
> Parece una cosa terrible para ser pronunciada, cuando hubo tanta gente muerta y herida la noche pasada; pero nunca en toda mi vida he experimentado *una dicha tan pura y perfecta*.

Así que ¿por qué se mantuvieron los londinenses tan imperturbables durante el Blitz? Porque un total de cuarenta mil muertos y cuarenta y seis mil heridos —repartidos por un área metropolitana con más de ocho millones de habitantes— significa que había muchas más personas salvadas por mucho, envalentonadas por la experiencia de haber sufrido un bombardeo, que personas salvadas por poco y traumatizadas a causa de ello. Proseguía MacCurdy:

> Todos somos propensos también a tener miedo de tener miedo, y la conquista del miedo genera euforia [...] Cuando durante un ataque aéreo hemos temido caer presas del pánico, pero hemos exhibido ante los demás una calma absoluta y, una vez terminado el peligro, nos vemos a salvo, el contraste entre la aprensión previa y el alivio y el sentimiento de seguridad actuales propicia una confianza en uno mismo que es la fuente del coraje.

En mitad del Blitz, se le preguntó a un obrero de mediana edad de una fábrica de botones si quería que lo evacuaran al campo. Las bombas lo habían expulsado de su hogar en dos ocasiones. Pero ambas veces tanto su mujer como él habían salido ilesos. El hombre rechazó el ofrecimiento.

«¿Cómo? ¿Y perderme todo esto?», exclamó. «¡Ni por todo el oro del mundo! ¡Esto es único! ¡Único! Y nunca volverá a pasar».

3

La tesis de la dificultad deseable sugiere que no todas las dificultades son negativas. Tener serias dificultades para leer supone un obstáculo incontestable; a no ser que seas David Boies y ese obstáculo potencie excepcionalmente tus facultades para escuchar; o que seas Gary Cohn y ese obstáculo te infunda el valor necesario para tomar al vuelo oportunidades que en otro caso nunca habrías aprovechado.

La teoría de MacCurdy sobre la moral ofrece una segunda perspectiva, más abarcadora, de la misma idea. La razón por la que Winston Churchill y los mandamases del ejército inglés temían tanto el ataque alemán sobre Londres era que daban por sentado que una experiencia traumática como ser bombardeado provocaría una reacción similar en todo el mundo; que la única diferencia entre los «salvados por poco» y «por mucho» estribaría en la intensidad del trauma sufrido.

Pero para MacCurdy, el Blitz demostró que las experiencias traumáticas pueden tener dos efectos completamente divergentes: el mismo suceso que puede ser profundamente dañino para unas personas puede *beneficiar* a otras. El obrero de la fábrica de botones y la joven cuya casa fue sacudida por las bombas salieron fortalecidos de los ataques aéreos, ¿no es así? Estaban en medio de una guerra. No podían alterar ese hecho. Pero habían quedado libres de los miedos que pueden hacer insoportable la experiencia bélica.

La dislexia es un ejemplo clásico del mismo fenómeno. Mucha gente con ese trastorno no consigue compensar su discapacidad. Hay un número muy alto de disléxicos en las cárceles, por ejemplo: personas abrumadas por su fracaso a la hora de dominar la tarea académica más básica. Sin embargo, el mismo desorden neurológico, en gente como Gary Cohn y David Boies, puede tener el efecto opuesto. La dislexia abrió un boquete en la vida de Cohn y le dejó un rastro de zozobra y ansiedad. Pero él era una persona muy brillante, contó con una familia que le apoyó y con algo más que un golpe de fortuna. Echando mano además de otros recursos, fue capaz de sortear los peores efectos de la explosión para emerger más fuerte. Demasiado a menudo, cometemos el mismo error que los británicos y nos precipitamos al concluir que solo existe una única respuesta posible ante los sucesos terribles y traumáticos. No la hay. Hay dos, lo cual nos devuelve a Jay Freireich y a esa infancia que ni él mismo se consiente recordar.

4

A los nueve años, Jay Freireich contrajo amigdalitis. Estuvo muy enfermo. El médico local, el doctor Rosenbloom, se acercó al piso de la familia para extraerle las amígdalas inflamadas. «No estaba acostumbrado a ver hombres», explicaba Freireich. «Todas las personas que conocía eran mujeres. Si veía a un hombre por casualidad, iba sucio y vestido con un mono. Sin embargo, Rosenbloom llevaba traje y corbata, y era digno y amable. Así que, desde los diez años, fantaseé sobre convertirme en un médico famoso. Nunca pensé en ninguna otra profesión».

En el instituto, su profesor de Física vio algo en él y le animó a ir a la universidad. «Yo le dije: "¿Qué me hace falta?". Me respondió: "Bueno, si consigues veinticinco dólares, con eso llegarás". Estábamos en 1942. Las cosas habían mejorado. Pero la gente seguía andando muy justa de dinero. Veinticinco dólares era una suma considerable. No creo que mi madre hubiera visto nunca veinticinco dólares juntos. Ella me dijo: "Bueno, déjame ver qué puedo hacer". Apareció al cabo de un par de días. Había encontrado a una señora húngara cuyo marido había muerto y le había dejado algo de dinero, y, aunque parezca extraño, ella le había dado veinticinco dólares a mi madre. En lugar de guardárselos, mi madre me los entregó. Así que ahí estoy yo. Con dieciséis años. Y lleno de optimismo».

Freireich se subió al tren que iba de Chicago a Champaign-Urbana, donde estaba situada la Universidad de Illinois. Alquiló una habitación en una casa de huéspedes. Para pagarse la matrícula, trabajó sirviendo mesas en una residencia femenina, con la ventaja adicional de que podía alimentarse con las sobras. Obtuvo buenas notas y consiguió el ingreso en la facultad de Medicina, y posteriormente comenzó sus prácticas en el Cook County Hospital, el mayor centro médico público de Chicago.

La medicina en esos años era una profesión elegante. Los médicos ostentaban una posición social privilegiada y normalmente procedían de los estratos más elevados. Freireich no era así. Aún hoy, a sus ochenta y cuatro años, Freireich sigue imponiendo, con su metro noventa largo, unos buenos pectorales y los hombros anchos. Su cabeza es desproporcionadamente grande —incluso en un cuerpo tan voluminoso como el suyo— y eso le hace parecer aún mayor. Tiene labia: habla alto, con fluidez y sin pausa, y en su voz suenan las vocales duras de su Chicago natal. Cuando quiere remarcar algo, tiene la costumbre de alzar la voz y aporrear la mesa con el puño —un gesto que, en una ocasión memorable, hizo añicos la mesa de cristal de una sala de juntas y que, según dicen, dejó a Freireich en un estado hasta entonces inédito en él: callado—.

En cierta ocasión, salió con una mujer que pertenecía a una familia mucho más acomodada que la suya. Ella era refinada y sofisticada. Freireich era un matón de Humboldt Park, que hablaba y se comportaba como el gorila de un gánster de los años de la Depresión. «Me llevó a un concierto sinfónico. Era la primera vez que oía música clásica», recordaba. «No había visto en mi vida un ballet. Nunca había estado en una obra de teatro. Mi única educación era el pequeño aparato de televisión que mi madre había comprado. Nada de literatura, ni de arte, ni de música, ni de danza, nada de nada. Tan solo importaba la manduca. Y que no te mataran o que te dieran una paliza. Era bastante bruto»[*].

---

[*] Cuando Freireich estaba terminando su instrucción como médico, un familiar lejano murió y le legó seiscientos dólares. «Tenía un paciente, un vendedor de coches de segunda mano, que me dijo que me vendería uno de sus coches» contaba Freireich. «Era un Pontiac 1948. Una noche en que estaba borracho, de fiesta con unas chicas, lo empotré contra el lateral de un Lincoln nuevecito. Me deberían haber metido en la cárcel, pero los policías que acudieron al lugar se dieron cuenta al momento de

En Boston, Freireich estuvo como investigador asistente de hematología. Luego fue llamado a filas y eligió completar el servicio militar en el National Cancer Institute, a las afueras de Washington D. C. Era, a decir de todos, un médico brillante y dedicado, el primero en llegar al hospital por las mañanas y el último en salir. Sin embargo, su tumultuoso bautizo en la vida no estaba lejos. Tenía un temperamento colérico. No tenía paciencia ni delicadeza. Un colega recuerda la inolvidable primera impresión que tuvo de Freireich: «Un gigante al fondo de la habitación, que chillaba y berreaba al teléfono». Otro lo recuerda como «absolutamente incontenible. Decía lo primero que le venía a la mente». A lo largo de su trayectoria, Freireich ha sido despedido en siete ocasiones, la primera cuando, estando de residente, se encaró con la jefa de enfermeras en el Presbyterian Hospital de Chicago. Uno de sus antiguos compañeros lo evoca descubriendo un error rutinario cometido por uno de sus médicos residentes. Un dato de laboratorio había sido omitido. «El paciente murió. No era significativo. No lo había provocado el error. Pero Jay se puso a gritarle al residente allí mismo en los pasillos, delante de cinco o seis médicos y enfermeras. Lo llamó asesino, y ese chico se derrumbó y rompió a llorar». Casi todo lo que sus amigos cuentan sobre Freireich viene con un «pero». Lo quiero mucho, *pero* una vez casi llegamos a las manos. Le invité a mi casa, *pero* insultó a mi mujer. «Freireich sigue siendo uno de mis mejores amigos», me dijo Evan Hersh, un oncólogo que trabajó con Freireich al comienzo de su carrera. «Le invitamos a nuestras bodas y *bar mitzvahs.* Lo quiero como a un padre. Pero en esos años era una auténtica fiera. Tuvimos bastantes encontronazos muy fuertes. Hubo veces en que le retiré la palabra durante semanas».

¿Puede causar sorpresa a alguien que Freireich se comportara así? Si la mayoría de nosotros nos abstenemos de gritarle «¡Asesino!» a un compañero de trabajo, es porque sabemos ponernos en

---

que era un internista, así que me dijeron: "Nosotros nos ocuparemos de todo"». Esas eran las prerrogativas de un médico en aquellos días. Se puede decir sin miedo a equivocarse que el mundo ha cambiado mucho desde entonces.

su piel; nos imaginamos lo que esa persona está sintiendo y reproducimos ese sentimiento dentro de nosotros. Y si podemos tomar esa senda, es porque antes, cuando hemos sufrido, nos han apoyado, confortado y comprendido. Ese sostén nos da un modelo sobre lo que hemos de sentir por los demás: es la base de la empatía. Pero durante los años de formación de Freireich, cualquier clase de vínculo humano había terminado en muerte y abandono, y una infancia tan desoladora como esa solo deja tras de sí dolor y furia.

En una ocasión, en mitad de una reminiscencia sobre su trayectoria, Freireich se puso a despotricar contra los cuidados paliativos que se les administran a los pacientes terminales de cáncer al final de sus vidas. «Ves a todos esos médicos que quieren dar cuidados paliativos. Quiero decir, ¿cómo vas a tratar a una persona así?». Cuando un tema enerva a Freireich, levanta la voz y encaja la mandíbula. «Le dices al paciente: "Tiene cáncer, nadie duda de que va a morirse. Sufre y es horrible. Le voy a enviar a un sitio en el que puede morir en paz". *Jamás de los jamases le diría a nadie algo así.* Lo que yo le diría es: "Está sufriendo. Tiene dolor. Voy a aliviarle ese dolor. ¿Si se va a morir? Tal vez no. Veo milagros todos los días". No existe la opción de ser pesimista cuando la gente depende de ti para agarrarse a un clavo ardiendo. Los martes por la mañana, mientras hago mi ronda con los estudiantes, alguno de mis colegas suelta: "Este paciente tiene ochenta años. No hay esperanza". ¡Para nada! Es todo un reto, pero hay esperanza. Tiene que ocurrírsete algo. Has de dar con la manera de ayudarles, porque esas personas *deben conservar la esperanza* de vivir». Su voz se había alzado prácticamente hasta el grito. «*Nunca* he estado deprimido. Nunca me he sentado con un padre para llorar sobre la agonía de un niño. Eso no entra dentro de mi papel como médico. Como padre tal vez lo hiciera. Si mis chicos murieran, probablemente me volvería loco. Pero como médico, has jurado darle esperanza a la gente. Ese es tu trabajo».

Freireich siguió con su diatriba durante unos minutos más, hasta que su arrolladora personalidad casi se hizo insoportable. Todos queremos a un médico que no se rinda y que no pierda la esperanza. Pero también queremos a un profesional que pueda ponerse en nuestra piel y comprender lo que estamos sintiendo. Queremos que nos traten con dignidad, y para tratar a la gente con dignidad la empatía es indispensable. ¿Está al alcance de Freireich tal cosa? *Nunca he caído en la depresión. Nunca me he sentado con un padre para llorar sobre la agonía de un niño.* En el caso de que nos preguntaran si desearíamos para alguien una infancia como la de Freireich, casi con total seguridad responderíamos que no, porque cuesta imaginar qué beneficio puede sacarse de una experiencia así. Nadie se salva de semejante niñez.

¿O sí?

5

A comienzos de la década de 1960, un psicólogo llamado Marvin Eisenstadt comenzó un proyecto en el que entrevistaba a «creativos» —innovadores, artistas y emprendedores— en busca de patrones y tendencias. A medida que iba analizando las respuestas, se percató de un hecho extraño. Un número sorprendente de los encuestados había perdido a uno de sus progenitores durante la infancia. Su muestra era tan reducida que Eisenstadt creyó que lo que tenía ante los ojos bien podía ser una casualidad. Pero ese dato no se borró de su cabeza. ¿Qué pasaría si no fuera una casualidad, si significaba algo en realidad? Textos previos en el campo de la psicología habían apuntado ya en esa dirección. En la década de 1950, al estudiar una muestra de biólogos famosos, la historiadora de la ciencia Anne Roe había señalado a modo de inciso la gran cantidad de ellos que había perdido al menos a uno de sus progenitores cuando todavía eran muy jóvenes. Años después realizó la misma observación en un estudio preliminar sobre poetas y escritores famosos como Keats, Wordsworth, Coleridge, Swift, Edward Gibbon y Thackeray. Más de la mitad había perdido a su padre o a su madre antes de cumplir los quince. El vínculo entre logro profesional y duelo en la infancia era uno de esos datos sueltos con los que nadie sabía qué hacer. Así que Eisenstadt decidió embarcarse en un proyecto más ambicioso.

Recuerda el propio Eisenstadt: «Era hacia 1963 o 1964. Comencé con la *Enciclopedia Británica* y luego alterné entre la *Británica* y la *Enciclopedia Americana*». Eisenstadt elaboró una lista con todas las personas, desde Homero hasta John F. Kennedy, cuya vida había merecido más de una columna en cualquiera de las dos enciclopedias. Pensó que esa era la marca aproximada del éxito. Así acabó con una lista de 699 personas. Entonces se puso a recabar sistemáticamente información biográfica sobre todos los que aparecían en la selección. «Me llevó diez años. Leía libros en todos los idiomas, fui a California y a la Biblioteca del Congreso, y a la biblioteca genealógica en Nueva York. Recopilé todos los perfiles de huérfanos que pude, hasta que creí que tenía unos resultados estadísticos válidos».

De las 573 personas insignes sobre las que Eisenstadt pudo encontrar información biográfica fiable, una cuarta parte había perdido al menos a uno de sus progenitores antes de cumplir diez años. A los quince años, el 34,5 por ciento había quedado huérfano de alguno de sus padres; y a los veinte el 45 por ciento. Incluso para los años previos al siglo XX, cuando la esperanza de vida era mucho menor, debido a las enfermedades, los accidentes y las guerras, esos porcentajes resultaban asombrosos.

Por la misma época en que Eisenstadt desarrollaba su estudio, la historiadora Lucille Iremonger se puso a escribir una crónica sobre los primeros ministros ingleses. Su interés se centraba en el periodo que va de comienzos del siglo XIX a los inicios de la Segunda Guerra Mundial. ¿Qué clase de bagajes y cualidades, se preguntaba, predeterminaban la clase de persona capaz de encaramarse a lo más alto de la política británica del momento, cuando el país era la primera potencia del mundo? Al igual que en el caso de Eisenstadt, Iremonger se desvió de su camino atraída por un dato secundario. Como ella misma escribió: «Ocurría con tal frecuencia que empecé a preguntarme si no encerraba un significado menos casual». El 67 por ciento de los primeros ministros de su muestra había perdido a uno de sus padres antes de los dieciséis años. Esa cifra doblaba aproximadamente el porcentaje de huérfanos durante el mismo periodo entre los miembros de la clase alta británica, el segmento socioeconómico del que procedía la mayor parte de los primeros ministros. El mismo patrón puede hallarse entre los presidentes estadounidenses. Doce de los primeros cuarenta y cuatro presidentes del país, empezando por George Washington y terminando por Barack Obama, perdieron a su padre cuando aún eran jóvenes*.

Desde entonces, la cuestión de las infancias difíciles y la pérdida de los progenitores ha surgido una y otra vez en las publicaciones académicas. Hay un pasaje fascinante, por ejemplo, en un trabajo escrito por el psicólogo Dean Simonton, donde trata de entender por qué tantos niños superdotados no llegan a desarrollar sus talentos precoces. Una de las razones, concluye, es que han «heredado una cantidad excesiva de salud psicológica». Los que terminan defraudando, dice, son niños «demasiado convencionales, demasiado obedientes, demasiado cuerdos como para eclosionar con una idea revolucionaria». Y continúa: «Los niños más dotados y los niños prodigio parecen más propensos a aparecer en un entorno familiar muy alentador. Por el contrario, los genios tienen una perversa tendencia a crecer en las situaciones más adversas».

Me doy cuenta de que estos estudios hacen que perder a un padre o a una madre parezca algo bueno. «La gente siempre me bromea diciendo: "Vaya, así que usted sugiere que las cosas me irían mucho mejor de no tener padres, ¿debo matar a mi padre entonces?"», dice Eisenstadt. «La tesis de que algunas personas puedan triunfar en ausencia de los padres es un concepto amenazante, porque la creencia común es que los padres suponen una ayuda. Los padres son una parte esencial de la vida». Y, como remarca Eisenstadt, eso es absolutamente cierto. Los padres *son* esenciales. Perder a un padre o a una madre es una de las cosas más devastadoras que puede sucederle a un niño. El psiquiatra Felix Brown ha descubierto que los presos tienen dos y tres veces más probabilidades de haber perdido a uno de sus progenitores que el resto de la población. Se trata de una disparidad demasiado grande

---

* Los doce presidentes son: George Washington, Thomas Jefferson, James Monroe, Andrew Jackson, Andrew Johnson, Rutherford Hayes, James Garfield, Grover Cleveland, Herbert Hoover, Gerald Ford, Bill Clinton y Barack Obama.

como para tratarse de una coincidencia. Son demasiadas «víctimas directas» como para que haya dudas sobre el impacto de la ausencia de los padres*.

Las pruebas aportadas por Eisenstadt, Iremonger y otros muchos, no obstante, dan a entender que la muerte de un padre también puede deparar un cierto beneficio. Un padre puede suicidarse y su hijo padecer una infancia tan insoportable que tenga que encerrar todos esos recuerdos en el rincón más remoto de la memoria, y sin embargo algo bueno puede salir de todo ello. «No se trata de abogar a favor de la orfandad y la ausencia», escribe Brown, «pero la existencia de estos huérfanos insignes nos indica que en determinadas circunstancias puede hacerse de la necesidad virtud»**.

6

Cuando Jay Freireich llegó al National Cancer Institute en 1955, se presentó a Gordon Zubrod, el jefe de oncología. Zubrod lo destinó a oncología pediátrica, en la segunda planta del edificio principal del hospital en el centro del campus***.

La leucemia infantil era entonces una de las formas más terribles de cáncer. Golpeaba sin previo aviso. Un niño de uno o dos años empezaba a tener fiebre. La temperatura no bajaba. A continuación se presentaba un intenso dolor de cabeza que no remi-

---

* Brown arranca con estos estremecedores versos de Wordsworth, cuya madre murió cuando él tenía ocho años:

Ella fue corazón
y bisagra de nuestras enseñanzas y amores:
nos dejó desamparados y, como podíamos,
desfilando juntos.

** O, como en la conocida cita del pensador Thomas De Quincey: «Es o no es, de acuerdo con la naturaleza humana, una ventaja quedar huérfano a temprana edad».

*** Si quiere comprender mejor el contexto científico completo de la lucha contra la leucemia, no existe mejor fuente que el libro de Siddhartha Mukherjee, galardonado con el Pulitzer, *El emperador de todos los males. Una biografía del cáncer* (Taurus, 2011), Mukherjee le dedica todo un capítulo a la guerra contra la leucemia. Vale la pena leerlo.

tía, y a eso seguían unas infecciones, una tras otra, conforme el cuerpo del niño perdía su capacidad para defenderse. Luego empezaban las hemorragias.

«El doctor Zubrod aparecía por allí una vez a la semana para ver lo que hacíamos», recordaba Freireich, «y me advirtió: "Freireich, ¡este sitio es como un matadero! Hay sangre derramada por todas partes. ¡Tenemos que limpiarla!". Era verdad. Los niños sangraban por todos lados, en las deposiciones y en la orina; eso es lo peor. Manchan hasta el techo. Sangran por los oídos, por la piel. Había sangre por doquier. Las enfermeras venían al trabajo por las mañanas con los uniformes blancos y se marchaban cubiertas de sangre».

Los niños sufrían hemorragias internas, en el hígado y en el bazo, que les provocaban dolores extraordinarios. Se giraban en la cama y terminaban con moratones terribles. Un poco de sangre por la nariz podía conducir a un desenlace fatal. Había que apretar la nariz del niño y aplicar hielo. Pero eso no funcionaba. Entonces se taponaban las fosas nasales con gasas. Eso tampoco hacía nada. Restaba avisar a un otorrinolaringólogo para que desde dentro de la boca taponara los senos nasales con gasas, empujándolas hasta el interior de la nariz. Se buscaba ejercer una presión en los vasos sanguíneos desde el interior de la cavidad nasal. Pueden imaginar lo doloroso que resultaba todo eso para el niño. Por añadidura, casi nunca funcionaba, así que en cuanto se extraían las gasas, la hemorragia se reiniciaba casi inmediatamente. La meta de la segunda planta era hallar una cura para la leucemia. Pero el problema era que controlar los sangrados resultaba tan complicado que la mayoría de los niños fallecían antes de que nadie diera con el modo de ayudarlos.

«Después de llegar al hospital, el 90 por ciento de los niños moría a las seis semanas», recordaba Freireich. «Se desangraban. Al echar sangre por la boca y por la nariz, no puedes comer. Así que dejas de ingerir comida. Intentas beber y te asfixias. Y vomitas. La sangre en las deposiciones te provoca diarrea. Así que mueres por inanición. O pillas una infección y contraes una neumonía, entonces la fiebre te sube y empiezas a tener convulsiones y finalmente...». En este punto la voz de Freireich se desvanecía.

Los médicos no duraban mucho en la planta de la leucemia. Era demasiado. «Llegas a tu puesto a las siete de la mañana», comenta un médico que trabajó en la segunda planta en aquellos años. «Y sales de allí a las nueve de la noche. Tenías que hacer de todo. Llegaba a casa completamente destrozado psicológicamente. Comencé a coleccionar sellos. Me sentaba a las diez de la noche delante de mis sellos, porque era el único modo de que mi mente desconectara. Los padres tenían miedo. Nadie se atrevía a poner un pie en la sala de los niños. Se quedaban quietos en la puerta. Nadie quería trabajar allí. Ese año vi morir a setenta niños. Fue una pesadilla»[*].

No para Freireich. *Nunca he caído en la depresión. Nunca me he sentado con un padre para llorar sobre la agonía de un niño.* Freireich unió fuerzas con Tom Frei, otro investigador del NCI. Juntos determinaron que el problema era la falta de plaquetas, esos fragmentos de célula con formas irregulares que flotan en la sangre humana. La leucemia destruía la capacidad de los niños para crearlas, y sin plaquetas la sangre no se coagulaba. Era una teoría radi-

---

[*] En la década de 1960, la hija del novelista Peter de Vries murió de leucemia. El autor escribió una desgarradora novela basada en la experiencia titulada *The Blood of the Lamb* [La sangre del cordero]. De Vries describe en ella:

Así que estábamos de regreso en el pabellón infantil y volvía a nosotros esa estampa familiar: las madres con los casi muertos, el falso rostro de la compasión, la Matanza de los Inocentes. Una chica con una pierna atravesó vacilante el vestíbulo con sus muletas, diestramente alentada por las enfermeras. A través del panel de una puerta cerrada, podía verse a un chico sentado erguido en la cama; su cabeza sangraba por todas partes, mientras un sacerdote estaba apoyado en alerta contra la pared, listo para acercarse. En la habitación contigua le bombeaban metotrexato dentro del cráneo a un niño de cinco años, o, más bien, este observaba a un grupo de mecánicos que se congregaba solemnemente alrededor de la máquina atascada. Al lado otro niño se sentaba incorporado mientras veía una televisión en la que se celebraba un concurso con diversos equipos [...] Entre los padres y los niños, arrojados juntos en ese infierno de despedidas prolongadas, merodeaban eternamente los vampiros del Señor del Laboratorio, que succionaban las muestras de los huesos y las venas para ver qué tal iba cada uno de esos enemigos que los tenían fichados. Y los médicos en sus batas de carnicero, que cortaban los miembros, trepanaban los sesos y sajaban los órganos vitales donde moraba de distintas formas el diablo, ¿qué pensaban de los mejores frutos de diez millones de horas de entregado esfuerzo? Acosaban al culpable de órgano en órgano y de articulación en articulación, hasta que no quedaba nada donde ensayar su arte: el arte de prolongar la enfermedad.

calmente nueva. Uno de los jefes de Freireich en el NCI, George Brecher, una eminencia mundial en el campo de la hematología, se mostró escéptico. Pero Freireich pensaba que Brecher no estaba contando bien las plaquetas en sus análisis. Freireich era meticuloso. Empleaba una metodología más sofisticada y concentraba su atención en cualquier sutil modificación en las plaquetas a niveles realmente ínfimos. Para él la conexión estaba clara: cuanto menor era la cuenta de plaquetas, peor resultaba la hemorragia. Los niños necesitaban plaquetas nuevas, una vez tras otra, en dosis masivas.

El banco de sangre del NCI no podía abastecer a Freireich de sangre nueva para sus transfusiones. Iba en contra del reglamento. Freireich aporreó la mesa con los puños, y gritó: «¡*La gente va a morir por vuestra culpa!*». «Has de ser cuidadoso con a quién dices según qué clase de cosas. A Jay le daba igual», afirma Dick Silver, que trabajó con él en el NCI.

Freireich salió en busca de donantes de sangre. El padre de uno de sus pacientes era pastor y le trajo a veinte miembros de su congregación. El protocolo estándar para las transfusiones de sangre a mediados de la década de 1950 incluía agujas de acero, tubos de caucho y botellas de cristal. Pero las plaquetas se quedaban adheridas a esas superficies. A Freireich se le ocurrió sustituir aquella parafernalia por la tecnología más moderna de agujas de silicona y bolsas de plástico. A las bolsas las llamaban salchichas. Eran enormes. «Eran *así* de grandes», me aseguró Vince DeVita, colega de Freireich por aquellos años, mientras mantenía sus manos muy separadas. «Y luego tienes a este chico, que es una cosa *así*». Al decir esto, las manos de DeVita se acercaban mucho. «Era como regar una maceta con una manguera de bombero. Si no actúas bien, el corazón del niño puede fallar. El director clínico del NCI en la época era un tal Berlin. Vio [la salchicha] y le dijo a Jay: "Estás loco". Amenazó con despedirle si seguía realizando transfusiones de plaquetas». Freireich no le hizo el menor caso. «Jay, en su versión más genuina, decidió que si le ponían palos en las ruedas, él tampoco quería seguir trabajando allí», comentaba DeVita. El sangrado paró.

7

¿De dónde le venía a Freireich el coraje? Con su apariencia imponente e intimidante, no cuesta imaginarlo emergiendo del útero de su madre con los puños ya cerrados. Sin embargo, la teoría de MacCurdy sobre los «salvados por poco» y los «salvados por mucho» nos invita a pensar algo bastante diferente: que el coraje, en cierta manera, se adquiere.

Volvamos a echarle un vistazo a lo que MacCurdy escribió sobre la experiencia del Blitz de Londres:

> No solo existe nuestra inclinación a temer, todos somos propensos también a tener miedo de tener miedo, y la conquista del miedo genera euforia [...] Cuando durante un ataque aéreo hemos temido caer presas del pánico, pero hemos exhibido ante los demás una calma absoluta y, una vez terminado el peligro, nos vemos a salvo, el contraste entre la aprensión previa y el alivio y el sentimiento de seguridad actuales propicia una confianza en uno mismo que es la fuente del coraje.

Empecemos con la primera línea: *No solo existe nuestra inclinación a temer, todos somos propensos también a tener miedo de tener miedo.* Debido a que nadie en Inglaterra había soportado con anterioridad un bombardeo, los londinenses asumieron que la experiencia tenía que ser aterradora. Lo que los atemorizaba era la predicción sobre lo que sentirían una vez se iniciara el ataque[*]. Las bombas alemanas cayeron como granizo durante meses y meses, y millones de «salvados por mucho», que habían adelantado su pánico frente a las bombas, llegaron a comprender que sus miedos estaban sobredimensionados. Ellos se encontraban bien. ¿Y qué sucedía

---

[*] La predicción sobre cómo vamos a reaccionar en una situación futura recibe el nombre de «pronóstico afectivo», y si nos atenemos a las pruebas, somos unos pronosticadores terribles. El psicólogo Stanley J. Rachman, por ejemplo, ha hecho cosas como reunir a un grupo de personas con fobia a las serpientes y mostrarles de súbito una serpiente. O reunir a un grupo de claustrofóbicos para dejarlos en un pequeño armario de metal. Su hallazgo es que la experiencia real con la fuente de los miedos es mucho menos pavorosa que lo que la persona imaginaba.

a continuación? *La conquista del miedo genera euforia.* Y: *El contraste entre la aprensión previa y el alivio y el sentimiento de seguridad actuales propicia una confianza en uno mismo que es la fuente del coraje.* El valor no es algo que ya tengas y que te hace valiente cuando llegan los tiempos duros. El valor es algo que se adquiere cuando se han pasado tiempos duros y uno descubre que no son tan duros después de todo. ¿Ven el error tan garrafal que cometieron los alemanes? Bombardearon Londres porque pensaron que el traumático Blitz destruiría el coraje del pueblo británico. En realidad, tuvo el efecto opuesto. Creó una ciudad de «salvados por mucho» que se sentían más valerosos de lo que nunca se habían sentido. A los alemanes les habría ido mucho mejor de no haber soltado nunca sus bombas sobre Londres.

El siguiente capítulo de *David y Goliat* trata sobre el movimiento por los derechos civiles en Estados Unidos, en concreto sobre la campaña de Martin Luther King Jr. en Birmingham (Alabama). No obstante, hay una parte de la historia de Birmingham que vale la pena abordar ahora porque ilustra a la perfección la tesis del coraje adquirido.

Uno de los aliados más importantes de King en Birmingham fue un predicador baptista negro llamado Fred Shuttlesworth, que había estado liderando la lucha contra la discriminación racial en la ciudad durante años. En la mañana de Navidad de 1956, Shuttlesworth anunció que al día siguiente iba a montarse en los autobuses segregados de la ciudad para desafiar las leyes municipales que prohibían a los negros viajar con los blancos. Esa misma noche, los miembros del Ku Klux Klan lanzaron artefactos explosivos contra su casa. El Klan trataba de repetir con Shuttlesworth lo que los nazis habían intentado hacer con los ingleses durante el Blitz. Pero ellos tampoco supieron captar la diferencia entre salvarse por poco y salvarse por mucho.

En *Carry Me Home* [Llévame a casa], la magnífica crónica de Diane McWhorter sobre la campaña por los derechos civiles en Birmingham, se relata lo que sucedió cuando la policía y los vecinos se apresuraron hasta las ruinas humeantes del hogar de Shuttlesworth. Era noche avanzada. Shuttlesworth estaba ya acostado en la cama. Se temía que hubiera muerto:

Una voz se elevó desde los escombros:

—No voy a salir desnudo.

Y, al cabo de unos instantes, Shuttlesworth salió enfundado en el chubasquero que alguien acababa de arrojar hacia las ruinas de la parroquia. No cojeaba, ni estaba ensangrentado o cegado: no parecía siquiera oír mal, a pesar de que la explosión había reventado todas las ventanas en más de un kilómetro a la redonda [...] Shuttlesworth alzó una mano de proporciones bíblicas hacia los vecinos congregados, y dijo:

—El Señor me ha protegido. No estoy herido. [...]

Un policía grandullón estaba llorando.

—Reverendo, conozco a esta gente —se refería a los vándalos—. Pensaba que no llegarían tan lejos. Si fuera usted, saldría de la ciudad. Esta gente es malvada.

—Bueno, oficial, usted no es yo —le replicó Shuttlesworth—. Vaya a decirles a sus hermanos del Klan que, si el Señor me sacó de esta, aún me queda cuerda para rato. La lucha no ha hecho más que comenzar.

Este es un ejemplo de manual de «salvado por mucho». Shuttlesworth no fue asesinado (una víctima directa). No acabó tullido o herido de gravedad (un «salvado por poco»). Salió ileso. Fueran cuales fueran las intenciones últimas del Klan, la jugada les había salido mal. Shuttlesworth estaba menos asustado que antes.

A la mañana siguiente, algunos miembros de su congregación le rogaron a Shuttlesworth que desconvocara la protesta. Él se negó. Sigue el relato de McWhorter:

—Qué diablos, vamos a montarnos —dijo ese pastor malhablado, y se dirigió a los reunidos—: Buscaos cualquier rendija donde esconderos si tenéis miedo, pero yo voy a ir andando al centro cuando termine esta reunión y me voy a montar en el autobús. Y no pienso volver la cabeza para ver quién me está siguiendo. —Su voz se hizo más profunda, con el tono propio de un sermón—. Que los niños den un paso atrás —ordenó—, y que los hombres den un paso adelante.

Unos pocos meses después, Shuttlesworth decidió llevar a su hija hasta la blanca John Herbert Phillips High School, con el objeto de matricularla allí. Al acercarse, una turba enfurecida de hombres blancos rodeó su coche. Siguen de nuevo las palabras de McWhorter:

> Para incredulidad de la niña, su padre salió del coche. Los hombres arremetieron contra Shuttlesworth, descubriendo sus puños americanos, las porras de madera y las cadenas. Shuttlesworth echó a correr a toda prisa por la acera, rumbo al oeste, pero fue derribado repetidas veces. Alguien le había subido el abrigo por encima de la cabeza para que no pudiera bajar los brazos [...] «Por fin tenemos a este hijo de perra», gritó un hombre. «Matémoslo», vociferó la turba. Desde el coro de animadoras femeninas llegó el consejo de «cargarse a ese negro cabrón para terminar de una vez con el problema». Los hombres comenzaron a destrozar las ventanillas del coche.

¿Y qué le pasó a Shuttlesworth en esa ocasión? No mucho. Arrastrándose consiguió llegar de vuelta al coche. Fue al hospital, donde le hallaron una pequeña lesión en el riñón y algunos rasguños y moraduras. Se dio de alta él mismo esa tarde y horas después ya estaba de regreso en el púlpito de su iglesia para decirle a su congregación que perdonaba a los que le habían atacado.

Shuttlesworth tuvo que ser alguien con una especial determinación y fuerza. No obstante, cuando salió ileso de entre los escombros de su casa, añadió una capa más a esa armadura psicológica. *No solo existe nuestra inclinación a temer, todos somos propensos también a tener miedo de tener miedo, y la conquista del miedo genera euforia [...] Cuando durante un ataque aéreo hemos temido caer presas del pánico, pero hemos exhibido ante los demás una calma absoluta y, una vez terminado el peligro, nos vemos a salvo, el contraste entre la aprensión previa y el alivio y el sentimiento de seguridad actuales propicia una confianza en uno mismo que es la fuente del coraje.*

¿Y cómo calificar a lo que sucedió más tarde en la Phillips High School? ¡Otro salvamento «por mucho»! Tras salir del hospital, Shuttlesworth declaró a los periodistas: «Hoy por segunda vez en este año un milagro ha salvado mi vida». Si ser «salvado por mucho» una vez provoca euforia, solo podemos imaginar lo que uno debe de sentir la segunda vez.

No mucho después, Shuttlesworth fue hasta una iglesia de Montgomery (Alabama) con su colega Jim Farmer, para reunirse con Martin Luther King. En el exterior se había congregado una muchedumbre iracunda que blandía banderas confederadas. Esos hombres comenzaron a sacudir el coche de los pastores. El chófer dio marcha atrás y probó un camino alternativo, pero volvieron a bloquearles el paso. ¿Qué hizo Shuttlesworth en esa situación? Al igual que el día de la Phillips High School, *salió* del coche. Vuelvo a apoyarme en el relato de McWhorter:

> A su alrededor, las botellas de Coca-Cola hacían añicos las ventanillas del coche, y él se paró para identificar un olor extraño: su primer contacto con el gas lacrimógeno. Entonces le ordenó con gestos a Farmer que saliera del coche y se dirigió dando zancadas hacia el gentío. Farmer lo seguía «temblando como mantequilla», intentando embutir su generosa anatomía de *bon vivant* en la delgada sombra de Shuttlesworth. Los cafres se marcharon, dejando sus porras por los suelos, y Shuttlesworth llegó hasta la entrada de la iglesia baptista sin que le hubieran tocado un hilo de la chaqueta. «Despejen» fue lo único que había dicho. «Vamos. Despejen».

Con este ya van *tres* salvamentos «por mucho».

Perder a un padre no es como que te bombardeen la casa o que se abalance sobre ti una turba furiosa. Es peor. No termina al cabo de un instante horrible, y las heridas no restañan tan rápido como una contusión o una herida. Entonces, ¿qué les pasa a los niños cuyo peor miedo se materializa, para descubrir luego que ellos siguen en pie? ¿Es posible que obtengan lo mismo que Shuttlesworth y los londinenses bajo el Blitz: una confianza en sí mismos que es la fuente del coraje?[*].

---

[*] «Tuve un paciente así hace muchos años», me contó el psiquiatra neoyorquino Peter Mezan. «Había levantado un imperio. Pero menuda infancia más catastrófica. A los seis años su madre había muerto delante de él, con el padre encima de la mujer, chillándole enfurecido. La mujer había tenido un ataque convulsivo. Luego al padre

«El oficial que llevaba a Shuttlesworth a la cárcel», escribe McWhorter, sobre otro de los muchos encontronazos de Shuttlesworth con las fuerzas del orden blancas, «le pegó, le propinó una patada en la espinilla, le llamó mono y luego le provocó: "¿Por qué no me atizas?". Shuttlesworth le replicó: "Porque te quiero". Entonces se cruzó de brazos y la sonrisa no se le borró del rostro durante el resto del trayecto a la cárcel, donde, puesto que estaba prohibido cantar o rezar, se echó una siesta».

8

El trabajo de Freireich para frenar las hemorragias marcó un hito. Significaba que, a partir de ese momento, los niños podían mantenerse con vida el tiempo suficiente para que se tratara la causa subyacente de su enfermedad. Pero la leucemia era un problema aún más complicado. Solo había un puñado de medicamentos conocidos que tenían algún efecto contra la enfermedad. Uno que se llamaba 6-MP [mercaptopurina]; el metotrexato, un medicamento estándar contra el cáncer; y un esteroide llamado prednisona. Pero todos ellos presentaban la misma limitación. Eran en esencia venenos, tan tóxicos que solo podían administrarse en dosis pequeñas; y debido a que esas cantidades eran tan limitadas, únicamente podían aniquilar un número insuficiente de las células cancerígenas de los niños. El paciente mejoraba durante una

---

lo asesinaron porque era un gánster, y tanto él como su hermano fueron llevados al orfanato. Creció en un ambiente donde todo era sobreponerse a las circunstancias. Así que luego estaba determinado a correr riesgos que otros rechazarían. Creo que pensaba que no tenía nada que perder». En opinión de Mezan —basándose en sus años de experiencia—, había un claro vínculo entre la desmesura de patologías durante la infancia y los colosales éxitos protagonizados por algunos de esos niños ya en la vida adulta. El hecho de haber soportado tales traumas, y haber sobrevivido a ellos, tenía un efecto liberador. «Son personas capaces de romper el marco del mundo conocido; lo que se cree, lo que se asume, lo que es de sentido común, lo que es familiar, lo que todo el mundo da por sentado, tanto si hablamos del cáncer como de las leyes de la física. No están constreñidos por el marco. Tienen la capacidad de dar un paso afuera, porque no conocieron el marco común de la infancia. En su caso, estaba hecho pedazos».

semana o dos. Posteriormente las células supervivientes comenzaban a multiplicarse y el cáncer volvía a rugir.

«Uno de los especialistas en el centro clínico era Max Wintrobe», decía Freireich. «Era conocido en todo el mundo porque había escrito el primer manual sobre hematología, y también había redactado una reseña sobre el estado actual del tratamiento de la leucemia en niños. A mis estudiantes aún les sigo mencionando una cita suya. Dice así: "Estos medicamentos causan más daño que bien porque solo prolongan la agonía. Los pacientes terminan muriendo de cualquier modo. Los medicamentos les hacen empeorar, así que no deberían usarse". Estamos hablando de una autoridad a escala mundial».

Pese a todo, Frei, Freireich y un grupo de compañeros en el Roswell Park Memorial Institute de Búfalo, comandados por James Holland, estaban cada vez más convencidos de que la medicina ortodoxa había entendido las cosas al revés. Si los medicamentos no mataban el número suficiente de células, ¿no significaba eso que los niños necesitaban un tratamiento aún más agresivo en lugar de lo contrario? ¿Por qué no *combinar* el 6-MP y el metotrexato? Cada uno ataca las células cancerígenas de modo diferente. Eran un poco como la infantería y la marina. Tal vez las células que sobrevivían al 6-MP acabarían hincando la rodilla ante el metotrexato. ¿Y si se le añadía la prednisona a la mezcla? Podría actuar como una especie de fuerza aérea, arrojando sus bombas desde el aire mientras las otras medicinas atacaban desde tierra y mar.

Entonces Freireich dio con una cuarta sustancia, obtenida a partir de la hierba doncella. Se llamaba vincristina. Alguien de la farmacéutica Ely Lilly la había llevado al National Cancer Institute para que los investigadores la examinaran. Nadie sabía mucho sobre ella, pero Freireich tuvo una corazonada sobre su posible utilidad en la leucemia. «Tenía a veinticinco niños muriéndose. No tenía nada que ofrecerles. Mi pensamiento fue: "Voy a probar". ¿Por qué no? De todos modos van a morirse». La vincristina arrojó resultados prometedores. Freireich y Frei la probaron en niños que ya no respondían a las otras medicinas y la enfermedad remitió provisionalmente en varios casos. Frei y Freireich se dirigieron al comité supervisor de investigación del NCI y solicitaron permiso para probar los cuatro medicamentos juntos: la infantería, la marina, la aviación, y ahora también los marines.

Hoy es habitual que el cáncer se trate con «cócteles» de medicamentos, unos enrevesados combinados con dos, tres y hasta cuatro y cinco drogas simultáneas. Pero a comienzos de la década de 1960, eso era una absoluta novedad. Los medicamentos disponibles para combatir el cáncer en aquellos años se consideraban demasiado peligrosos. Incluso la vincristina, el preciado nuevo descubrimiento de Freireich, causaba auténtico pavor. Freireich conoció su peligrosidad del modo más duro. «¿Que si tenía efectos secundarios? Por supuesto. Causaba depresión severa, neuropatía. Los niños se quedaban paralizados. Cuando tomas una dosis tóxica, terminas entrando en coma. De los primeros catorce niños que tratamos, un par murió. Sus cerebros estaban achicharrados». Max Wintrobe pensaba que la postura más humana era renunciar por completo al empleo de medicamentos. Freireich y Frei querían usar *cuatro* diferentes, y a la vez. Frei compareció ante el comité asesor del NCI para obtener el visto bueno. No consiguió nada.

«Había un hematólogo veterano en el comité, un tal doctor Carl Moore, que había resultado ser un amigo de mi padre de San Luis», recordaba Frei años después. «Siempre lo había considerado amigo mío también. Pero mi exposición le pareció auténticamente atroz. Él no trabajaba con enfermedades pediátricas como la leucemia infantil, así que habló sobre la enfermedad de Hodgkin en adultos. Dijo que si uno tiene un paciente con la enfermedad de Hodgkin muy avanzada, entonces lo mejor es que el enfermo se vaya a Florida para disfrutar de lo que le resta de vida. Si los pacientes presentan un número de síntomas insoportable, se los trata con un poco de rayos X; o queda la opción de la mostaza de nitrógeno, pero siempre en las dosis mínimas posibles. Todo lo que sea más agresivo no es ético, y poner cuatro drogas a la vez es inmoral».

Frei y Freireich estaban desesperados. Acudieron a su jefe, Gordon Zubrod. Este ya se había curtido con Freireich en la polémica de las plaquetas. Había autorizado solo a regañadientes el experimento con la vincristina. Era el responsable de todo lo que ocurriera en la segunda planta. Si por algún motivo algo no resultaba bien, a él sería a quien llevarían a rastras hasta el comité del Congreso. ¿Pueden imaginarse la situación? Dos investigadores renegados están suministrando cócteles de drogas experimentales y altamente tóxicas a niños de cuatro y cinco años en un laboratorio del Gobierno. Zubrod tenía muchas reticencias. Pero Frei y Freireich insistieron. En realidad, Frei insistió; Freireich no es la clase de persona a quien se le pueda confiar una negociación delicada. Este admitía: «No habría hecho nada sin la ayuda de Tom. Frei es lo opuesto a mí. Es reflexivo y muy humano». Sí, las drogas eran venenos, argumentó Frei. Pero eran venenosas de maneras diferentes, lo cual significaba que si uno era cuidadoso con las dosis —y si uno era lo suficientemente enérgico al atajar los efectos secundarios—, los niños podrían mantenerse con vida. Zubrod cedió. «Era una locura», explicaba Freireich. «Pero también lo inteligente y lo correcto. Cuando pensaba sobre ello, sabía que funcionaría. Era como con las plaquetas. ¡Tenía que funcionar!».

El ensayo fue conocido como el régimen VAMP. Algunos de los clínicos adjuntos —los médicos jóvenes asistentes en la unidad— rehusaron tomar parte. Pensaban que Freireich estaba fuera de sus cabales. «Lo tenía que hacer todo yo», decía Freireich. «Tenía que encargar las drogas. Mezclarlas. También que inyectarlas. Hacía los recuentos sanguíneos. Tenía que medir las hemorragias. Vigilar la médula espinal. Contar las bajadas». En la primera ronda de pruebas participaron trece niños. La primera era una chica. Freireich le dio una dosis que resultó demasiado alta y estuvo a punto de morir. Durante cuatro horas, Freireich se sentó junto a ella. La mantuvo mediante antibióticos y respiradores. Se recobró, aunque murió más tarde cuando el cáncer reincidió. Pese a todo, Frei y Freireich estaban aprendiendo. Ajustaron como pudieron el protocolo y se lo aplicaron a la paciente número dos. Se llamaba Janice. Ella se recuperó. Lo mismo hizo el siguiente niño, y luego el siguiente. Era un comienzo.

El único problema era que el cáncer no desaparecía. Un puñado de células malignas seguía acechando. Frei y Freireich se dieron cuenta de que una sesión de quimioterapia no bastaba. Así que comenzaron con otra ronda. ¿Retornaría la enfermedad? Lo hizo. Tuvieron que intentarlo de nuevo. «Les aplicamos tres tratamientos», decía Freireich. «Doce de los trece pacientes recayeron. Entonces decidí que solo había una manera de hacerlo. Íbamos a seguir tratándolos todos los meses, durante un año»*.

«Si la gente antes pensaba que estaba loco, entonces pensaron que me había vuelto majareta», continuaba Freireich. «Había niños que parecían completamente normales, sin ningún signo de la enfermedad, que andaban y jugaban al fútbol, y yo los iba a meter de nuevo en el hospital para que volvieran a ponerse malos. Cero plaquetas. Cero glóbulos blancos. Hemorragia. Infección». El VAMP destruía el sistema inmunológico de los niños. Se quedaban sin defensas. Para los padres, era una angustia total. A fin de que sus hijos tuvieran una oportunidad de vivir, eso les decían, debían ser llevados, brutal y repetidamente, al borde de la muerte.

Freireich se zambulló de lleno en la tarea e invirtió todas sus fuerzas y toda su audacia en tratar de mantener a sus pacientes con vida. En aquellos días, cuando un paciente desarrollaba una fiebre, el médico tomaba un cultivo de sangre; una vez que recibía el resultado, el médico buscaba el antibiótico más adecuado para la infección. Los antibióticos nunca se administraban combinados.

---

* La idea de administrar series de sesiones de quimioterapia —incluso después de que el paciente pareciera libre del cáncer— la tuvieron M. C. Li y Roy Hertz, del National Cancer Institute, a finales de la década de 1950. Li atacó el tumor de corion —una rara clase de cáncer en el útero— aplicando ronda tras ronda de metotrexato hasta que finalmente consiguió erradicarlo del cuerpo de sus pacientes. Era la primera vez que un tumor sólido se curaba mediante la quimioterapia. Cuando Li propuso la idea al principio se le indicó que no siguiera adelante. La gente pensaba que se trataba de una barbaridad. Él insistió. Y entonces le despidieron... *¡a pesar de curar a sus pacientes!* DeVita afirma: «Ese era el clima que reinaba entonces. Recuerdo que hubo una sesión clínica, para discutir el tema del tumor de corion. Y el punto de debate era si se trataba de un caso de remisión espontánea. Nadie podía siquiera contemplar que el metotrexato hubiera vencido a la enfermedad». No hace falta decir que, todavía hoy, Freireich sigue hablando con admiración de Li. En una ocasión, durante una convención científica, un orador rebajó los méritos de Li y Freireich se levantó como un resorte para clamar bien alto en mitad de la ponencia: *«¡M. C. Li curó el tumor de corion!»*.

Solo se barajaba un segundo cuando el primero había dejado de actuar.

«Una de las primeras cosas que Jay nos dijo fue: "No se negocia"», recordaba DeVita. «Cuando esos niños tienen un pico de fiebre, hay que tratarlos inmediatamente, y el tratamiento es un combinado de antibióticos, porque si no se hace se morirán al cabo de tres horas». DeVita manejaba un antibiótico que le habían enseñado que no debía ser administrado en el líquido espinal bajo ningún concepto. «Freireich nos pedía que hiciéramos cosas que nos habían dicho que eran herejías».

«Fue objeto de tremendas críticas», continuaba DeVita. «Los clínicos adjuntos opinaban que lo que estaba haciendo era una completa chaladura. Él cargó con todo sobre sus hombros. Le llovían los insultos, especialmente de los tipos de Harvard. Se solían poner al fondo de la sala para interrumpir. Si él decía algo, ellos le replicaban: "Seguro que sí, Jay, y yo me voy volando a la Luna". Todo muy desagradable, y Jay estaba ahí todo el tiempo, encima de ti, mirando cada prueba de laboratorio, repasando cada gráfico. Ya podías rezar al cielo si dejabas de hacerle algo a uno de sus pacientes. Se ponía hecho una fiera. Hacía cosas y decía cosas que lo metían en problemas, o acudía a una reunión e insultaba a alguien, y entonces Frei tenía que interceder para poner un poco de paz. ¿Que si le importaba lo que la gente pensara de él? Tal vez. Pero no tanto como para dejar de hacer lo que él pensaba que era lo correcto»[*].

---

[*] Las anécdotas sobre Freireich son innumerables. Una vez se aventuró por la duodécima planta del centro clínico del NCI, que albergaba la unidad para adultos con leucemia mieloide crónica (LMC). En esa variante de leucemia, el paciente produce demasiados glóbulos blancos. Es como si su maquinaria para hacer células se hubiera puesto a trabajar a toda marcha. Los niños que Freireich trataba, por el contrario, sufrían de leucemia linfoblástica aguda: un tipo de cáncer que provoca una sobreproducción de glóbulos blancos defectuosos, y por eso los organismos quedan indefensos ante cualquier infección. Teniendo en cuenta todo eso, Freireich tomó muestras de sangre de los adultos con cáncer sanguíneo de la duodécima planta y la transfundió a los niños con cáncer sanguíneo de la segunda planta. «¿Que si se consideraba inusual extraerles glóbulos blancos a los pacientes con LMC? *Era una locura*», comenta Freireich, rememorando ese experimento. «Todos decían que era una locura. ¿Qué ocurriría si los niños terminaban con LMC también? ¿Y si eso los ponía aún más gra-

«¿Cómo lo consiguió Jay?», dijo DeVita para acabar. «No lo sé». Pero sí que lo sabemos, ¿no? Había pasado por cosas peores con anterioridad.

En 1965, Freireich y Frei publicaron «Progress and Perspectives in the Chemotherapy of Acute Leukemia» [Progreso y perspectivas en la quimioterapia de leucemias agudas] en *Advances in Chemotherapy,* donde anunciaban que habían desarrollado un tratamiento efectivo contra la leucemia infantil*. En la actualidad, el porcentaje de curación para esta forma de cáncer sobrepasa el 90 por ciento. El número de niños cuyas vidas han sido salvadas por los esfuerzos de Freireich y los investigadores que siguieron sus pasos asciende a muchos, muchos millares.

9

¿Significa esto que Freireich debería estar contento con la infancia que tuvo? La respuesta es un rotundo no. Ningún niño tendría que pasar nunca por las penalidades que él soportó. Con esa idea en mente, pregunté a todos los disléxicos a los que entrevisté por la cuestión que planteaba al comienzo del capítulo anterior: ¿Querría que sus hijos tuvieran dislexia? Todos me respondieron que no. Grazer se estremeció solo al contemplar tal posibilidad. Gary Cohn estaba espantado. David Boies tiene dos hijos disléxicos, y observarlos crecer en un contexto donde leer pronto y bien es absolutamente esencial para todo le ha causado un gran desconsuelo.

---

ves?», Freireich se encogía de hombros. «Estábamos en una situación en la que los niños tenían un cien por ciento de probabilidades de morir al cabo de unos meses. No teníamos nada que perder».

* He simplificado esta historia sobre la leucemia. En *El emperador de todos los males* de Mukherjee pueden encontrar una versión más completa. Una vez Freireich y Frei demostraron sus avances en la lucha contra la leucemia mediante dosis hasta entonces desconocidas de medicamentos de quimioterapia, el oncólogo Donald Pinkel tomó el relevo y llevó esa lógica más lejos. Fue el grupo de Pinkel en el St. Jude's Children's Research Hospital de Memphis el que fundó la «terapia total», que podría definirse básicamente como el VAMP elevado al cuadrado. En la actualidad, los tratamientos tan enormemente exitosos contra la leucemia son en esencia la versión sobrealimentada del régimen VAMP creada por Pinkel.

Estamos hablando de uno de los principales productores de Hollywood, de uno de los banqueros más poderosos de Wall Street y de uno de los mejores abogados penalistas de todo el país: de personas que han reconocido el papel crucial que ha desempeñado la dislexia en sus éxitos. Sin embargo, también conocieron de primera mano el precio de ese éxito y no podían desearles a sus hijos tener que pasar por lo mismo.

Pero la cuestión de lo que querríamos o no para nuestros hijos está mal enfocada, ¿no es así? La pregunta pertinente es si como sociedad *necesitamos* gente que se haya sobrepuesto a alguna clase de trauma, y la respuesta es que por supuesto que sí. No se trata de una idea muy agradable que considerar. Por cada «salvado por mucho» que sale fortalecido, hay un sinfín de «salvados por poco» que acaban aplastados por esas vivencias. Existen momentos y lugares, sin embargo, en los que todos nosotros dependemos de personas curtidas por sus experiencias[*]. Freireich tuvo el valor de pensar lo impensable. Hizo experimentos en niños. Los sometió a dolores que ningún ser humano tendría que experimentar nunca. Y en un grado nada desdeñable acometió todo esto porque, a raíz de su penosa infancia, pensaba que es posible escapar de los peores infiernos para surgir sanado y restablecido. La leucemia era un impacto directo. Y él lo transformó en un salvamento «por mucho».

En un momento dado, en mitad de su lucha, Freireich se dio cuenta de que el método estándar para hacer el seguimiento del cáncer infantil —tomar una muestra de sangre y contar el número de células cancerígenas bajo el microscopio— no bastaba. La

---

[*] En sus memorias *El estado de la SS*, Eugen Kogon escribe sobre lo que ocurría en el campo de concentración alemán de Buchenwald cada vez que los nazis les pedían a los líderes del campo que eligieran entre los suyos a los «socialmente no aptos» para conducirlos a las cámaras de gas. No plegarse equivalía al desastre; los nazis entregarían entonces el liderazgo de los prisioneros a los «verdes», la porción de criminales sádicos recluidos en Buchenwald junto a los judíos y los prisioneros políticos. «Bajo ningún concepto», escribe Kogon, podía pedírsele a alguien «puro de corazón» tomar una decisión así. A veces la supervivencia humana demanda que causemos daño para evitar un mal mayor, y como expresa Kogon, «cuanto más tierna es la conciencia de uno, más difícil resulta tomar semejantes decisiones».

sangre inducía a error. La sangre de un niño podía parecer libre del cáncer. Pero la enfermedad quizá estaba acechando en la médula espinal; y por eso había que emprender el doloroso proceso de reunir muestras de la médula espinal —una vez tras otra, mes tras mes—, hasta que uno tuviera la certeza de que el cáncer había desaparecido. Max Wintrobe se enteró de los empeños de Freireich e intentó frenarlo. Freireich torturaba a los pacientes, declaró Wintrobe. No se equivocaba. La suya era una respuesta fruto de la empatía. Pero también era la respuesta que cercenaba las posibilidades de una cura futura.

«Solíamos extraer las muestras de médula agarrándoles las piernas así», me contó Freireich. Entonces extendió sus gigantescas manos como si rodearan el frágil fémur de un niño. «Les metíamos la aguja sin anestesia. ¿Por qué sin anestesia? Porque gritaban igual cuando se les ponía una inyección con anestesia. Se trata de una aguja de calibre 18 o 19, que va directa a la tibia, justo por debajo de la rodilla. Los niños se volvían histéricos. Los padres y las enfermeras eran los encargados de reducir al niño. Hacíamos eso en cada ciclo. Necesitábamos saber si la médula se había recobrado».

Al pronunciar las palabras «agarrándoles las piernas así», una mueca involuntaria recorrió el rostro de Freireich, como si por un instante se hubiera puesto en la piel del niño en cuya tibia se clavaba una aguja del calibre 18, como si la irrupción de ese dolor le forzara a realizar una pausa. Pero, tan pronto como apareció, el gesto se esfumó.

10

Mientras se formaba como médico, Jay Freireich conoció a una enfermera llamada Haroldine Cunningham. Él le pidió una cita. Ella le rechazó. «Esos médicos jóvenes eran bastante impetuosos. Él tenía fama de no tener pelos en la lengua. Me llamó un par de veces, pero yo no fui». Sin embargo, un fin de semana, Cunningham fue a visitar a una tía a un barrio en las afueras de Chicago... y el teléfono sonó. Era Freireich. Había tomado el tren desde Chicago y llamaba desde la estación. «Me dijo: "Estoy aquí". Era muy persistente», recuerda. Esto sucedió a comienzos de la década de 1950. Su matrimonio dura hasta hoy.

La esposa de Freireich es tan pequeña como él enorme, pero, a pesar de su talla, se ve que cuenta con un gran caudal de energía. «Veo al hombre. Veo sus necesidades», decía. Él volvía del hospital por la noche, dejando atrás la sangre y el sufrimiento, y ella estaba allí. «Es la primera persona que me ha querido en toda mi vida», zanjaba Freireich. «Es mi ángel de los cielos. Me encontró. Creo que detectó algo en mí que necesitaba fomentarse. Delego en ella para todas las cosas. Por ella sigo adelante todos los días».

Haroldine creció en la pobreza también. Su familia ocupaba un piso diminuto en las afueras de Chicago. Cuando tenía doce años, forcejeó con la puerta del baño; no había manera de abrirla. «Mi madre se había cerrado con llave», contaba. «Llamé al vecino de abajo, que era el casero. Abrió la ventana y consiguió entrar. Llamamos al hospital. Murió allí. Cuando tienes doce o trece años, no entiendes bien lo que está pasando, pero yo sabía que ella era infeliz. Mi padre se había marchado, por supuesto. No era un padre modelo precisamente».

Estaba sentada en la silla del despacho de su marido; una mujer que había esculpido una isla de calma en mitad de las turbulencias de la vida de su pareja.

«Por supuesto, hay que saber que el amor no salva siempre a las personas que quieres salvar. Alguien me preguntó en una ocasión: "¿No estabas furiosa con ella?". Y le respondí que no, que no lo estaba, porque entendía su aflicción.

»Hay cosas que te levantan o que te derriban. Jay y yo tenemos eso en común».

Capítulo 6
Wyatt Walker

«El conejo es el más escurridizo de todos los animales
que el Señor haya creado»

1

La fotografía más famosa en la historia del movimiento por los derechos civiles en Estados Unidos se tomó el 3 de mayo de 1963. Su autor fue Bill Hudson, un fotógrafo que trabajaba para Associated Press. Hudson se encontraba en Birmingham (Alabama), donde los activistas de Martin Luther King Jr. desafiaban la racista política sobre seguridad pública del comisario Eugene «Bull» Connor. La imagen mostraba a un adolescente siendo atacado por un perro policía. La foto no ha perdido un ápice de su capacidad para impactar hoy.

Hudson le entregó el rollo de película de ese día a su redactor, Jim Laxon. Este miró por encima las fotos de Hudson hasta que se topó con el chico que parecía apoyarse contra el perro. Le magnetizó, según contó después, «la calma angelical de ese joven en las fauces rabiosas del pastor alemán». Hacía diecisiete años que ninguna fotografía le producía una reacción así, desde que publicó la imagen, galardonada con el premio Pulitzer, en la que una mujer saltaba desde la ventana de un piso alto en un hotel en llamas de Atlanta.

Laxon seleccionó la fotografía y la distribuyó por cable. Al día siguiente, el *New York Times* la publicó en su portada del ejemplar del sábado, ocupando la mitad de la página y sobre tres columnas, y lo mismo hicieron prácticamente todos los periódicos de importancia en el país. El presidente Kennedy vio la fotografía y quedó sobrecogido. El secretario de Estado, Dean Rusk, pensó con inquietud que la imagen «avergonzaría a nuestros amigos en el extranjero y alborozaría a nuestros enemigos». La foto fue objeto de debate en el Congreso y en innumerables salones y aulas. Durante un tiempo, pareció que no hubiera otro tema posible en las conversaciones de los estadounidenses. Era una imagen que, como expresó un periodista, «ardería para siempre [...] ese muchacho delgado y bien vestido que parecía apoyarse contra el perro, con los brazos laxos colgando a los lados y una mirada al frente franca y calmada como si dijera: "Tómame, aquí estoy"». Martin Luther King y su ejército de activistas por los derechos civiles llevaban años luchando contra la maraña de leyes y políticas racistas que cubrían el sur de Estados Unidos; unas normas que hacían a los negros muy arduo o imposible encontrar un trabajo, votar, recibir una educación como es debido o incluso usar la misma fuente que una persona blanca. De pronto, la corriente cambió. Un año después, el Congreso de Estados Unidos aprobaba la decisoria Ley de Derechos Civiles de 1964, una de las partidas legislativas más importantes en la historia de la nación. La Ley de Derechos Civiles, como se ha repetido en numerosas ocasiones, «se redactó en Birmingham».

2

En 1963, cuando Martin Luther King llegó a Birmingham, su movimiento atravesaba una fase crítica. El pastor venía de pasar nueve meses organizando las protestas contra la segregación en Albany (Georgia), a más de trescientos kilómetros al sur, y había abandonado el lugar debilitado, sin ninguna concesión de relevancia en su haber. Hasta ese momento, la mayor victoria del movimiento por los derechos civiles había sido el fallo del Tribunal Supremo en el famoso litigio Brown contra el Consejo de Educación de 1954, que declaraba inconstitucional la segregación en las escuelas públicas. Sin embargo, había transcurrido casi una década y las escuelas públicas del sur profundo seguían divididas por razas como siempre. En la década de 1940 y a comienzos de la de 1950, la mayoría de los estados sureños habían estado gobernados por políticos relativamente moderados, que al menos habían mostrado cierta disposición a reconocer la dignidad de la población negra. En esos años, Alabama había tenido un gobernador llamado «Big Jim» Folsom, al que le gustaba afirmar que «todos los hombres son iguales». Pero a comienzos de los años sesenta, los moderados habían desaparecido de la escena. Los edificios de la legislatura estatal se hallaban bajo el control de los segregacionistas de línea dura. El sur parecía estar retrocediendo.

¿Y Birmingham? Era la ciudad más fracturada racialmente de Estados Unidos. Se la conocía como la «Johannesburgo del Sur». En una ocasión, un autobús lleno de activistas por los derechos civiles fue asaltado de camino a Birmingham por los hombres del Klan, y la policía local se limitó a mirar mientras los supremacistas sacaban a la fuerza a los activistas y procedían a prender fuego al vehículo. Si alguna persona negra intentaba mudarse a un barrio de gente blanca, la representación local del Ku Klux Klan dinamitaba sus casas con tal frecuencia que la ciudad comenzó a ser conocida también como «Bombingham». Escribe Diane McWhorter en *Carry Me Home:* «En Birmingham, se daba por hecho que el modo más eficiente de sofocar una oleada de crímenes —robos con allanamiento, violaciones, etcétera— era salir y disparar a unos cuantos sospechosos ("Las cosas se están descontrolando.

Uno sabe lo que tiene que hacer", habría dicho un teniente [de la policía])».

Eugene «Bull» Connor, el comisario encargado de la seguridad pública en la ciudad, era un hombre bajo y achaparrado, con unas orejas enormes y una «voz de rana mugidora». Alcanzó la notoriedad en 1938, durante una conferencia política con delegados de las poblaciones blanca y negra celebrada en el centro de Birmingham. Connor ató una larga cuerda a una estaca clavada en el césped fuera del auditorio y luego la arrastró por el centro del pasillo mientras recalcaba que, de acuerdo con las ordenanzas de la ciudad sobre segregación, los negros tenían que mantenerse a un lado de la cuerda, y los blancos al otro. Entre los asistentes a esa reunión figuraba Eleanor Roosevelt, la mujer del presidente. Estaba sentada en el lado «equivocado» y la gente de Connor tuvo que obligarla a trasladarse a la parte de los blancos. (Imaginen a alguien intentando hacer lo mismo con Michelle Obama)*. A Connor le gustaba pasar las mañanas en el céntrico Molton Hotel tomando chupitos del *bourbon* Old Grand-Dad, con un 50 por ciento de alcohol, mientras decía cosas como que un judío es «solo un negro puesto del revés». La gente acostumbraba a contar chistes sobre Birmingham; chistes que muchas veces perdían toda la gracia por el camino: un hombre negro de Chicago despierta una mañana y le cuenta a su mujer que Jesús se le ha aparecido en sueños y le ha dicho que se acerque a Birmingham. Ella reacciona horrorizada: «¿Te dijo Jesús que iría contigo?». El marido replica: «Me dijo que se apearía en Memphis».

A su llegada a Birmingham, King convocó a su equipo organizativo. «Tengo que contaros que, a mi juicio, algunas de las personas que están sentadas aquí no volverán de esta campaña con vida». Luego recorrió la habitación mientras le dedicaba a todo el mundo un panegírico adelantado. Uno de los ayudantes de King admitiría más tarde que lo último que quería era ir a Bir-

---

* En la biografía de Connor escrita por William Nunnelley, titulada *Bull Connor,* el autor localiza la relevante sección del código local de Birmingham, la 369, según la cual se prohibía atender «a personas blancas y negras» en la misma sala a no ser que hubiera una partición de más de dos metros de alto y entradas separadas.

mingham: «Cuando besé a mi mujer y a mis hijos para decirles adiós en Carol Road, en Atlanta, creí que nunca volvería a verlos».

Los adversarios de King le sobrepasaban con sus armas y con las ventajas de su dominio. El pastor parecía partir de una posición de increíble debilidad. Tenía, no obstante, una baza, de la misma cualidad paradójica que la dislexia de David Boies o la dolorosa infancia de Jay Freireich. Pertenecía a una comunidad que *siempre* había llevado las de perder. Para cuando la cruzada por los derechos civiles alcanzó Birmingham, la comunidad afroamericana llevaba unos cuantos siglos aprendiendo a vivir con todas las desventajas y sin armas. En el trayecto, habían aprendido unas cuantas cosas sobre cómo luchar contra gigantes.

3

En el núcleo de muchas culturas oprimidas de todo el mundo aparece la figura del «héroe engañador». Tanto en leyendas como en canciones, adopta la forma de un animal aparentemente inocuo que triunfa sobre otros mucho mayores que él gracias a su maña y astucia. En las Antillas, los esclavos se trajeron consigo los relatos sobre la taimada araña Anansi*. Entre los esclavos de Norteamérica, el pillo era muy a menudo el Brer Rabbit**, un conejo con la cola muy corta. «El conejo es el más escurridizo de todos los animales que el Señor haya creado», contaba un antiguo

---

* Mi madre, nativa de las Antillas, conoció de niña los cuentos sobre la araña Anansi y nos los contó a mis hermanos y a mí cuando éramos pequeños. Anansi es una bribona que no le hace ascos al engaño, e incluso llega a sacrificar a sus propios hijos (siempre tiene un montón de ellos) para conseguir sus fines. Mi madre es toda una dama jamaicana, pero, cuando se sumerge en las fantasías de Anansi, se transforma en una diablilla.

** En *Black Culture and Black Consciousness: Afro-American Folk Thought from Slavery to Freedom* [Cultura y conciencia negras: el pensamiento folclórico afroamericano desde la esclavitud hasta la libertad], Lawrence Levine escribe: «El conejo, como los esclavos que tejían los relatos sobre él, se veía forzado a hacer las cosas que hacía. Tenía que apañárselas con su cola corta y el intelecto que la naturaleza le había dado, y para sacar partido a sus facultades debía recurrir a todos los medios a su disposición; medios que tal vez mancillarían su reputación, pero que le permitían sobrevivir y hasta vencer».

esclavo durante una entrevista mantenida con folcloristas hace un siglo:

> No es ni el más grande de tamaño, ni el que mete más escándalo, pero sin duda es el más escurridizo. Si se mete en apuros, se escabulle poniendo a otro en su puesto. Una vez que se cayó en un pozo muy hondo, ¿cree que se puso a berrear y a gemir? Nada de eso, no señor. Resopló para silbar muy alto y muy fuerte, y a la vez cantaba, y así cuando el lobo pasó por allí y lo oyó asomó la cabeza y el conejo le dijo: «Aparta de ahí enseguida. No hay sitio aquí para dos. Allí arriba os estáis asando de calor mientras que aquí yo estoy bien fresquito. Ni se te ocurra brincar al cubo para bajar hasta aquí». Con eso el lobo se quedó mosca y no tardó en saltar dentro del cubo; y mientras bajaba, el conejo aprovechó para subir, y cuando se cruzaron el conejo rio y dijo: «Así es la vida, unas cosas suben y otras bajan».

En la historia más famosa de Brer Rabbit, el zorro Brer Fox atrapa al conejo confeccionando una muñeca de alquitrán. Rabbit intenta agenciarse el muñeco y se queda pegado, y cuanto más intenta liberarse del alquitrán, más enredado se queda. «No me importa lo que me hagas, Brer Fox», ruega el conejo a un zorro que ya se relame, «pero no me arrojes a ese zarzal». Por supuesto, Brer Fox hace justamente eso, y el conejo, que nació y creció en un zarzal igual, emplea las espinas para sacarse de encima la muñeca y escapa. El zorro termina burlado. Y el conejo se sienta con las piernas cruzadas en un tronco cercano, quitándose triunfalmente «las manchas de su piel con una astilla».

Los cuentos sobre pillos y embaucadores eran fantasías a través de las cuales los esclavos soñaban con el día en que se impondrían a sus amos blancos. Pero como escribe el historiador Lawrence Levine, también había «historias dolorosamente realistas que aleccionaban sobre el arte de sobrevivir y hasta de vencer en un entorno hostil». Los afroamericanos se hallaban muy por debajo en número y fuerzas, y la moraleja inserta en las historias de Brer Rabbit era que el débil podía batirse incluso en la contienda más desigual si tenía la voluntad de emplear el ingenio. Brer Rabbit *comprendía* a Brer Fox mejor de lo que el zorro se comprendía a sí mismo. Sabía que su adversario era tan malintencionado que no podría resistirse a darle el castigo que tan desesperadamente Rabbit parecía querer evitar. Y también *burlaba* al zorro cuando adivinaba que este no podría consentir que un animal más pequeño y vulgar que él pudiera divertirse así. Levine asegura que durante su larga persecución, los afroamericanos se aprendieron de memoria estas lecciones de los embaucadores:

> Los documentos del siglo XIX que han dejado los comentaristas sobre la esclavitud y los propios amos indican que un número significativo de esclavos mentían, engañaban, robaban, fingían enfermedades, holgazaneaban y pretendían no entender las órdenes que les daban; también ponían piedras en el fondo de sus canastos de algodón con el objetivo de cumplir con su cupo, rompían sus herramientas, quemaban las propiedades del amo, se mutilaban para huir del trabajo y cuidaban con negligencia los cultivos; incluso maltrataban al ganado hasta tal punto que los amos a menudo veían necesario emplear a las menos eficientes mulas en lugar de a los caballos debido a que las primeras soportaban mejor el brutal trato que les propinaban los esclavos.

Los disléxicos compensan su discapacidad desarrollando otras destrezas que —algunas veces— se revelan como destacadas ventajas. Un bombardeo o quedar huérfano pueden ser experiencias de salvamento «por poco», con consecuencias tal vez devastadoras. Si son salvamentos «por mucho», uno puede salir fortalecido. Estas son las oportunidades de David: las ocasiones en las que las dificultades, paradójicamente, resultan deseables. La lección de las historias de pillos y embaucadores remite a la tercera dificultad deseable: la inesperada libertad que trae no tener nada que perder. El pillo consigue romper las reglas.

El director ejecutivo de la Southern Christian Leadership Conference, la organización liderada por King, se llamaba Wyatt Walker. Había estado desde el comienzo en Birmingham, guiando sobre el terreno al escaso ejército de King enfrentado a las fuerzas del racismo y la reacción. Ni King ni Walker se hacían falsas ilusiones sobre que pudieran luchar contra el racismo del modo convencional. No podían derrotar a Bull Connor en las urnas, ni en las calles, ni tampoco en los tribunales. No tenían la fuerza necesaria para un intercambio de golpes. Lo que sí podían hacer, sin embargo, era jugar como Brer Rabbit y hacer que Connor los arrojara al zarzal.

«Wyatt», le dijo King, «tienes que conseguir la manera de crear una crisis, para que Bull Connor deje ver sus intenciones».

Eso fue exactamente lo que hizo Walker. Y la crisis creada por Wyatt fue la fotografía de un adolescente atacado por un perro policía, que parecía apoyarse contra el animal, con los brazos laxos como si dijera: «Tómame, aquí estoy».

4

Wyatt Walker era un pastor baptista originario de Massachusetts. Se enroló en las huestes de Martin Luther King en 1960. Era una pieza «básica» en el engranaje de King, en parte organizador y en parte componedor. Cumplía con la imagen del diablillo: delgado, elegante e intelectual, con un bigote de tiralíneas y un sentido del humor chistoso. Todos los miércoles por la tarde se reservaba un rato para hacer una ronda de golf. Para él, las mujeres eran siempre un «encanto», como en «No cuesta llevarse bien conmigo, encanto. Me conformo solo con la perfección». De joven se unió a la Young Communist League porque —como solía decir siempre, guiñando a conciencia un ojo— era uno de los pocos modos en que un hombre negro podía conocer a mujeres blancas. «En la universidad», escribe el historiador Taylor Branch, «se consiguió unas gafas de montura oscura que le daban a su cara el semblante de un taciturno trotskista»[*]. En una ocasión, mientras predica-

---

[*] El historiador Taylor Branch escribe: «Walker era todo ímpetu. Durante la década de 1940, cuando estudiaba en un instituto de Nueva Jersey, oyó decir a Paul Robeson que si estar a favor de la libertad y la igualdad equivalía a ser rojo, entonces él era rojo. Walker no tardó en unirse a la Young Communist League. Uno de sus trabajos en la secundaria consistió en un plan quinquenal al modo soviético para la economía de Estados Unidos, y soñaba con llevar a cabo asesinatos técnicamente impecables de los líderes segregacionistas».

ba en Petersburg, un pequeño pueblo de Virginia, se presentó en la biblioteca pública de la localidad —solo para blancos— seguido por su familia y una pequeña comitiva, buscando ser arrestado por quebrantar las leyes segregacionistas del municipio. ¿Qué libro hojeó antes de ondearlo delante de los fotógrafos y reporteros presentes? Una biografía de Robert E. Lee, el gran héroe del sur blanco y el general de la Guerra Civil que guio al ejército confederado en su lucha por preservar la esclavitud. Típico de Wyatt Walker. Al pastor no le importunó lo más mínimo que lo enviaran a la cárcel por infringir las leyes segregacionistas de Petersburg: antes le había restregado por las narices a esa localidad todas sus contradicciones.

En Birmingham, King, Walker y Fred Shuttlesworth formaron un triunvirato. Shuttlesworth era la cara visible desde hacía tiempo en la lucha por los derechos civiles en Birmingham, el predicador local al que el Klan se veía incapaz de liquidar. King era el profeta, cortés y carismático. Walker permanecía en las sombras. No permitía que lo fotografiaran junto a King. Incluso en Birmingham, mucha gente del círculo de Bull Connor desconocía por completo cuál era su apariencia. King y Shuttlesworth estaban dotados de una serenidad particular. No era así en el caso de Walker. «Si te interpones en mi camino, te arreo una buena para que te apartes», era como describía Walker su estrategia de gestión. «No tengo tiempo para el "buenos días, buenas tardes; cómo se siente". Tenemos entre manos una revolución».

En otra ocasión, en Birmingham, mientras King daba un discurso, un hombre blanco de unos ciento veinte kilos de peso embistió contra el estrado y comenzó a golpear a King con los puños. Los ayudantes del reverendo se precipitaron para defenderlo, y McWhorter escribe:

> Se quedaron estupefactos al ver que King se convertía en el protector de su atacante. Él le tendió solícito la mano, y entonces el auditorio comenzó a entonar canciones del Movimiento. Mientras tanto, King le explicaba que su causa era justa, que la violencia menoscababa al que la practicaba y que «nosotros vamos a ganar». Posteriormente, King presentó a ese hombre a las personas reuni-

das, como si se hubiera tratado de un invitado sorpresa. Roy James, un oriundo de Nueva York de veinticuatro años que vivía en una residencia del partido nazi de Estados Unidos en Arlington (Virginia), no pudo contener las lágrimas cuando King le abrazó.

King era un absolutista moral, que no se apartaba un milímetro de sus principios ni cuando le atacaban. A Walker le gustaba calificarse de pragmático. Una vez, mientras esperaba frente a unos juzgados en Carolina del Norte, le atacó una «montaña humana» —más de dos metros, ciento cincuenta kilos de peso—. Walker no abrazó a su agresor. En la entrada de los juzgados, se levantó y arremetió contra él, y cada vez que los puñetazos del gigante mandaban a Walker escalones abajo, este se sacudía el polvo y volvía a por más. La tercera vez, recordaba Walker tiempo después, «me alcanzó de lleno y casi me dejó sin sentido. Fui a por él por cuarta vez. En ese punto, la verdad, si hubiera tenido mi navaja lo habría rajado».

En una noche para el recuerdo, cuando los tres —Walker, King y Shuttlesworth— se disponían a predicar delante de mil quinientas personas en la First Baptist Church de Montgomery, la iglesia fue rodeada por una turba enfurecida de personas blancas que amenazaron con prender fuego al edificio. King, fiel a su forma de ser, tomó el camino elevado: «La única manera de salvar a las personas que están arriba», les dijo a los demás, «es si nosotros los líderes nos entregamos a la turba». Shuttlesworth, imperturbable como siempre, se mostró de acuerdo: «Sí, muy bien, si es lo que tenemos que hacer, hagámoslo». ¿Y Walker? Le lanzó una mirada a King y se dijo para sí mismo: «Este hombre no está en sus cabales»*. (En el último momento, los federales llegaron y dispersaron a la muchedumbre). Más tarde, Walker suscribiría la lucha pacífica. Pero siempre tuvo la impresión de que poner la otra mejilla no era algo que surgiera naturalmente.

«Había momentos en que acomodaba o alteraba mi moral en aras de llevar las cosas a efecto, porque era el tipo encargado de

---

* Walker seguía diciendo: «Nos íbamos a entregar a la turba con la idea de que eso los apaciguaría. Dejándoles que nos mataran a palos, supongo».

traer resultados», dijo una vez. «Lo hacía conscientemente; no tenía otra elección. No estaba tratando con una cuestión moral cuando me las veía con Bull Connor». A Walker le encantaba hacerle jugarretas a Connor. «He llegado a Birmingham para montar al toro [Bull]», anunció con un centelleo en los ojos a su llegada. A veces remedaba el acento arrastrado sureño y telefoneaba a la policía local para quejarse sobre «esos negros» que se encaminaban a alguna protesta, jugando con los agentes al gato y el ratón. Otras veces comandaba una marcha que no era tal, en la que no hacía más que dar vueltas, a través de vestíbulos de oficinas y callejones, hasta que la policía acababa tirándose de los pelos. «Oh, señor, fue una época fantástica para estar vivo», dijo, recordando las tretas que protagonizó en Birmingham. Walker no era tan ingenuo como para informar a King de todo lo que hacía. King no habría dado su aprobación. Walker se guardaba sus jugarretas para sí mismo.

«Pienso que los negros como yo hemos desarrollado casi un catálogo mental del tono de voces con que un blanco nos dirige la palabra», le contó Walker al poeta Robert Penn Warren en una larga entrevista, justo después de terminada la campaña de Birmingham. «Todo lo que dice una persona blanca es interpretable por los matices en su tono de voz; o tal vez por la inclinación de la cabeza; o por la profundidad del tono; o por la agudeza de la lengua; ya sabe, aspectos que en un marco de referencia étnico normal y corriente no dirían nada, adquieren significados enormes, profundos y agudos».

A continuación, Warren sacó a colación los cuentos folclóricos de pillos y embaucadores de la tradición afroamericana. Uno casi puede ver una sonrisa ladina surcando su cara: «Sí», contestó, encontraba un «alborozo total» en la burla del «amo»; cuando se le dice «algo que tú sabías que él quería oír, pero queriendo decir otra cosa».

La gente llamaba a Martin Luther King «señor líder» o, en los instantes más ligeros, «don». Walker era Brer Rabbit.

5

El plan que Walker diseñó para Birmingham fue bautizado Project C, por «confrontación». El campo de operaciones se fijó en la venerable 16th Street Baptist Church de la ciudad, próxima al Kelly Ingram Park y a escasas manzanas del centro de Birmingham. El Project C se compuso de tres actos, cada uno concebido para ser mayor y más provocador que el precedente. Empezó con una serie de sentadas en negocios de la localidad. La intención era atraer la atención de los medios hacia el problema de la segregación en Birmingham. Por la noche, Shuttlesworth y King dirigían reuniones multitudinarias para que la comunidad negra local mantuviera la moral alta. El segundo acto fue un boicot a los negocios de la localidad, algo que ejerció una presión económica sobre esos establecimientos de la comunidad blanca, que tuvieron que reconsiderar sus actitudes hacia sus clientes negros. (Por ejemplo, en los grandes almacenes, la población negra no podía usar los baños ni los probadores, por temor a que una superficie o un artículo de ropa que hubiera tocado una persona negra pudiera contactar con una persona blanca). El tercer acto consistió en una serie de marchas multitudinarias que apoyaban el boicot. Se pretendía que los arrestados abarrotaran las cárceles y, de este modo, cuando Connor se quedara sin celdas libres, tendría que buscar otro medio para solucionar el problema de los derechos civiles que no fuera encarcelar a todos los manifestantes. Se vería obligado a tratar con ellos directamente.

El Project C fue una operación de alto riesgo. Para que funcionara, Connor tenía que devolver los golpes. Como expuso King, había que inducir a Connor a que «descubriera su mano», y así su cara más fea quedaría en evidencia ante el mundo. Pero no había ninguna garantía sobre cuáles serían sus movimientos. King y Walker acababan de terminar su larga campaña en Albany (Georgia), donde habían cosechado un sonoro fracaso porque el jefe de policía de la localidad, Laurie Pritchett, no había accedido a morder el anzuelo. Había ordenado a sus hombres que no emplearan la violencia ni una fuerza excesiva. Se había comportado de una manera amistosa y educada. Y, aunque su visión de los derechos civiles podía estar anquilosada, había tratado a King con respeto. La prensa del norte que había acudido a Albany para cubrir la confrontación entre blancos y negros se topó para su sorpresa con un hombre como Pritchett, que casi se hacía querer. Cuando King terminó tras las rejas, un hombre misterioso y de cuidado atuendo —un enviado, según cuenta la leyenda, del propio Pritchett— apareció al día siguiente para pagar su fianza. ¿Cómo vas a ser un mártir si alguien paga tu fianza casi al segundo de entrar en prisión?

En un momento dado, Pritchett se trasladó a un motel del centro para que pudieran avisarle en cuanto hubiera cualquier estallido violento. En mitad de una larga sesión negociadora con King, Pritchett recibió un telegrama de manos de su secretaria. Y tal como lo recordaba el propio Pritchett años después:

> Debí de mostrarme algo consternado, porque el doctor King me preguntó si se trataba de malas noticias. Yo le respondí: «No, no son malas noticias, doctor King. Lo único que sucede es que hoy se cumple mi duodécimo aniversario de boda, y mi esposa me ha enviado este telegrama». Entonces él me dijo, y es algo que nunca olvidaré por la comprensión que me mostró: «¿Entonces justo hoy es su aniversario?». «Así es. Llevo al menos tres semanas sin pasar por casa», le contesté. Y él me dijo: «En tal caso, comisario Pritchett, vaya a su casa esta noche, no, mejor, ahora mismo. Celebre su aniversario. Le doy mi palabra de que nada va a suceder en Albany, Georgia, hasta mañana, así que ya puede irse, lleve a su esposa a cenar fuera, haga lo que les apetezca, y mañana, a las diez de la mañana, retomaremos nuestros esfuerzos».

Pritchett no arrojó a King al zarzal. No hubo manera de conseguir eso. Poco después, King hizo las maletas y abandonó la localidad*.

---

* Pritchett llegó a acudir a Birmingham para advertir a Bull Connor sobre King y Walker. Quería enseñarle cómo manejar a los pillos de los derechos civiles. Pero Connor no era proclive a escuchar. Así lo recuerda el propio Pritchett: «Nunca olvidaré la vez que entramos en su oficina, nos daba la espalda [...] en una gran butaca de ejecutivo, ya sabe, y cuando se dio la vuelta, apareció este hombre pequeño, ¿eh? Pequeño en estatura. Pero tenía una voz retumbante y me empezó a contar que habían

Walker se daba cuenta de que otro traspié en Birmingham, estando tan cercana la debacle de Albany, podría tener efectos desastrosos. En aquellos años, los boletines nocturnos de televisión tenían una audiencia descomunal, y Walker quería desesperadamente que el Project C ocupara las pantallas de los estadounidenses todas las noches. Por otro lado, también sabía que, si cundía la sensación de que la campaña flaqueaba, los medios de comunicación perderían el interés y se dirigirían a otra parte.

«Como principio general, Walker estableció que había que subir la tensión», escribe Taylor Branch. «Si se mostraban fuertes, el apoyo exterior crecería más allá de lo proporcional. Una vez iniciadas las escaramuzas, sin embargo, no se podía retroceder [...] Bajo ningún concepto, declaró Walker, la campaña en Birmingham podía quedar en menos que la de Albany. Eso significaba que tenían que estar preparados para meter a más de mil personas en la cárcel de golpe, o incluso a más».

Al cabo de unas cuantas semanas, Walker observó que su campaña comenzaba a perder ese preciado impulso. A muchas personas negras de Birmingham les preocupaba —justificadamente— que, si las veían al lado de King, sus jefes blancos las despidieran de sus trabajos. En abril, uno de los ayudantes de King habló delante de setecientas personas durante un oficio religioso y solo convenció a nueve para que salieran a manifestarse con él. Al día siguiente, Andrew Young, otro de los hombres de King, lo intentó de nuevo y, en este caso, el número de voluntarios bajó hasta siete. El periódico conservador para lectores negros calificó el Project C de «costoso y sin valor». Los reporteros y fotógrafos congregados allí para recoger el espectáculo de la confrontación entre blancos y negros comenzaron a impacientarse. Connor practicaba de tanto en tanto algún arresto, pero sobre todo se limitaba a aguardar y vigilar. Walker permanecía en contacto constante con King, mientras este se movía entre Birmingham y su cuartel en su casa de Atlanta. «Wyatt, tienes que conseguir de algún modo que Bull

---

cerrado el campo ese día [...] dijo: "Ahora pueden jugar al golf, pero hemos puesto cemento en los hoyos. No pueden meter las pelotas dentro". Y eso me dio alguna indicación sobre el tipo de persona que era».

Connor desvele sus intenciones», le dijo King por enésima vez. Walker negó con la cabeza: «Señor líder, no he encontrado la llave todavía, pero la encontraré».

El punto de inflexión llegó el Domingo de Ramos. Walker tenía listos para marchar a veintidós manifestantes. Encabezaría la protesta el hermano de King, Alfred Daniel, conocido como A. D. Recordaba Walker: «Nuestra manifestación iba poco a poco tomando forma. Estaba previsto que partiéramos sobre las dos y media, pero no comenzamos hasta las cuatro. Para esa hora, la gente, que estaba enterada de la protesta, se había ido concentrando por las calles. Cuando estuvimos listos para marchar, teníamos a un millar de personas a lo largo de esas tres manzanas, cubriendo todos los laterales como unos meros espectadores».

Al día siguiente, Walker abrió los periódicos para leer en los medios el relato de lo que había sucedido allí, y para su sorpresa descubrió que los periodistas habían interpretado los hechos justo al revés. Los periódicos hablaban de que unos mil cien manifestantes habían marchado por Birmingham. «Llamé al doctor King y le dije: "Doctor King, ¡ya lo tengo! No puedo decírselo por teléfono, ¡pero ya lo tengo!". Así que empezamos a alargar las reuniones hasta la hora en que la gente salía del trabajo para volver a sus casas al final de la tarde. Formaban en filas por las aceras y parecía que hubiera un millar de personas. Realmente los que marchábamos no éramos más de doce, catorce, dieciséis, dieciocho. Pero en los periódicos se hablaba de mil cuatrocientos».

Era una situación sacada de uno de los cuentos de pillos más famosos, la historia de Terrapin, una modesta tortuga que tiene que echarle una carrera al ciervo Deer. Lo que hace Terrapin es esconderse en la línea de meta y disponer a sus familiares por todo el circuito, en intervalos estratégicos, para que parezca que corre la carrera completa. Luego, en la meta, aparece justo por delante de Deer para clamar victoria. El ciervo queda completamente burlado, porque, como Terrapin sabe, para un ciervo todas las tortugas «son tan parecidas entre ellas que es imposible distinguirlas».

Los que son tenidos por inferiores tienen que estudiar a fondo los matices en las expresiones de los blancos: los ladeos de la cabeza, la profundidad del tono, la agudeza de la lengua. Su supervivencia depende de ello. Pero aquellos en una posición de fuerza no necesitan *mirar* a los débiles. Deer sentía desdén hacia la modesta Terrapin. Para él, Terrapin era solo una tortuga. La acomodada élite blanca de Birmingham era igual que Deer. «Únicamente podían ver [...] a través de sus ojos blancos», explicaba Walker con regocijo. «Eran incapaces de distinguir entre la gente negra que iba de manifestación y los que eran unos simples espectadores. Para ellos todos eran negros»[*].

Connor era una persona arrogante, a la que le gustaba vanagloriarse por todo Birmingham diciendo: «Por aquí hacemos nuestras propias leyes». Se sentaba a beber su ración de *bourbon* todas las mañanas en el Molton Hotel, pronosticando en voz muy alta que a King «se le iban a agotar los negros». Pero, de repente, miró por la ventana y descubrió que King había reunido a un pequeño ejército. Al igual que el ciervo, no tomó en consideración las estrategias de aquellos a los que consideraba inferiores..., y esos mil manifestantes imaginarios se tornaron toda una *provocación*. «Bull Connor tenía metido en la mollera que no podía tolerarse que esos negros llegaran al Ayuntamiento», contaba Walker. «Yo rezaba para que intentara de verdad frenarnos [...] Habríamos perdido Birmingham si Bull nos hubiera permitido entrar en el Ayuntamiento a rezar. Si se hubiera hecho a un lado para franquearnos el paso, ¿qué habría de nuevo en todo eso? No podría hablarse de un movimiento y no habría publicidad». *Por favor, Brer Connor, por favor. Hagas lo que hagas, no me tires al zarzal.* Y, por supuesto, eso es justamente lo que hizo.

Al mes de iniciadas las protestas, Walker y King intensificaron la presión. James Bevel, un miembro del equipo de Birmingham, había estado trabajando con los escolares de la localidad, instru-

---

[*] Esto devino una constante para Walker. En una ocasión en Birmingham, la ciudad solicitó un mandamiento judicial contra la Southern Christian Leadership Conference, lo que obligaba a Walker a personarse en los tribunales. La cuestión era: si Walker quedaba neutralizado en los juzgados, ¿cómo sería capaz de dirigir la campaña? La respuesta de Walker fue registrarse en los juzgados y luego tener a alguien que apareciera en el juicio en su lugar durante los días siguientes. ¿Por qué no? Como afirmó él mismo: «Ya sabe, todos los negros se parecen».

yéndoles en los principios de la resistencia no violenta. Bevel era todo un flautista de Hamelín: alto, calvo, un orador hipnótico que portaba kipá y pantalones de peto y afirmaba oír voces (McWhorter lo retrata como un «militante sacado de Dr. Seuss»). El último lunes de abril, Bevel distribuyó panfletos por todos los institutos negros del condado: «Venid a la 16th Street Baptist Church al mediodía del jueves. No pidáis permiso». Shelley «the Playboy» Stewart, el pinchadiscos más popular de la ciudad, difundió el mismo mensaje entre su joven audiencia: «Muchachos, va a celebrarse una fiesta en el parque»*. El FBI se enteró del plan y se lo comunicó a Bull Connor, quien anunció que cualquier chico que faltara a la escuela sería expulsado. La amenaza no tuvo ningún efecto disuasorio. Los chicos acudieron en masa. Walker denominó el día en que los jóvenes se unieron el «Día D».

A la una, se abrieron las puertas de la iglesia y los lugartenientes de King comenzaron a enviar a la calle a los muchachos. Estos portaban pancartas en las que se leía «Libertad», «Moriré para que esta tierra sea mi hogar». Cantaban *We Shall Overcome* y *Ain't Gonna Let Nobody Turn Me Around*. En el exterior de la iglesia, los agentes de policía de Connor aguardaban expectantes. Los niños se pusieron de rodillas y comenzaron a rezar, y luego entraron en fila por las puertas abiertas de los furgones. A continuación, otro grupo se asomó desde la iglesia. A ese siguió otro grupo, y otro, y otro más..., hasta que los hombres de Connor empezaron a inferir que las espadas volvían a estar en todo lo alto.

Un agente avistó a Fred Shuttlesworth.

—Eh, Fred, ¿cuánta gente más tenéis con vosotros?

—Como poco, mil más —le respondió.

—Dios nos asista —dijo el policía.

Al final del día, más de seiscientos muchachos se encontraban tras las rejas.

---

* Stewart era una celebridad en Birmingham. Todos los adolescentes afroamericanos escuchaban su programa. La segunda parte del mensaje a sus oyentes era: «Traed vuestros cepillos de dientes, porque se servirá comida». «Cepillos de dientes» era un mensaje cifrado para «llevad ropa pensando que vais a pasar unas cuantas noches en la cárcel».

La jornada siguiente, un viernes, fue un «Día D» redoblado. En esa ocasión, mil quinientos escolares se saltaron las clases para recalar en la 16th Street Baptist Church. A la una, comenzaron a abandonar la iglesia en fila. En las calles que rodeaban el Kelly Ingram Park, la policía y los bomberos habían levantado barricadas. Nadie albergaba muchas dudas sobre el motivo de la presencia de los bomberos allí. Disponían de las mangueras de alta presión de sus camiones, los «cañones de agua», tal como se las conocía, instrumento fundamental para el control de las masas desde la década de 1930, en los albores de la Alemania nazi. Walker sabía que si las manifestaciones crecían hasta el extremo de apabullar a la policía de Birmingham, Connor se sentiría más que tentado a ordenar el uso de las mangueras. Y eso es lo que Walker *anhelaba* por encima de todas las cosas. «Hacía calor en Birmingham», explicó. «Le mandé [a Bevel] que dejara que la protesta fuera cogiendo aire, mientras los policías estaban sentados fuera cociéndose al sol y su furia se ponía bien candente».

¿Y los perros? Connor se moría por poder meter en escena a los K-9 Corps. Al comienzo de esa primavera, durante un discurso, se había comprometido a combatir a los manifestantes de los derechos civiles con cien perros policía. «Quiero ver cómo trabajan esos perros», gruñó al ver que la situación empezaba a descontrolarse en el Kelly Ingram Park, y nada podía hacer más feliz a Walker que eso. Tenía a la juventud protestando en las calles, ¿y ahora Connor quería soltar a los pastores alemanes? Todo el mundo en el bando de King sabía lo que desencadenaría la publicación de una foto con un perro policía arremetiendo contra un niño.

Connor se mantuvo vigilante mientras los niños se acercaban. «Quedaos allí», les dijo. «Si avanzáis más, vamos a poner en marcha las mangueras». Las celdas de Connor estaban repletas. No podía arrestar a nadie más porque no tenía sitio. Los niños seguían llegando. Los bomberos no lo veían claro. No estaban acostumbrados a reprimir muchedumbres. Connor se dirigió al jefe de los bomberos: «O las pone en marcha, o se va para su casa». Los bomberos encendieron sus «cañones monitor», las válvulas que transformaban el riego de sus mangueras en un torrente de alta presión. Los niños se agarraron los unos a los otros, pero fueron propulsados hacia atrás. La fuerza del agua rasgó las camisas de algunos manifestantes y lanzó a otros contra las paredes y los portales.

De vuelta en la iglesia, Walker empezó a desplegar oleadas de muchachos en el otro extremo del parque, con la intención de abrir un nuevo frente. Connor no tenía más camiones de bomberos. Pero estaba determinado a no dejar que ninguno de los manifestantes cruzara al Birmingham «blanco». «Traed a los perros», ordenó, convocando a sus unidades K-9. «¿Por qué has sacado al viejo Tiger?», le gritó Connor a uno de sus agentes. «¡Tráeme a un perro más agresivo! ¡Este no es el más fiero!». Los niños seguían acercándose. Un pastor alemán se abalanzó sobre un muchacho. El chico pareció apoyarse contra el perro, con los brazos laxos, como si dijera: «Tómame, aquí estoy». El sábado, esa imagen copaba las primeras páginas de todos los periódicos del país.

6

¿Le genera incomodidad el comportamiento de Wyatt Walker? James Forman, que fue una figura clave en el movimiento por los derechos civiles durante aquellos años, estaba con Walker cuando Connor empleó por primera vez las unidades K-9. Forman cuenta que Walker comenzó a dar botes de alegría. «Tenemos un movimiento. Tenemos un movimiento. Hemos conseguido que la policía responda con brutalidad». Forman se quedó estupefacto. Walker sabía tan bien como cualquiera lo peligrosa que podía ser una ciudad como Birmingham. Había estado en ese cuarto cuando King le había dedicado a cada miembro de su equipo un panegírico adelantado. ¿Cómo podía dar brincos al ver que los perros policía asediaban a los manifestantes?*.

Después del «Día D», a King y Walker les llovieron las críticas de todos lados. El juez que procesaba a los manifestantes detenidos

---

* Escribe Forman: «Parecía propio de alguien frío, cruel y calculador ponerse contento al ver que la brutalidad policial caía sobre esas personas inocentes [...] no importa el propósito que se consiguiera con aquello».

dijo que las personas que habían «engañado a esos chicos» para salir a protestar a la calle «deberían ser llevadas a prisión». En el Congreso, uno de los congresistas por Alabama calificó el uso de menores de «vergonzoso». El alcalde de Birmingham denunció a los «agitadores irresponsables e irreflexivos» que estaban usando a niños como «instrumentos». Malcolm X —el activista que era a todas luces mucho más radical que King— dijo que «los hombres de verdad no ponen a niños en la línea de fuego». El *New York Times* afirmó en su editorial que King se había involucrado en una «peligrosa aventura con esa política suicida», y *Time* le reprochó haber usado a niños como «tropas de choque». El jefe del Departamento de Justicia de Estados Unidos por entonces, Robert F. Kennedy, advirtió que «hacer que los escolares participen en protestas callejeras es peligroso» y que «un niño herido, tullido o muerto es un precio demasiado alto para cualquiera de nosotros»*.

La noche del viernes, en la 16th Street Baptist Church, después del segundo día de protestas con niños, King se dirigió a los padres de los arrestados ese día y la víspera. Todos conocían muy bien los peligros y las humillaciones a los que estaba sujeto cualquiera con la piel negra en Birmingham. *Jesús dijo que se apearía en Memphis.* ¿Pueden imaginar lo que sentirían esos padres al pensar en sus hijos languideciendo en una de las celdas de Bull Connor? King se puso en pie e intentó rebajar el desasosiego: «No solo se levantaron frente al agua, ¡caminaron *bajo* el agua! ¿Y los perros? Bien, os contaré. De pequeño, un perro me mordió [...] por *nada.* ¡Así que no me importa si un perro me muerde a cambio de conseguir la libertad!».

No está claro que a los padres les convencieran estas palabras. King perseveró: «Vuestros hijos están en la cárcel [...] No os preo-

---

* King reflexionó largo y tendido antes de permitir la participación de los niños. James Bevel fue quien tuvo que persuadirle. La conclusión a la que ambos llegaron fue que si alguien es lo suficientemente mayor para pertenecer a una iglesia —para haber tomado una decisión de tal calibre para su vida y su alma—, entonces es lo bastante mayor para luchar por una causa decisiva para su vida y su alma. En la tradición baptista, uno puede ingresar en una iglesia cuando alcanza la edad de escolarización. Por eso King dio su beneplácito al empleo de niños de seis o siete años en su confrontación con Bull Connor.

cupéis por ellos [...] Están sufriendo por lo que creen, y están sufriendo para hacer de esta nación un sitio mejor». *¿Que no se preocuparan por ellos?* Taylor Branch escribe que existían rumores —ciertos y falsos— sobre «ratas, palizas, camas de cemento, letrinas embozadas, asaltos a las comisarías y rudos exámenes en busca de enfermedades venéreas». Hasta ochenta niños fueron apiñados en celdas pensadas para ocho reclusos. A algunos los sacaron en autobuses hasta el recinto ferial de la ciudad, para dejarlos cercados sin comida ni agua y expuestos a las lluvias torrenciales. ¿La respuesta de King? «La cárcel te ayuda a elevarte por encima de la miasma de la vida diaria», dijo ufano. «Si quieren unos cuantos libros, se los conseguiremos. Siempre que he estado en la cárcel he aprovechado para ponerme al día con mis lecturas».

Walker y King estaban tratando de componer esa imagen: el pastor alemán arremetiendo contra el muchacho. Pero para conseguirla, tenían que tomar parte en un juego enrevesado y artero. Pensando en Bull Connor, querían que pareciera que contaban con cien veces más partidarios que los que tenían en realidad. Pensando en la prensa, fingían que estaban impactados por el modo en que Connor había soltado a sus perros sobre los manifestantes; mientras que, al mismo tiempo, brincaban de alegría de puertas adentro. Y, pensando en los padres cuyos hijos estaban usando como carne de cañón, querían hacer creer que las cárceles de Bull Connor eran un buen lugar para que los chicos se pusieran al día con sus lecturas.

Nada de todo esto *debería* dejarnos atónitos. ¿Qué otras opciones tenían Walker y King? En el cuento tradicional de la tortuga y la liebre, conocido por todo niño occidental, la tortuga vence a la liebre gracias a su tenacidad y empeño. Lenta y constante gana la carrera. Eso nos transmite una moraleja pertinente y honda..., pero únicamente aplicable en un mundo donde la tortuga y la liebre juegan según las mismas reglas, y donde se recompensa el esfuerzo sin hacer distingos. En un mundo que no es justo —y nadie habría asociado la palabra «justicia» con Birmingham en 1963—, la tortuga Terrapin ha de disponer a sus familiares en puntos estratégicos a lo largo de todo el circuito de la carrera. El pillo no es un pillo por naturaleza. Lo es por necesidad. En la siguiente gran batalla por los derechos civiles, que tuvo lugar en Selma (Alabama) dos años después, un fotógrafo de la revista *Life* soltó la cámara para socorrer a los niños que estaban siendo aporreados por los agentes de policía. Posteriormente, recibiría la reprimenda de King: «El mundo no sabe que esto ha pasado, porque tú no lo has fotografiado. No intento mostrar sangre fría, pero resulta de mucha mayor importancia que tomes esa fotografía con las palizas que recibimos, que el que uno más entre en la refriega». Él *necesitaba* esa fotografía. En respuesta a las quejas sobre el uso de niños, Fred Shuttlesworth fue muy elocuente: «Usamos lo que tenemos».

Un disléxico, si quiere triunfar, se encuentra exactamente en la misma posición. Eso es parte de lo que significa ser «desagradable». Gary Cohn se metió de un salto en el taxi, fingiendo que conocía el mercado de opciones de compra; y es significativo cuántos disléxicos que han alcanzado el éxito han protagonizado algún momento similar en sus trayectorias. Tras terminar la universidad, Brian Grazer, el productor de Hollywood, estuvo tres meses de prácticas como oficinista en el departamento financiero de los estudios Warner Brothers. Empujaba un carrito.

«Estaba en un gran despacho con dos secretarias», recuerda. «Mi jefe había trabajado para Jack Warner. Estaba apurando sus últimos días. Era un tipo genial. Ese era el gran despacho que se había conseguido, y le dije: "¿Puedo quedármelo?". El despacho era más grande que el que tengo yo hoy. Me dijo: "Por supuesto. Úsalo". Ese espacio se convirtió en el negociado de Brian Grazer. Podía hacer mis ocho horas diarias en una hora. Usaba el despacho y mi puesto para acceder a los contratos legales, a los contratos de negocios, a los tratamientos enviados a Warner Brothers... Miraba por qué dejaban pasar unos, qué eran las cosas que entraban a considerar. Empleé ese año para ganar conocimientos e información sobre el negocio del cine. No había día en que no llamara a alguien por teléfono. Empezaba: "Soy Brian Grazer. Trabajo para el departamento financiero de Warner Brothers. Quiero reunirme con usted"».

Al final terminaron despidiéndolo, pero solo después de que hubiera ampliado sus tres meses a un periodo de un año y vendido dos ideas a la NBC por un valor de cinco mil dólares cada una.

Grazer y Cohn, dos marginados con dificultades para aprender, utilizaron triquiñuelas. Hicieron trampas para abrirse unas puertas profesionales que de otro modo habrían estado cerradas para ellos. El hombre del taxi asumió que nadie podía ser tan audaz como para hacerse pasar por un experto de las opciones de compra si no era cierto. Y a las personas a las que Brian Grazer llamó, identificándose como representante de Warner Brothers, nunca se les ocurrió que en realidad hablaban con alguien que empujaba un carrito con el correo por las oficinas. Lo que hicieron no era lo «correcto», como tampoco es «correcto» enviar a los niños a enfrentarse con perros policía. Pero tenemos que recordar que nuestra definición de lo que es o no correcto muy a menudo responde al modo en que los privilegiados cierran el paso a los de fuera. David no tiene nada que perder y, a causa de eso, posee la libertad de burlarse de las reglas establecidas por otros. Así es como la gente con una inteligencia algo diferente a la del resto obtiene trabajos como el de vendedor de opciones de compra o el de productor de Hollywood; y así es como una pequeña panda de manifestantes armados únicamente con su ingenio todavía tiene una oportunidad frente a tipos como Bull Connor.

«Aún creo que soy el corredor más veloz del mundo», se queja el desconcertado Deer tras la carrera en la que Terrapin ha recurrido a artimañas que la descalificarían en cualquier competición del mundo. «Tal vez tengas razón, pero te he adelantado usando la cabeza», le responde Terrapin.

7

El muchacho de la famosa fotografía de Bill Hudson se llama Walter Gadsden. Era un estudiante de segundo año en el instituto Parker High de Birmingham, y medía un metro ochenta a sus quince años. No era un manifestante. Era un espectador. Procedía de una familia conservadora que poseía un par de periódicos en Birmingham y Atlanta, y que se había mostrado muy crítica con King. Gadsden había salido esa tarde del instituto con la intención de ver el espectáculo que se estaba fraguando alrededor del Kelly Ingram Park.

El agente de la foto se llama Dick Middleton. Era un hombre modesto y reservado. Escribe McWhorter: «El K-9 Corps era conocido por atraer a personas rectas que no querían tener nada que ver con los sobornos y regalos a menudo asociados con una ronda normal. Tampoco se destacaban los cuidadores de perros por ser unos ideólogos del racismo». El nombre del perro era Leo.

Ahora echémosles un vistazo a los rostros de los viandantes negros del fondo. ¿No deberían estar sorprendidos u horrorizados? No lo están. Justo al lado, fíjese en la correa que sostiene la mano de Middleton. Está tensa, como si estuviera intentando retener a Leo. Y ahora mire la mano izquierda de Gadsden. Está agarrando a Middleton por el brazo. ¿Y qué hace Gadsden con la pierna izquierda? Le está dando una patada a Leo,¿no? Gadsden declararía más tarde que había crecido con perros y que le habían enseñado a protegerse de los animales. «De forma automática levanté la rodilla frente a la cabeza del perro», diría. Gadsden no era un mártir, que se dejaba caer sobre su agresor, como si dijera: «Tómame, aquí estoy». Estaba estabilizándose, con una mano apoyada en Middleton, para poder lanzar un golpe más fuerte. El rumor que corrió después por el movimiento afirmaba que Gadsden le había roto la mandíbula a Leo. La fotografía de Hudson no es lo que la gente pensaba que era. Pertenecía a la familia de trucos y artimañas de Brer Rabbit.

Tienes que usar lo que tienes.

«Claro que sí, los perros mordieron a la gente», declaró Walker, echando la vista atrás veinte años. «Diría que al menos un par de veces. Pero una imagen vale más que mil palabras, encanto»*.

---

* Walker hizo una afirmación similar sobre las famosas fotografías de manifestantes arrollados por los cañones de agua de Connor. La gente de las fotografías, asegura, eran espectadores como Gadsden, no manifestantes. Se habían pasado toda la tarde de pie en las inmediaciones de la 16th Street Baptist Church, en un día húmedo típicamente primaveral en Birmingham. Tenían calor. «Se habían reunido en el parque, que es una zona con sombra. Y los bomberos habían enchufado las mangueras en dos esquinas del parque, en Fifth Street y en Sixth Street. Había un ambiente como de fiesta romana; había algarabía. Nadie entre los espectadores parecía malhumorado, a pesar de llevar tanto esperando, y ya estaba empezando a oscurecer. Así pues, alguien lanzó un ladrillo, porque sabían lo que podía pasar, de hecho habían estado diciendo: "Encended las mangueras. Encended las mangueras". Y Bull Connor, después de que volara el primer ladrillo, mandó que accionaran las mangueras. Y lo que esos espectadores hicieron fue ponerse a bailar y a jugar bajo el chorro de agua. Hay una fotografía muy conocida en la que se los ve entrelazando las manos, como si fuera una danza en la que unos intentaban mantenerse de pie [ininteligible] y otros caían derribados por las mangueras. Se levantaban y volvían corriendo, o se resbalaban por la acera. Luego comenzaron a apuntar con la manguera desde la otra parte, y los negros [ininteligible] corrieron al encuentro del agua. Era igual que, era igual que una fiesta para ellos. Y esto siguió así durante un par de horas. Era una broma, de verdad. Con buen genio y buen humor. No hubo ninguna respuesta virulenta por parte de los espectadores negros, lo cual, para mí, fue el signo de un cambio de actitud, ya sabe. En el pasado los negros se habrían acobardado en presencia de los policías y de las mangueras, pero ahora mostraban una total desconsideración hacia ellos. Les tomaban el pelo».

TERCERA PARTE

LOS LÍMITES DEL PODER

Me volví y vi debajo del sol, que ni es de los ligeros la carrera, ni
la guerra de los fuertes, ni aún de los sabios el pan, ni de los pru-
dentes las riquezas, ni de los elocuentes el favor; sino que tiempo
y ocasión acontecen a todos.

Eclesiastés 9, 11

Capítulo 7
Rosemary Lawlor

«Yo no nací así. Fue algo que se me impuso»

1

Cuando los Troubles [Problemas] comenzaron en Irlanda del Norte, Rosemary Lawlor estaba recién casada. Su marido y ella acababan de comprar una casa en Belfast. Tenían un bebé. Transcurría el verano de 1969, y los católicos y los protestantes —las dos comunidades religiosas que habían vivido recelosamente hombro con hombro a lo largo de la historia del país— no podían ni verse. Había bombas y alborotos. Las bandas de militantes protestantes —los unionistas, como eran conocidos— merodeaban por las calles y quemaban casas. Los Lawlor eran católicos, y los católicos siempre se habían hallado en minoría en Irlanda del Norte. Cada día que pasaba, su miedo crecía.

«Llegaba a casa por la noche», contaba Lawlor, «y veía una pintada en la puerta: "Taigs fuera". "Taig" es un término peyorativo para los católicos irlandeses. "No queremos Papa". Otra noche en que estábamos en casa, tuvimos mucha suerte. Cayó una bomba en el patio de atrás, pero no explotó. Un día fui a llamar a mi vecina y me di cuenta de que se había ido. Ese mismo día descubrí que mucha gente se había marchado. Así que cuando mi marido Terry vino a casa del trabajo, le pregunté: "Terry, ¿qué está pasando aquí?". Y él me respondió: "Estamos en peligro".

»Dejamos la casa esa misma noche. No teníamos teléfono. Recuerde, eran los tiempos en que aún no había móviles. Salimos a pie. Tenía el miedo metido en el cuerpo. Puse a mi hijo en el carrito. Reuní lo mejor que pude algo de ropa para nosotros tres.

Había una bandeja en la parte de abajo del carrito y apretamos toda la ropa allí. Terry me dijo entonces: "Mira, Rosie, ahora vamos a ir paseando y le vamos a sonreír a todo el mundo". Yo estaba temblando. Era una madre adolescente, una adolescente que se había casado con diecinueve años; ya casada y con un niño a los diecinueve años, un mundo nuevo, una vida nueva. Todo me fue arrebatado sin más. ¿Sabe lo que es eso? Y yo no tenía ningún poder para pararlo. El miedo es una cosa terrible, y yo recuerdo haber estado realmente asustada».

El sitio más seguro que conocían era el barrio católico de Ballymurphy, en West Belfast, donde vivían los padres de Lawlor. Pero no tenían coche y, con Belfast sembrado de disturbios, ningún taxi quería jugársela yendo a un barrio católico. Finalmente, pararon un taxi haciéndole creer al conductor que el bebé se encontraba enfermo y había que llevarlo al hospital. Nada más cerrar la portezuela, Terry le dijo al taxista: «Quiero que nos lleve a Ballymurphy». El hombre respondió: «No, de ningún modo voy a ir allí». Pero Terry tenía un atizador, así que lo sacó y lo apoyó contra la nuca del conductor. «Nos va a llevar», le dijo. El taxista condujo hasta los márgenes de Ballymurphy y se detuvo. «No me importa si me pinchas con eso. Yo no voy más lejos», les comunicó. Los Lawlor sacaron al bebé y todas sus posesiones materiales y corrieron para ponerse a salvo.

A comienzos de 1970, la situación empeoró. Esa Semana Santa, se desencadenó una batalla campal en Ballymurphy. Se llamó al ejército británico: una división de carros blindados, con alambre de espino en los parachoques, comenzó a patrullar las calles. Lawlor empujaba el carrito con su bebé delante de soldados armados con rifles automáticos y granadas de gas lacrimógeno. Un fin de semana de junio, se oyeron tiros en el barrio colindante: un grupo de pistoleros católicos había irrumpido en mitad de la calle y abierto fuego contra los transeúntes protestantes. En venganza, los unionistas protestantes intentaron quemar una iglesia católica cercana a los muelles. Durante cinco horas, las dos facciones se enzarzaron en un tiroteo mortal. Por toda la ciudad se produjeron cientos de fuegos. Para cuando terminó el fin de semana, había seis muertos y más de doscientos heridos. El ministro del Interior británico, responsable de los asuntos de Irlanda del Norte, voló desde Londres, escrutó el caos y corrió de vuelta a su avión. «Por el amor de Dios, traedme un buen vaso de whisky escocés. Qué sitio más espantosamente terrible», fueron sus palabras, antes de enterrar la cabeza en las manos.

Una semana después, una mujer atravesó Ballymurphy. Su nombre era Harriet Carson. «Se había hecho famosa por golpear a Maggie Thatcher en la cabeza con un bolso de mano en el Ayuntamiento», contaba Lawlor. «La conocí cuando éramos niñas. Harriet se paseaba con dos tapas de cacerola y las chocaba mientras no dejaba de chillar: "Vamos, salid, salid. Están matando a la gente en Lower Falls". Y yo salí a la puerta. Mi familia estaba allí conmigo. Y ella seguía gritando: "Están encerrados en sus casas. Sus niños no tienen leche; nos les queda ni para prepararse una taza de té y no tienen ni pan; salid, salid, ¡tenemos que hacer algo!"».

Lower Falls es un barrio católico, ubicado un poco más abajo en la misma colina donde está Ballymurphy. Lawlor había asistido a la escuela allí. Su tío había vivido en el barrio, al igual que su sarta de primos. Ella conocía a tanta gente en Lower Falls como en Ballymurphy. El ejército británico había impuesto el toque de queda en todo el barrio, mientras peinaban el sitio en busca de armas ilegales.

«No sabía lo que significaba "toque de queda"», comentaba Lawlor. «No tenía ni idea. Tuve que acercarme a alguien y preguntarle: "¿Qué significa eso?". La mujer me respondió: "No les permiten salir de sus casas". Yo le dije entonces: "¿Y cómo consiguen obligarte a algo así?". Estaba realmente atónita. Atónita. "¿Qué quiere decir?". "La gente se queda encerrada en sus casas. No pueden salir a por pan ni a por leche". Mientras, los *brits,* los soldados británicos, abrían las puertas a patadas y revolvían y destrozaban todo buscando armas. Yo estaba con la boca abierta. Lo que a todo el mundo se le quedó grabado es que había gente metida en sus casas a la fuerza, y con niños. Tiene que recordar que entonces podían vivir bajo el mismo techo doce o quince niños. ¿Sabe? Así eran las cosas entonces. "¿Qué me quiere decir con que no pueden salir de sus casas?". La gente se puso furiosa».

Rosemary Lawlor se encuentra ahora en la sesentena; una mujer robusta con mejillas sonrosadas y un pelo rubio casi blanco, que lleva corto y peinado a un lado. Trabajaba de costurera y se vestía con estilo: una blusa colorida y floreada y unos pantalones recortados blancos. Estaba hablando de hechos que habían ocurrido en su juventud. Pero recordaba hasta el último detalle.

«Mi padre decía: "Los *brits,* esos se van a volver contra nosotros. Dicen que están aquí para protegernos. Se volverán contra nosotros, ya lo verás". Estaba completamente en lo cierto. Se volvieron contra nosotros. Y el toque de queda fue el pistoletazo de todo lo demás».

2

El mismo año en que Irlanda del Norte se hundía en el caos, dos economistas, Nathan Leites y Charles Wolf Jr., redactaron un informe sobre cómo atajar las insurgencias. Leites y Wolf trabajaban para RAND Corporation, el prestigioso laboratorio de ideas fundado por el Pentágono tras la Segunda Guerra Mundial. Su informe se titulaba *Rebellion and Authority* [Rebelión y autoridad]. En aquellos años, con erupciones violentas en todo el mundo, nadie se quedó sin leer a Leites y Wolf. *Rebellion and Authority* se convirtió en la hoja de ruta para los soldados en Vietnam y para los cuerpos de policía que debían controlar estallidos sociales. También para los Gobiernos amenazados por el terrorismo. La conclusión del informe era sencilla:

> Resulta fundamental para nuestro análisis el supuesto de que la población, tanto los individuos como los grupos, se comporta «racionalmente»; es decir, calcula los costes y los beneficios asociados a los diferentes modos de actuar y toma sus decisiones en consonancia [...] A raíz de esto, para influir en el comportamiento de la gente no se requiere ni la compasión ni el misticismo: basta con una mejor comprensión de los costes y beneficios que importan más a ese individuo o a ese grupo, y de cómo se estiman esos costes y beneficios.

En otras palabras, el que los insurgentes entren en vereda es básicamente un problema matemático. Si hay alborotos en las calles de Belfast, se debe a que para los vándalos los costes de quemar casas y reventar ventanas no son lo suficientemente altos. Y cuando Leites y Wolf afirmaban que «para influir en el comportamiento de la gente no se requiere ni la compasión ni el misticismo», lo que querían decir era que solo importaba el cálculo. Si uno estaba en una posición de poder, no había que entrar a considerar los *sentimientos* de los que quebrantaban la ley. Bastaba con ser lo suficientemente duro como para hacer que se pensaran dos veces sus acciones.

El general al mando de las fuerzas británicas en Irlanda del Norte era un hombre sacado directamente de las páginas de *Rebellion and Authority*. Se llamaba Ian Freeland. Había servido con honores en Normandía durante la Segunda Guerra Mundial y posteriormente había combatido a los insurgentes en Chipre y Zanzíbar. Era un hombre elegante y franco, de espalda recta, mandíbula cuadrada y mano firme: «Daba una imagen cabal del hombre que sabe lo que necesita hacerse y no tardará en hacerlo». Cuando Freeland llegó a Irlanda del Norte, dejó muy claro que su paciencia tenía un límite. No le asustaba usar la fuerza. Sus órdenes venían del primer ministro: «Hay que tratar con dureza a los matones y pistoleros, y hacer visible esa dureza».

El 30 de junio de 1970, el ejército británico recibió un soplo. En una casa de Lower Falls, en el número 24 de Balkan Street, se ocultaban explosivos y armamento. Freeland envió al instante cinco carros blindados llenos de soldados y agentes de policía. Una inspección en el domicilio reportó un alijo de armas y municiones. En el exterior, se congregó el gentío. Algunos empezaron a tirar piedras. Las piedras se convirtieron en cócteles molotov. Se desencadenó una algarada. A las diez de la noche, los británicos se hartaron. Un helicóptero militar con altavoces rodeó Lower Falls y se ordenó a todos los residentes que permanecieran en sus casas si no querían ser arrestados. A medida que las calles se vaciaban, el ejército inició un meticuloso registro casa por casa. A los que desobedecían se les castigaba inmediata y firmemente. A la mañana siguiente, un triunfal Freeland llevó a un par de miembros protestantes del gobierno y a un grupo de periodistas en la plataforma descubierta de un camión, mientras supervisaba esas calles desiertas igual que —en palabras de un soldado— «el Imperio británico en la India a la caza del tigre».

El ejército británico acudió a Irlanda del Norte con las mejores intenciones. La policía local estaba sobrepasada, y en principio su función era simplemente ayudar, hacer de apaciguadores entre los dos grupos de población enemistados. Irlanda del Norte no era ninguna tierra lejana ni extranjera: los soldados estaban en su país, en su cultura; hablaban el mismo idioma. Tenían abundantes recursos, armas, hombres y experiencia, nada con lo que pudieran competir los elementos insurgentes a los que debían contener. Cuando Freeland recorrió esa mañana las calles vacías de Lower Falls, pensó que sus hombres y él mismo estarían de vuelta en Inglaterra al final del verano. Pero no es eso lo que ocurrió. Lamentablemente, lo que debería haberse quedado en unos meses difíciles se transformó en treinta años de calamidad y sangre derramada.

Los británicos cometieron un error muy básico en Irlanda del Norte. Cayeron en la trampa de creer que, por contar con una infinidad más de recursos, armas, soldados y experiencia, carecía de toda importancia lo que los irlandeses pensaran de ellos. El general Freeland creyó a Leites y Wolf cuando estos afirmaban que «para influir en el comportamiento de la gente no se requiere ni la compasión ni el misticismo». Pero Leites y Wolf estaban muy equivocados.

«Se ha dicho que no son los revolucionarios los que causan la mayor parte de las revoluciones, sino la estupidez y brutalidad de los Gobiernos», comentó en una ocasión Seán MacStiofáin, el jefe del Estado Mayor interino del IRA, echando la vista atrás hacia esos años. «Sin duda, eso es lo que había aquí para empezar».

3

El modo más simple de entender el error de los británicos en Irlanda del Norte es visualizando una escena. Estamos en un aula de preescolar y los dibujos de los alumnos cubren las paredes con colores chillones. A la maestra la llamaremos Stella.

Esa clase fue grabada en vídeo como parte de un proyecto de la Curry School of Education de la Universidad de Virginia, y contamos con material de sobra para tener una impresión fundada sobre el tipo de maestra que es Stella y el tipo de clase que tiene. Solo con unos pocos minutos de visionado, queda más que claro que las cosas no están yendo bien.

Stella está delante sentada en una silla. Lee en voz alta un libro que sostiene alzado, de lado: «... siete rodajas de tomate», «ocho olivas jugosas», «nueve trozos de queso...». Una niña está frente a ella, de pie, siguiendo la lectura; y alrededor de ella, todo el resto de la clase es un caos, una versión en miniatura de Belfast en ese verano de 1970. Una niña pequeña da volteretas de un lado a otro. Otro niño hace muecas. La mayor parte de la clase parece no prestar ni la más mínima atención. Algunos de los escolares se han dado media vuelta de forma que le dan la espalda a Stella.

Si usted estuviera a punto de entrar en esa clase, ¿qué pensaría? Aventuro que su primera respuesta sería que Stella tiene a su cargo un grupo de niños díscolos. Tal vez enseña en la escuela de un barrio pobre y los estudiantes proceden de familias desestructuradas. Tal vez los niños lleguen a la escuela sin tener una noción de lo que es el respeto a la autoridad o el aprendizaje. Leites y Wolf dirían que lo que ella necesita es un poco de disciplina. Los niños están pidiendo algo de mano dura. Les hacen falta unas reglas. Si en una clase no se establece el orden, ¿cómo va a enseñarse nada allí?

La verdad es, sin embargo, que la escuela de Stella no se encuentra en ningún barrio terrible. Sus estudiantes no son ni particular ni exageradamente díscolos. Cuando la clase comienza, se comportan muy bien y prestan atención, exhiben la actitud y el entusiasmo necesarios para aprender. No tienen nada que ver con ninguna manzana podrida. El mal comportamiento comienza solo cuando la lección ya va avanzada y eclosiona solo en respuesta al proceder de Stella. *Ella* es quien causa la crisis. ¿Cómo lo hace? Realizando un trabajo nefasto cuando imparte la lección.

Stella ponía a la niña a leer a su lado buscando involucrar a la clase en el ejercicio. Pero, al turnarse las dos, el ritmo de lectura se había ralentizado hasta volverse tremendamente plomizo. «Fijaos en su lenguaje corporal», comentaba una de las investigadoras de Virginia, Bridget Hamre, mientras observábamos a Stella. «Ahora mismo solo le está hablando a esa niña, y todos los demás están aparte». Su colega Robert Pianta añadía: «No hay ritmo. Ninguna cadencia. Esto no va a ningún lado. Lo que hace carece de valor».

Solo a partir de ese instante empezaron a deteriorarse las cosas dentro del aula. Un alumno empezó a hacer muecas. Cuando otra niña se puso a dar volteretas, Stella miraba para otro lado. Justo a la derecha de la profesora, tres o cuatro alumnos se esforzaban por atender, pero Stella estaba tan enfrascada en el libro que no les ofrecía ningún aliciente. Mientras tanto, a la izquierda de la maestra, cinco o seis escolares se habían dado media vuelta. Pero esto era porque estaban desconcertados, no porque fueran desobedientes. La niña que estaba delante de Stella les bloqueaba por completo la visión del libro. No tenían ninguna manera de seguir la lectura. A menudo concebimos la autoridad como una reacción a la desobediencia; un niño da guerra y el profesor adopta medidas severas. Sin embargo, la clase de Stella sugiere algo bastante diferente: la desobediencia también puede ser una respuesta a la autoridad. Si el profesor no desempeña su trabajo con el suficiente rigor, el niño puede comenzar a comportarse mal.

«Con clases así, la gente habla de una cuestión de comportamiento», explicaba Hamre. Estábamos contemplando cómo uno de los alumnos de Stella, una niña, estrujaba, retorcía y contorsionaba la cara y hacía todo lo posible para evitar a su profesora. «Pero una de las cosas que descubrimos es que se trata más veces de un problema de implicación que de uno de comportamiento. Si el profesor está promoviendo algo de verdad interesante, los niños se implican con bastante facilidad. En lugar de seguir el método "déjame controlar tu conducta", el profesor necesita pensar: "¿Cómo puedo proponer algo con interés para así cortar de raíz cualquier mal comportamiento?"».

En el siguiente vídeo elegido por Pianta y Hamre, una maestra de tercero encargaba los deberes a sus estudiantes. Cada alumno recibía una copia del ejercicio, y la maestra y la clase leían las instrucciones a la vez en voz alta. Pianta estaba espantado. «Ya solo la idea de ponerse a recitar a coro las instrucciones con unos niños de ocho años me parece casi ofensiva», explicó. «Quiero decir, ¿por qué? ¿Existe algún propósito pedagógico?». Los niños ya saben leer. Es como si un camarero le diera el menú y comenzara a leer luego todos los platos de la carta.

Un niño sentado al lado de la maestra alza la mano en mitad de la lectura, y, sin siquiera mirarle, esta alarga el brazo, agarra a su alumno de la muñeca y le baja la mano a la fuerza. Otro niño se pone a hacer directamente la tarea, una decisión llena de sentido, teniendo en cuenta la inutilidad de lo que propone la maestra. Esta se dirige a ese alumno con voz agria: «Cariño. Esta tarea es para hacer *en casa*». Se trata de un correctivo. El niño ha quebrantado las reglas y la maestra ha actuado, con firmeza y sin demora. Si uno observara este fragmento con el sonido quitado, pensaría que es una aplicación perfecta de los consejos de Leites y Wolf. Pero si uno escucha lo que está diciendo la profesora y valora el incidente desde la perspectiva del niño, queda claro que no está provocándose el efecto deseado en absoluto. El niño no va a terminar con una apreciación nueva sobre la importancia de seguir las reglas. Va a terminar enfadado y desilusionado. ¿Por qué? Porque la reprimenda es completamente arbitraria. No puede tomar la palabra para contar su versión del episodio. *Y él quiere aprender.* Si ese niño se pone desafiante, es porque el profesor le ha provocado; del mismo modo que Stella convertía a una alumna deseosa de aprender en alguien que da volteretas por la clase. Cuando las personas con autoridad quieren que el resto nos comportemos, importa, primero y por encima de todo, cómo se comportan *ellas*.

A esto se lo denomina el «principio de legitimidad», y la legitimidad se funda en tres cosas. La primera de todas: las personas que han de obedecer a la autoridad tienen que sentir que tienen voz, que si dan a conocer su opinión, serán escuchadas. En segundo lugar, la ley ha de ser predecible. Tiene que haber expectativas razonables de que las reglas de mañana serán aproximadamente las mismas que las de hoy. Y, en tercer lugar, la autoridad ha de ser justa. No puede tratar a un grupo de diferente manera que a otro.

Todos los buenos padres entienden implícitamente estos tres principios. Si quieren evitar que el pequeño Johnny golpee a su hermana, no pueden desentenderse apartando la vista un día para ponerse a chillar el siguiente. Tampoco pueden tratar a la niña diferente si ella es la que pega de vez en cuando. Y si Johnny jura y perjura que no le ha pegado a su hermana, habrá que darle una oportunidad para que se explique. *Cómo* se castiga es tan importante como el acto en sí del castigo. Por eso la historia de Stella no tiene nada de sorprendente. Cualquiera que se haya sentado alguna vez en un aula sabe lo importante que es para los profesores ganarse el respeto de sus alumnos.

Más difícil de entender es, no obstante, la relevancia de esos mismos principios aplicados a las cuestiones de la ley y el orden. Conocemos a nuestros padres y profesores, y por eso tiene sentido que dentro de casa o en las aulas la legitimidad cobre tanta importancia. Pero la decisión sobre si se atraca un banco o se dispara a alguien parece pertenecer a una categoría completamente diferente, ¿no? Es lo que Leites y Wolf querían decir al afirmar que para combatir a los criminales y los insurgentes «no se requiere ni la compasión ni el misticismo». Estaban declarando que a ese nivel, la decisión de obedecer la ley es el resultado de un cálculo racional de los riesgos y los beneficios. *No* se trata de un tema personal. Pero en este punto es precisamente donde erraron, porque invertir el comportamiento de criminales e insurgentes depende tanto de la legitimidad como conseguir que los estudiantes se comporten bien en clase.

4

Déjenme darles un ejemplo. Alude a un experimento que se ha llevado a cabo durante los últimos años en Brownsville, un barrio de Nueva York con más de cien mil residentes situado en la parte este de Brooklyn, pasadas las elegantes casas de piedra rojiza de Park Slope y las sinagogas de Crown Heights*. Durante más de un

---

* Un buen montón de personajes famosos de las últimas décadas procede de Brownsville: dos campeones de los pesos pesados (Mike Tyson y Riddick Bowe); el compositor Aaron Copland; los Three Stooges (integrados por Moe y Shemp Howard [más tarde reemplazado por su hermano Curly] y Larry Fine); el presentador de televisión

siglo, Brownsville ha sido uno de los rincones más deprimidos de todo Nueva York. El barrio concentra dieciocho bloques de viviendas protegidas —más que cualquier otra zona de la ciudad—, que dominan el horizonte: bloque tras bloque de edificios de ladrillo y cemento tristes y anodinos. Mientras que el índice de criminalidad en Nueva York ha descendido drásticamente en los últimos veinte años, Brownsville ha seguido como siempre un paso por detrás, plagada de adolescentes que se paseaban por las calles y asaltaban a mano armada a los viandantes. De cuando en cuando, la policía inundaba las calles con agentes de refuerzo. Pero el efecto no era más que provisional.

En 2003, la agente de policía Joanne Jaffe se puso al frente del Housing Bureau de la ciudad, el principal organismo responsable de los bloques de Brownsville. Jaffe decidió probar algo nuevo. Comenzó elaborando una lista de todos los menores del barrio que habían sido arrestados al menos una vez en los pasados doce meses. El recuento arrojó 106 nombres, que tenían adjudicados 180 arrestos. Jaffe estimaba que cada detenido por atraco a mano armada probablemente habría cometido entre veinte y cincuenta infracciones más que nunca habrían llegado a oídos de la policía; así que, como regla empírica, ella calculó que esos 106 menores habrían sido responsables de al menos cinco mil delitos en el año anterior.

Jaffe formó luego una unidad operativa con agentes y encomendó a estos que se pusieran en contacto con todos los nombres de la lista.

«Les decíamos: "Estáis en el programa», explicaba Jaffe. «Y el programa consiste en que os vamos a dar una oportunidad. Queremos hacer lo que esté en nuestras manos para que regreséis a la escuela, para que obtengáis el título del instituto, para que vuestra familia reciba servicios y para que alguien determine las necesidades de vuestros hogares. Os proporcionaremos ofertas de empleo, oportunidades educativas, médicas..., todo, cualquier

---

Larry King..., por no mencionar una extensa lista de jugadores de baloncesto, fútbol americano y béisbol. Las palabras clave en este caso son «procede de Brownsville». Nadie que pueda evitarlo permanece en Brownsville.

cosa. Queremos trabajar con vosotros. Pero antes debéis despediros de las actividades criminales. Y si no lo hacéis y termináis arrestados por cualquier cosa, vamos a hacer todo lo que podamos para manteneros a buen recaudo. No importa lo menores que seáis. Vamos a echaros el guante de cualquier manera"».

El programa fue bautizado J-RIP, por Juvenile Robbery Intervention Program [Programa de Intervención en la Delincuencia Juvenil]. No tenía nada de intrincado, al menos en la superficie. El J-RIP formaba parte de las nuevas estrategias de vigilancia policial de alta intensidad con dotación oficial. Jaffe instaló a su grupo operativo en una caravana en el aparcamiento de uno de los bloques de viviendas, no en una comisaría aislada. Les consiguió a sus hombres todos los instrumentos de vigilancia disponibles. Los agentes hicieron listas con todas las personas asociadas a los delincuentes juveniles, principalmente las que habían sido arrestadas con ellos. Entraron en Facebook y descargaron fotos de sus amigos y buscaron afiliaciones en pandillas. Hablaron con hermanos, hermanas y madres, y compusieron unos gigantescos mapas del tamaño de pósteres, con todas las redes de amistades y vínculos que rodeaban a cada persona, igual que hacen los servicios de inteligencia cuando le siguen la pista a una célula terrorista.

«Tengo a gente ahí fuera las veinticuatro horas del día, los siete días de la semana», decía Jaffe. «Así que cuando alguien del programa es arrestado, estoy en disposición de enviar una patrulla. No me importa si es en el Bronx; o en mitad de la noche. Ha de tener unas consecuencias muy graves. Han de saber qué es lo que va a pasar. Y todo tiene que ser ágil. Si te arrestan, te las vas a ver conmigo.

»Les digo: "Puedes cerrarme con la puerta en las narices si voy a tu casa. Pero te veré en la calle. Y entonces te saludaré. Me enteraré de todos tus asuntos. Si te vas de Brooklyn al Bronx, sabré qué trenes tomas". Decimos: "Johnnie, pásate por la oficina del J-RIP mañana", y cuando Johnnie acude, le comentamos: "Te pararon ayer por la noche en el Bronx. Tienes una citación". Él responde: "¿Qué?". "Estabas con Raymond Rivera y Mary Jones". "¿Cómo sabéis todo eso?". Empezaron a creer que estábamos en todas partes. Como teníamos una carpeta para cada chico, les mostrábamos lo que sabíamos. Les decíamos: "Estos son tus colegas. Aquí está toda tu información. Mira las fotos. Sabemos que estás metido en esto. Y que podrías formar parte de una banda. Conocemos el mundo en el que te mueves". Empezamos a enterarnos de la escuela a la que supuestamente tienen que ir, con qué gente se juntan en las clases. Cuando hacen pellas, nos lo comunican. Entonces mis hombres del J-RIP van a sus casas para despertarlos y les dicen: "¡Levanta!"».

Pero esto solo era una parte de la estrategia de Jaffe. También hacía otras cosas que no se parecían a la típica vigilancia policial. Por ejemplo, empleaba mucho tiempo en seleccionar a los agentes *adecuados* para su unidad. «No podía incluir a cualquier policía», decía, y entonces hablaba más como una trabajadora social que como una jefe de policía. «Tiene que ser un policía al que le encanten los críos. Tiene que ser un policía que no venga con ninguna clase de animosidad contra ellos y que tenga la habilidad de influir en ellos para ponerlos en la dirección correcta». Para encabezar el grupo, Jaffe se decantó por David Glassberg, un antiguo miembro de la brigada de estupefacientes, con hijos y muy sociable.

Desde el principio, Jaffe puso especial empeño en reunirse con las familias de sus chicos del J-RIP. Quería conocerlas. Esto resultó ser sorprendentemente difícil. En su primer intento, envió cartas a cada domicilio, invitando a las familias para mantener una sesión de grupo en la iglesia local. Nadie apareció por allí. A continuación, Jaffe y su grupo fueron puerta por puerta. De nuevo, sin ningún resultado. «Acabamos yendo a cada familia, estamos hablando de 106 chicos. Ellos nos decían: "Vete a la mierda. No aparezcas por mi casa"».

El punto de inflexión llegó finalmente a los meses de puesto en marcha el programa. «Teníamos a este chico», contaba Jaffe. Se había inventado un nombre para él: Johnnie Jones. «Era *malo*. Tenía catorce o quince años. Vivía con su hermana, tres o cuatro años mayor que él. Su madre vivía en Queens. Su madre también nos detestaba. No había nadie a quien pudiéramos dirigirnos. Y entonces, en noviembre de nuestro primer año, el 2007, Dave Glassberg llamó a mi despacho, el miércoles previo a Acción de Gracias. "Todos los muchachos, todos los que componemos el equipo, hemos contribuido para comprarle esta noche a Johnnie Jones y a su familia una comida de Acción de Gracias". Yo le dije: "¿Estás de broma? No se merece nada, es *malo*". "¿Sabes por qué lo hicimos? A este ya no lo vamos a rescatar, pero en su familia hay otros siete niños más pequeños. Tenemos que hacer algo por ellos". Casi se me saltan las lágrimas. "Están todas estas familias", siguió Glassberg. "¿Qué vamos a hacer?". Eran las diez de la mañana, la víspera de Acción de Gracias. Le dije: "Dave, ¿qué te parece si voy a hablar con el comisario para ver si nos pueden dar dos mil dólares? Podríamos comprarle un pavo a cada familia. ¿Crees que podríamos hacerlo?".

Jaffe subió hasta la planta noble en la jefatura de la policía y pidió por favor tan solo dos minutos para hablar con el comisario. Entonces le dijo: «Esto es lo que ha hecho David Glassberg con el equipo. Ahora quiero comprar ciento veinticinco pavos. ¿Puedo conseguir el dinero en algún sitio?».

«Él me dijo que sí. Glassberg puso a los suyos a hacer horas extra. Consiguieron pavos congelados y furgonetas con refrigeración, y esa noche fueron puerta a puerta por los bloques de Brownsville. Metimos los pavos en una bolsa y preparamos una dedicatoria: "De nuestra familia a vuestra familia. Feliz Día de Acción de Gracias"».

Jaffe estaba sentada en su despacho de la jefatura de policía, en el centro de Manhattan. Iba ataviada con el uniforme completo, alta e imponente, con una mata de pelo negro y ecos del acento de Brooklyn en la voz.

«Llamábamos, y la madre o la abuela abría la puerta y decía: "Johnny, la policía", así sin más. Yo empezaba: "Hola, señora Smith. Soy la comisaria Jaffe. Tenemos algo para usted con ocasión de Acción de Gracias. Solo queríamos desearles un feliz Día de Acción de Gracias". Y ellas no acababan de creérselo, y decían: "Entren, entren", y casi te arrastraban adentro, y en sus casas hacía mucho calor, y entonces seguía el "Johnnie, ven aquí, ¡la policía!". Y tenía a todas esas personas corriendo alrededor, abrazándose y llorando. En todas las familias —visité a cinco—, encontrabas la misma escena de abrazos y llanto. Y yo siempre les decía lo mismo: "Sé que a veces llegan a detestar a la policía. Entiendo eso. Pero quiero que sepan que, por mucho que parezca que estamos hostigándoles llamando a su puerta, nos preocupamos de verdad, y queremos sinceramente que tengan un feliz Día de Acción de Gracias"».

¿Por qué le importaba tanto a Jaffe reunirse con las familias de los chicos del J-RIP? *Porque pensaba que la policía carecía de legitimidad a ojos de los habitantes de Brownsville.* A todo lo largo y ancho de Estados Unidos, un número impresionante de hombres negros ha pasado algún tiempo en presidio. (Solo para darles una cifra, el 69 por ciento de los hombres negros que no han terminado el instituto nacidos a finales de los años setenta ha cumplido alguna vez condena). Brownsville es un barrio lleno de varones negros con abandono escolar, lo que significa que estadísticamente todos los menores delincuentes de la lista de Jaffe debían de tener a un hermano, a un padre o a un primo expresidiario*. Si tanta gente cercana a ti ha pasado por la cárcel, ¿es posible que la ley siga pareciéndote justa? ¿Y predecible? ¿Te sentirías como si pudieras alzar la voz para que te oyeran? Lo que Jaffe había percibido al llegar a Brownsville era que la policía era vista como una enemiga. Y si esa era la consideración que merecía la policía, ¿cómo podía pretenderse que ella lograra cambiar el destino de unos muchachos adolescentes que ya habían dado sus primeros pasos en la delincuencia? Podía amenazarlos y advertirles de las graves consecuencias que les acarrearía cometer más asaltos y hurtos. Pero estamos hablando de chicos de quince o dieciséis años, obstinados y desafiantes por naturaleza, que ya sabían lo que era pasearse por el otro lado de la ley. ¿Por qué iban a escucharla a ella? Jaffe representaba a la misma

---

* Estos son los porcentajes de población carcelaria por raza y nivel educativo.

HOMBRES BLANCOS	1945-1949	1960-1964	1975-1979
No terminó el instituto	4,2	8,0	15,3
Instituto solo	0,7	2,5	4,1
Algún estudio universitario	0,7	0,8	1,2
HOMBRES NEGROS	1945-1949	1960-1964	1975-1979
No terminó el instituto	14,7	**41,6**	**69,0**
Instituto solo	10,2	12,4	18,0
Algún estudio universitario	4,9	5,5	7,6

Las cifras clave son las resaltadas en negrita. *El 69 por ciento* de todos los varones negros que no terminaron el instituto nacidos entre 1975 y 1979 ha pasado algún tiempo tras las rejas. Eso es Brownsville resumido en una frase.

institución que había encarcelado a sus padres, hermanos y primos. Ella necesitaba ganarse de nuevo el respeto de la comunidad y, para conseguir eso, necesitaba el apoyo de las familias de sus chicos del J-RIP. Su pequeño discurso en ese primer Acción de Gracias —*Sé que a veces llegan a detestar a la policía. Entiendo eso. Pero quiero que sepan que, por mucho que parezca que estamos hostigándoles llamando a su puerta, nos preocupamos de verdad, y queremos sinceramente que tengan un feliz Día de Acción de Gracias*— era una petición de legitimidad. Estaba tratando de llegar a unas familias sumidas en el mundo de la delincuencia —a veces, durante generaciones—, para demostrarles que la ley también podía estar de su lado.

Tras el éxito de los pavos, Jaffe instauró el regalo de juguetes por Navidad. Luego el equipo del J-RIP comenzó a jugar al baloncesto con los muchachos a su cargo. Los llevaban a cenar *sushi*. Intentaban proporcionarles trabajos de verano. Los acompañaban a sus citas con los médicos. Luego Jaffe organizó una cena navideña, a la que estaban invitados todos los menores del J-RIP junto a sus familias.

«¿Sabe lo que hago en la cena de Navidad con mis chicos del J-RIP? Como les gusta hacerse los duros delante de sus amigos, le doy un abrazo a cada uno de ellos. Siempre es: "Venga, un abrazo"».

Jaffe no es una mujer pequeña. Es fuerte e imponente. Imagínensela aproximándose con los brazos bien abiertos a un adolescente flacucho. Un abrazo de oso que podría tragarle.

Esto parece algo propio de una mala película de Hollywood, ¿no es así? ¡Pavos en Acción de Gracias! ¡Abrazos y llanto! Si la mayoría de los departamentos de policía del mundo no han seguido el ejemplo de Jaffe, es porque lo que hizo *parece* inadecuado. Johnnie Jones era una mala pieza. Comprarle comida y juguetes a alguien como él se intuye como la peor versión de una indulgencia progresista. Si el comisario jefe de su ciudad anunciara, en mitad de una violenta ola criminal, que iba a empezar a alimentar y abrazar a las familias de los delincuentes que merodean por las calles, se quedaría sin habla, ¿correcto? Bien, ahora échele un vistazo a lo que sucedió en Brownsville.

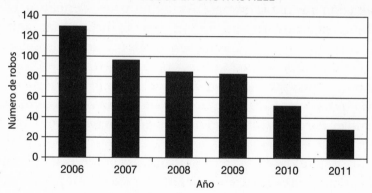

ROBOS EN BROWNSVILLE

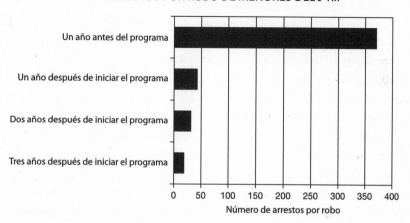

ARRESTOS POR ROBO DE MENORES DEL J-RIP

Cuando Leites y Wolf escribieron que «para influir en el comportamiento de la población no se requiere ni la compasión ni el misticismo», querían decir que el poder del Estado era ilimitado. Si deseabas imponer el orden, no había que preocuparse por lo que la gente bajo tu autoridad llegara a pensar de ti. El poderoso estaba por encima de eso. Pero Leites y Wolf habían entendido las cosas justo al revés. Lo que Jaffe demostró fue que el poderoso *tiene que* preocuparse por lo que los otros piensen de él, porque quienes dan órdenes son especialmente vulnerables a las opiniones de quienes han de obedecer.

Ese fue el error en que incurrió el general Freeland en Lower Falls. No estaba contemplando los hechos a través de los ojos de alguien como Rosemary Lawlor. Pensaba que había sofocado la insurgencia mientras se paseaba por las calles silenciosas de Lower Falls, igual que el Imperio británico en la India a la caza del tigre. Si se hubiera tomado la molestia de subir hasta Ballymurphy, habría encontrado a Harriet Carson entrechocando tapas de cacerola mientras gritaba: «Vamos, salid, salid. Están asesinando a la gente en Lower Falls», y entonces se habría dado cuenta de que la sublevación no había hecho más que empezar.

5

El mes de julio en Irlanda del Norte es el punto álgido de lo que se conoce como la «temporada de las marchas», cuando los unionistas protestantes organizan desfiles para conmemorar sus victorias de antaño sobre la minoría católica del país. Hay procesiones, desfiles con «arco, estandarte y auditorio», desfiles conmemorativos con banda y marchas de grupos de flautistas «sangre y trueno» y «dadle la patada al Papa». Algunos desfiles se acompañan con una banda completa de metales, otros de gaiteros y otros de acordeones, o de agrupaciones que portan fajines, trajes negros y bombines. En conjunto se celebran cientos de desfiles, en los que participan miles de personas, y estos culminan todos los años con una marcha multitudinaria el 12 de julio, con motivo del aniversario de la victoria de Guillermo de Orange en la batalla de Boyne, en 1690, que decidió el dominio protestante en Irlanda del Norte que perdura hasta hoy.

La víspera del «12», tal como se conoce simplemente a la festividad, los participantes en los desiles de todo el país celebran fiestas nocturnas callejeras y levantan enormes hogueras*. Cuando

---

* En Belfast, el desfile del 12 serpentea por toda la ciudad y concluye en el «Field», una enorme sala de muestras natural en la que la gente se reúne para oír discursos. Aquí sigue el fragmento de un orador de 1995. Tenga presente que esto sucede a continuación de la Declaración de Downing Street, que marcó oficialmente el inicio del proceso de paz en Irlanda del Norte:

Hemos leído los libros de historia, de hace doscientos años. Los católicos romanos formaban en grupos conocidos como los Defensores, y pretendían librarse de esos que

las llamas llegan al cielo, se escoge un símbolo para que sea pasto del fuego. En los años precedentes, a menudo se ha optado por una imagen del Papa o de algún político católico local especialmente odiado. He aquí la letra de una cancioncilla del 12, que se canta con la melodía de *Clementine:*

> *Enciende una hoguera, enciende una hoguera,*
> *clava a un católico bien alto en la cima,*
> *coloca al Papa justo en el medio*
> *y haz arder toda esa porquería*[*].

Irlanda del Norte no es un país grande. Sus ciudades son densas y compactas, y cuando los unionistas cumplen con su cita de todos los veranos con los bombines, los fajines y las flautas, han de pasar inevitablemente por los barrios de aquellas personas cuya derrota están celebrando. La arteria central del oeste católico de Belfast queda en determinadas zonas a unos pocos minutos andando de la calle que atraviesa el corazón del oeste protestante de la ciudad. En algunos puntos de Belfast, las casas de los católicos dan la espalda a los patios traseros de los protestantes; una proximidad tal que obliga a interponer gigantescas rejas de metal para proteger

---

para ellos eran unos perros heréticos, más conocidos por vosotros y por mí como el pueblo protestante. Bueno, las cosas no han cambiado desde 1795. Tenemos al Papa en su trono, un Papa polaco que ya estaba por el mundo en los tiempos de Hitler y los campos de concentración como Auschwitz, cuando ellos reculaban para ver cómo miles eran llevados a la muerte sin que una palabra de condena saliera de sus labios.

[*] Existen muchas versiones de esta estrofa, por supuesto. Una versión ligeramente menos ofensiva es entonada por los seguidores del Manchester United cuando se enfrentan a su archienemigo, el Liverpool. (El término *scouser,* por cierto, se refiere a alguien de Liverpool o que habla con el acento de la ciudad. Los Beatles eran *scousers).*

> *Enciende una hoguera, enciende una hoguera,*
> *clava a un scouser bien alto en la cima,*
> *coloca a su ciudad justo en el medio*
> *y haz arder toda esa porquería.*

Como habrá anticipado, existen numerosas versiones muy entusiastas de esta tonadilla en YouTube.

a los residentes de los cascotes o los cócteles molotov que puedan arrojarles sus vecinos. En la noche previa al 12, cuando los unionistas prenden sus hogueras por toda la ciudad, la gente en los barrios católicos ha de oler el humo, oír los cánticos y ver cómo crecen las llamas que queman su bandera.

Indefectiblemente, la violencia *siempre* estalla en Irlanda del Norte durante la temporada de desfiles. Uno de los incidentes que desencadenaron los Troubles ocurrió en 1969, dos días después de que los tumultos empezaran con el paso de un desfile por un barrio católico. Cuando los participantes de esa marcha volvieron a sus casas, se embarcaron en una orgía de destrucción por las calles de West Belfast, quemando muchas casas[*]. Las peleas a tiros del verano siguiente, que pusieron tan a prueba la paciencia de Freeland, también tuvieron lugar durante los desfiles protestantes. Imaginen que todos los veranos los veteranos del ejército de Estados Unidos originarios de los estados del norte desfilaran por las calles de Atlanta o Richmond para conmemorar su añeja victoria en la Guerra Civil estadounidense. En los años oscuros de Irlanda del Norte, cuando los católicos y los protestantes andaban como el perro y el gato, así es como se percibía la temporada de desfiles.

Cuando los residentes de Lower Falls levantaron la cabeza esa tarde y vieron al ejército británico tomando su barrio, ansiaban que la ley y el orden volvieran a imperar en Belfast. Pero para calmar su ansiedad no valía la aplicación de *cualquier* ley y orden. Desde su perspectiva, el mundo no era justo. Faltaban solo unos días para el 12, cuando o bien su bandera o bien el Papa acabarían cebando las gigantescas hogueras. La institución encargada de calmar los ánimos de las dos facciones durante la temporada de desfiles era la policía, el Royal Ulster Constabulary. Pero el RUC

---

[*] Al día siguiente, una turbamulta de unionistas redujo a cenizas las casas católicas de Bombay Street. Los unionistas, que se tienen por buenos versificadores, compusieron otra tonadilla para esa ocasión:

> *El 15 de agosto hicimos una pequeña excursión*
> *por Bombay Street para quemar la basura,*
> *con un poco de petróleo y unos cuantos tiros*
> *les dimos a los malditos* fenians *hasta ponerlos en fuga.*

era casi en su totalidad protestante. Pertenecía al otro bando. El RUC no había hecho prácticamente nada para parar los disturbios del verano pasado; después de que los unionistas hubieran incendiado esas casas, un tribunal convocado por el Gobierno británico concluyó que los agentes del RUC habían «dejado de tomar acciones efectivas». Los periodistas sobre el terreno informaron de que los unionistas se acercaban a los agentes y les preguntaban si podían prestarles sus armas. Si se había llamado al ejército, en buena medida era para que actuara de árbitro imparcial entre los protestantes y los católicos; pero, al ser Inglaterra un país abrumadoramente protestante, los asediados católicos consideraron un hecho natural que las simpatías de los soldados estuvieran en último término con los protestantes. Cuando en la Semana Santa previa al toque de queda una gran marcha unionista atravesó Ballymurphy, los soldados se habían colocado entre los festejadores y los residentes, claramente para servir de cortafuegos. Sin embargo, los soldados se apostaron en las aceras de cara a los católicos, mientras ofrecían la espalda a los unionistas, como si su misión fuera proteger a los unionistas de los católicos y no a la inversa.

El general Freeland pretendía hacer que la ley reinara en Belfast, pero antes necesitaba preguntarse si estaba legitimado para tal cosa, y la verdad es que no lo estaba. Mandaba una institución que, con motivo, según los católicos de Irlanda del Norte simpatizaba claramente con las mismas personas que habían quemado las casas de sus amigos y familiares durante el verano pasado. Y cuando se aplica la ley sin el concurso de la legitimidad, no se genera obediencia. Más bien lo contrario. Se preparan las condiciones para una reacción*.

El mayor enigma de los sucesos en Irlanda del Norte es por qué les costó tanto a los británicos entender todo esto. En 1969, los Troubles ocasionaron 13 muertos, 73 tiroteos y 8 atentados con bomba. En 1970, Freeland decidió mostrarse inflexible con los ma-

---

* Como declararía años más tarde el líder del Sinn Féin Gerry Adams, el resultado del toque de queda fue que «miles de personas [...] en absoluto familiarizadas con la fuerza física ahora la aceptaban como una cuestión de necesidad práctica».

tones y pistoleros, y avisó de que todo el que fuera interceptado con cócteles molotov corría el riesgo de «ser disparado». ¿Y qué ocurrió? El historiador Desmond Hamill escribe:

> El [IRA] contraatacó diciendo que dispararían a los soldados si se abría fuego contra los irlandeses. La Protestant Ulster Volunteer Force, un extremista grupo paramilitar ilegal, no tardó en intervenir, ofreciéndose a disparar a un católico en represalia por cada soldado que fuera atacado por el IRA. El *Times* incluyó la siguiente cita de un ciudadano de Belfast: «Aquí quien no esté confundido es que no se entera de nada de lo que está pasando».

Ese año, hubo 25 muertos, 213 tiroteos y 155 atentados con bomba. Los británicos se mantuvieron firmes. Descargaron con mayor fuerza el peso de la ley, y en 1971 hubo 184 muertos, 1.020 atentados con bomba y 1.756 tiroteos. Con estos números, los británicos trazaron una línea roja. El ejército inició una política conocida como «internamiento». Los derechos civiles quedaban suspendidos en Irlanda del Norte. El país se inundó de tropas y el ejército declaró que cualquier sospechoso de actividades terroristas sería detenido o encarcelado, indefinidamente, sin cargos interpuestos ni juicio. A consecuencia de eso, durante el «internamiento» hubo tantos jóvenes católicos arrestados en las redadas que en barrios como Ballymurphy todo el mundo tenía a un hermano, a un padre o a un primo tras las rejas. Si tanta gente cercana a ti ha pasado por la cárcel, ¿es posible que la ley siga pareciéndote justa? ¿Y predecible? ¿Te sentirías como si pudieras alzar la voz para que te oyeran? Las cosas aún se pusieron más feas. En 1972, se contabilizaron 1.495 tiroteos, 531 robos a mano armada, 1.931 atentados con bomba y 497 personas asesinadas. Entre esas 497 víctimas figuraba un chico de diecisiete años llamado Eamon. Era el hermano pequeño de Rosemary Lawlor*.

---

* Por cierto, las cosas no mejoraron mucho en 1973. Los británicos se emplearon con mayor dureza aún, y hubo 171 civiles asesinados, 5.018 tiroteos, 1.007 explosiones, 1.317 robos a mano armada y 17,2 toneladas de explosivos decomisadas por el ejército.

«Eamon apareció en mi puerta», contaba Lawlor. «Me dijo: "Me gustaría quedarme aquí un par de días". Y le respondí: "Claro que sí". Él siguió: "A madre le daría un ataque. Se pondría hecha un basilisco". Luego nos confesó a mi marido y a mí que el ejército británico le estaba haciendo la vida imposible. Cada vez que salía, al girar la primera esquina, sin que importara adónde se dirigiera, los soldados le paraban y le amenazaban».

¿Estaba colaborando de verdad con el IRA? Lawlor no lo sabe, y para ella esa cuestión no importa.

«A sus ojos todos éramos sospechosos», explicaba. «Así es como era. Y dispararon a Eamon, un soldado inglés le disparó. Eamon estaba fumando con un amigo, se oyó un disparo y le dio a Eamon. Aguantó once semanas con vida. Murió el 16 de enero, con diecisiete años y medio». Aquí Lawlor comenzó a llorar. «Mi padre no volvió a trabajar en los muelles. Mi madre se quedó destrozada, con el corazón roto. Va a hacer cuarenta años. Y aún duele».

Lawlor era una esposa y madre joven, que vivía lo que ella esperaba fuera una vida normal en el moderno Belfast. Pero entonces perdió su casa. La amenazaron y la hostigaron. Colina abajo, sus familiares estaban prisioneros en sus propias casas. Su hermano recibió un disparo y murió. Ella nunca quiso estar implicada, ni pidió que las cosas sucedieran así. Tampoco podía comprender la evolución de los hechos.

«Esa era mi vida, mi vida por estrenar», decía. «Y luego me hicieron tragar esto. Y yo pensaba: "No es justo". ¿Sabe? A la gente que iba conmigo al colegio la están sacando con fuego de sus casas. El ejército británico que había venido a protegernos se vuelve contra nosotros, nos muele a palos y nos derriba. Me quedé como en trance. No digo esto frívolamente. Me transformé porque no podía pasarme el día sentada en casa mientras todas esas cosas estaban ocurriendo. No podía ser una madre normal metida en su casa.

»La gente los llama los Troubles», continuaba. «¡Fue la guerra! El ejército británico patrullaba las calles con coches blindados, armas y no sé qué más. Donde vivíamos era una zona de guerra. Los británicos entraron e intentaron por todos los medios hacernos agachar la cerviz. Pero nosotros éramos como muñecos de caucho. Rebotábamos una y otra vez. Entiéndame. Muchos resultamos heridos. Mucha gente se quedó con el corazón mal. El odio me poseyó durante mucho, mucho tiempo, y me he disculpado ante mis hijos por todo ello. Pero fueron las circunstancias las que dictaron los hechos. No era yo. Yo no nací así. Fue algo que se me impuso».

6

Cuando los hombres del general Freeland tomaron Lower Falls, lo primero que hicieron los vecinos fue correr a la catedral de San Pedro, el lugar de culto católico que tenían a unas pocas manzanas. El rasgo definitorio de Lower Falls, como de tantos otros barrios católicos de West Belfast, era su religiosidad. San Pedro era el centro neurálgico del barrio. Entre semana, hasta cuatrocientas personas podían asistir a la misa celebrada en la catedral. El hombre más importante de la comunidad era el párroco local. Ese día llegó corriendo. Se acercó hasta los soldados. La incursión tenía que ser rápida, les advirtió, si no querían que hubiera problemas.

Pasaron cuarenta y cinco minutos y los soldados emergieron con su botín: quince pistolas, un rifle, una metralleta Schmeisser y un arsenal de explosivos y munición. La patrulla recogió todo y partió, girando en una calle lateral que conduciría a los soldados lejos de Lower Falls. En el ínterin, no obstante, se había congregado una pequeña muchedumbre y, cuando los carros blindados doblaban ya la esquina, unos cuantos jóvenes se adelantaron y comenzaron a arrojar piedras contra los soldados. La patrulla se detuvo. Eso encorajinó a la gente. Los soldados respondieron usando gas lacrimógeno. La gente aún se enervó más. Las piedras dieron paso a los cócteles molotov y estos a las balas. Un taxista dijo luego que había visto a alguien con una metralleta en ristre dirigiéndose a Balkan Street. Los alborotadores dispusieron barricadas en las calles para frenar el avance del ejército. Se quemó un camión para bloquear el paso. Los soldados lanzaron todavía más gas lacrimógeno, hasta que el viento lo hubo repartido por todo Lower Falls. La furia de la gente no hacía sino crecer.

¿Por qué se detuvo la patrulla? ¿Por qué no siguieron los soldados su marcha simplemente? El sacerdote les había avisado de que *lo último* que debían hacer era permanecer en el barrio. Él volvió a acercarse a los soldados y les imploró de nuevo. Si paraban con el gas lacrimógeno, les dijo, conseguiría que la gente dejara de tirar piedras. Los soldados no escucharon. Sus instrucciones eran parecer duros y que se viera lo duros que eran con los matones y pistoleros. El sacerdote volvió hacia el gentío. A mitad de camino, los soldados reemprendieron la descarga de gas lacrimógeno. Los botes cayeron a los pies del párroco, mientras este se tambaleaba y se apoyaba en el antepecho de una ventana para tomar aliento. En un barrio tan devoto como para que cuatrocientas personas acudieran a misa un día de labor, *el ejército británico había gaseado al cura.*

Entonces se desataron las algaradas. Freeland pidió refuerzos. Para someter a una comunidad de ocho mil personas —que se apiñaban en casitas emplazadas en callejuelas—, los británicos desplegaron a tres mil soldados. Y no eran unos soldados cualquiera. A ese barrio fervientemente católico, Freeland llevó tropas de los Royal Scots, uno de los regimientos más declarada y orgullosamente protestantes de todo el ejército. Los helicópteros militares trazaban círculos en el cielo, mientras se ordenaba por megáfono a los vecinos que permanecieran dentro de sus casas. Se colocaron controles en todas las salidas. Se declaró además el toque de queda y comenzó una exhaustiva inspección casa por casa. Esos soldados de apenas veinte años, a los que aún escocían las piedras y los cócteles molotov que les habían llovido, se abrieron paso a la fuerza en todos esos hogares, horadando paredes y techos, revolviendo los dormitorios. Escuchen el testimonio de uno de esos soldados británicos, rememorando lo que ocurrió esa noche:

> Un tipo salió en pijama echando juramentos; esgrimía una linterna y se la estampó a Stan en la cabeza. Stan esquivó el siguiente golpe y le asestó una buena con la culata del fusil. Yo sabía muy bien que

muchos muchachos estaban aprovechando para ajustar cuentas por todas las perrerías que les habían hecho. Unas cuantas cabezas terminaron descalabradas y hubo casas arrasadas de arriba abajo. Por dentro de las paredes no veías más que un amasijo de escombro, aunque, entre todo el desbarajuste, aún salía a relucir aquí y allí algún detalle: fotos escolares, sonrientes fotos de familia (rajadas), abalorios y crucifijos (partidos), niños llorando, el crujido de los cristales del retrato del Papa. También veías comidas interrumpidas a la mitad, el papel barato de la pared, las bandejas pintadas, zapatos, un cuerpo en el recibidor, aplastado contra la pared... Entonces sentí que estábamos invadiéndolos.

Trescienta treinta y siete personas fueron arrestadas esa noche. Sesenta resultaron heridas. Charles O'Neill, un minusválido veterano de la aviación, murió al ser atropellado por un carro blindado británico. Con su cuerpo tendido en el suelo, uno de los soldados aporreó a un viandante y le dijo: «Mueve el culo, irlandés de mierda, aún no hay suficientes de los vuestros muertos». A las ocho de la tarde, en Falls Road, un hombre llamado Thomas Burns recibió el disparo de un soldado mientras ayudaba a un amigo a entablar las ventanas de su tienda. Cuando una hermana acudió a recoger el cadáver, se le dijo secamente que a ese hombre no se le había perdido nada en la calle a esas horas. A las once de la noche, un anciano llamado Patrick Elliman salió en pantuflas y camiseta a dar un paseo antes de irse a la cama, creyendo que lo peor ya había pasado. Una ráfaga de artillería del ejército lo mató. Uno de los testimonios recabados en el barrio sobre el toque de queda aborda la muerte de Elliman:

> Esa misma noche, los soldados británicos llegaron a entrar y a acuartelarse en la casa del hombre al que habían disparado, y a la hermana, que estaba muy afectada, se la llevaron a la casa de otro hermano en la misma calle. Ese ultraje en la casa abandonada no se descubrió hasta la tarde siguiente, durante una pausa en el «toque de queda», cuando el hermano, con su hija y su yerno, bajó a la casa y se encontró la puerta destrozada, una ventana rota, las cosas tiradas por el suelo, los utensilios del afeitado en el sofá

y tazas usadas en el fregadero. Los vecinos dijeron además que los soldados se habían tumbado un rato en las habitaciones de arriba.

Una puerta destrozada. Una ventana rota. Los platos sucios en la pila. Leites y Wolf creían que lo único relevante son las reglas y los principios racionales. Pero lo verdaderamente importante son esos cientos de nimiedades que los poderosos hacen —o no hacen— para establecer su legitimidad, como dormir en la cama de un hombre inocente al que acabas de disparar por accidente y esparcir todas sus pertenencias por su casa.

La mañana del domingo, la situación en Lower Falls estaba volviéndose cada vez más desesperada. No era un barrio rico. Una gran parte de los adultos estaba desempleada y, si trabajaban, era a destajo. Las calles estaban siempre concurridas y las viviendas eran hileras de casas estrechas de ladrillo rojo construidas en el siglo XIX con materiales baratos, con una habitación por piso y las letrinas en el patio de atrás. Muy pocos hogares contaban con nevera. Eran oscuros y húmedos. La gente compraba el pan a diario porque en otro caso se ponía mohoso. Y ahora el toque de queda se prolongaba durante treinta y seis horas y el pan se había terminado. Los barrios católicos en West Belfast se concentran en un espacio muy reducido y están surcados por vínculos de sangre y matrimonio, así que los rumores sobre las penalidades en Lower Falls no tardaron en ir de punta a punta. Harriet Carson recorría Ballymurphy entrechocando las tapas de unas cacerolas. A ella se sumó otra mujer llamada Máire Drumm*. Ella tenía un megáfono. Comenzó a desfilar por las calles, gritándoles a las mujeres: «¡Salid! ¡Llenad los carritos con pan y leche! Los niños se han quedado sin comida».

Las mujeres comenzaron a organizarse en grupos de dos y cuatro, y hasta de diez y veinte, hasta que se contaron por millares. «Algunas venían con los rulos en el pelo, o tocadas con pañuelos», recordaba Lawlor. «Entrelazamos nuestros brazos y comenzamos a cantar: "Venceremos. Venceremos algún día"».

---

* Seis años después, extremistas protestantes la asesinaron a tiros mientras estaba convaleciente en el Mater Hospital de Belfast.

«Bajamos hasta el final de la colina» proseguía Lawlor. «Había electricidad en la atmósfera. Los británicos formaban con sus cascos y sus pistolas, ya listos. Tenían las porras desenfundadas. Nos giramos y fuimos por Grosvenor Road, sin dejar de cantar y chillar. Creo que dejamos descolocados a los británicos. Estaban perplejos ante la imagen de esas mujeres con carritos que bajaban para enfrentarse a ellos. Recuerdo ver a un británico rascándose la cabeza allí mismo, como diciendo: "¿Qué hacemos con todas estas mujeres? ¿Aplicamos la fuerza con ellas?". Luego nos metimos en Slate Street, donde estaba la escuela, *mi escuela*. Y los británicos también estaban allí. Salieron a toda prisa [de la escuela], y entonces hubo lucha cuerpo a cuerpo. Nos tiraban de los pelos. Los británicos nos agarraban y nos lanzaban contra las paredes. Ay, sí que nos dieron bien. Si te caías al suelo, había que levantarse rápidamente para que no te pisotearan. Se emplearon con brutalidad. Recuerdo que me subí a un coche para ver lo que estaba ocurriendo delante. Vi a un hombre con la espuma de afeitar en la cara, que se ponía los tirantes, y de repente, los soldados dejaron de golpearnos».

El hombre de los tirantes era el oficial al mando en el puesto de control de Slate Street. Tal vez era la única voz juiciosa en todo el bando británico ese día, el único que entendió la magnitud de la catástrofe que estaba teniendo lugar. Un grupo de soldados fuertemente armados estaba apaleando a unas mujeres que empujaban carritos porque querían darles algo de comer a los niños de Lower Falls*. Ese oficial les ordenó a sus hombres que pararan.

«Tiene que entender esto, la manifestación aún bajaba por la calle y la gente de la cola no tenía ni idea de lo que ocurría más adelante», seguía Lawlor. «No dejaban de venir. Las mujeres lloraban. Los vecinos empezaron a salir de sus casas y se llevaron a gente adentro porque había muchos heridos. Cuando los vecinos empezaron a salir de sus casas, los británicos perdieron el control.

---

* Una de las muchas leyendas que circulan sobre el toque de queda de Lower Falls dice que los carritos de bebé tenían dos propósitos. El primero era llevar leche y pan a Lower Falls. El segundo era sacar las armas y los explosivos para que los soldados británicos no los encontraran.

El barrio entero estaba en la calle, centenares y centenares de personas. Se produjo un efecto dominó. Los vecinos salían en una calle y, antes de que te dieras cuenta, las puertas se abrían en otra calle y, en otra, y en otra más. Los británicos se rindieron. Levantaron los brazos. Las mujeres porfiamos, todas nosotras porfiamos y porfiamos, hasta que logramos pasar, y cuando estuvimos dentro habíamos roto el toque de queda. He pensado a menudo sobre eso. Dios, fue increíble. Todo el mundo estaba alborozado. *Lo habíamos logrado.*

»Recuerdo llegar a casa y sentirme de repente muy agitada, entristecida y nerviosa por todo el episodio, ¿sabe? Me acuerdo de hablar sobre el tema con mi padre posteriormente. Yo le dije: "Papá, te han dado la razón. Se han vuelto contra nosotros". Y él dijo: "Así es. Eso es lo que hace el ejército británico". Él estaba en lo cierto. Se habían vuelto contra nosotros. Y eso marcó el inicio de todo».

Capítulo 8
Wilma Derksen

«Todos hemos cometido algún acto atroz en nuestras vidas, o al menos hemos tenido ganas de cometerlo»

1

Un fin de semana de junio de 1992, la hija de Mike Reynolds regresó a casa desde la universidad para asistir a una boda. Tenía dieciocho años y una melena rubia de tonos miel. Se llamaba Kimber. Estudiaba en el Fashion Institute of Design and Merchandising de Los Ángeles. Su casa estaba en Fresno, a varias horas al norte, en el Central Valley de California. Tras la boda, retrasó su partida para salir a cenar con un viejo amigo, Greg Calderon. Llevaba pantalones cortos, botas y la chaqueta deportiva con cuadros rojos y negros de su padre.

Reynolds y Calderon fueron al restaurante Daily Planet, en el Tower District de Fresno. Tras tomar el café, se dirigieron de vuelta al Isuzu de Reynolds. Eran las 22.41. Ella le abrió la puerta del copiloto a Calderon y luego rodeó el coche para sentarse frente al volante. Mientras tanto, en la misma calle, dos jóvenes salían sigilosamente de un parking a bordo de una moto Kawasaki robada. Llevaban cascos con viseras tintadas. El conductor, Joe Davis, acumulaba una larga lista de condenas por asuntos de drogas y armas. Acababa de salir en libertad condicional de la Wasco State Prison, tras haber cumplido una condena por robo de coches. De paquete en la moto iba Douglas Walker. Este había entrado y salido de la cárcel hasta siete veces. Los dos eran adictos a la metanfetamina. Al comienzo de esa noche, ya habían asaltado a un conductor para intentar robarle el coche en Shaw Avenue, la arteria principal de Fresno.

«No estaba pensando en nada realmente, ya sabe», diría Walker meses más tarde, cuando se le inquirió sobre su estado mental esa noche. «Cuando sucede, sucede, ya sabe. Pasó de repente. Simplemente estábamos ahí fuera a nuestras cosas. Bueno, es todo lo que puedo contarle».

Walker y Davis se detuvieron junto al Isuzu y usaron la pesada motocicleta para inmovilizar a Reynolds contra el coche. Calderon bajó de un salto desde su lado y corrió para rodear la parte de atrás del coche. Walker le cerró el paso. Davis se hizo con el bolso de Reynolds. Sacó un revólver mágnum calibre 357 y lo colocó contra el oído derecho de la joven. Ella se resistió. Él disparó. David y Walker se subieron de un brinco en la motocicleta y aceleraron saltándose un semáforo en rojo. La gente salió precipitadamente del Daily Planet. Alguien trató de contener la hemorragia. Calderon fue en coche hasta la casa de los padres de Reynolds, pero no consiguió despertarlos. Los llamó por teléfono y saltó el contestador automático. Finalmente, a las dos y media de la mañana, logró que descolgaran. Mike Reynolds oyó cómo su mujer gritaba entre sollozos: «¡En la cabeza! ¡La han disparado en la cabeza!». Kimber falleció al día siguiente.

«Las relaciones entre padre e hija tienen algo especial», decía no hace mucho Mike Reynolds, al rememorar esa noche terrible. Hoy es un hombre mayor. Cojea y ha perdido casi todo el pelo. Estaba sentado frente a la mesa de su estudio, en una gran casa de estilo misión llena de recovecos, a apenas cinco minutos en coche de la calle en que tirotearon a su hija. En la pared a su espalda había una fotografía de Kimber. En la cocina, la habitación contigua, se veía un retrato de Kimber con unas alas de ángel, ascendiendo al cielo.

«Puedes pelearte con tu esposa», continuaba, emocionado al recordar aquellos momentos. «Pero tu hija es como tu princesa, no puede hacerte ningún mal. Y por eso mismo, es el padre el que tiene que arreglarlo todo, desde un triciclo roto hasta un corazón roto. Papá puede arreglarlo todo, y cuando eso le ocurrió a nuestra hija, era algo que yo no podía reparar. Le sostuve la mano cuando estaba muriéndose, como suena. Y entonces te embarga la impotencia».

En ese instante, Mike Reynolds realizó una promesa.

«Todo lo que he hecho desde entonces está relacionado con ese compromiso. Se lo dije a Kimber en su lecho de muerte», contaba Reynolds. «No puedo salvar tu vida. Pero voy a hacer todo lo que esté en mi mano para tratar de evitar que esto le suceda a nadie más».

2

Al llegar a casa desde el hospital, Reynolds recibió una llamada de Ray Appleton, el presentador de un popular programa de debates y entrevistas en Fresno.

«La ciudad se estaba desquiciando», recuerda Appleton. «En ese momento, Fresno tenía la tasa de asesinatos per cápita más alta de todo el país, o si no, estaba cerca. Pero el de esa noche fue escandaloso: delante de un montón de gente, frente a un restaurante muy popular. Me enteré esa noche de que Kimber había muerto y me puse en contacto con Mike. Le dije: "Cuando estés en disposición de decir algo, házmelo saber". Y él me respondió: "¿Qué tal hoy?". En ese instante comenzó todo, a las catorce horas de haber muerto su hija».

Reynolds describe las dos horas que pasó en el programa de Appleton como las más difíciles de su vida. No podía contener las lágrimas. «Nunca he visto a nadie tan devastado», recuerda el locutor. Al comienzo, se recibieron llamadas de gente que conocía a la familia Reynolds, o que simplemente quería expresar sus condolencias. Pero cuando Reynolds y Appleton comenzaron a hablar sobre en qué lugar quedaba el sistema judicial de California tras ese asesinato, empezaron a llegar llamadas de todo el estado.

Reynolds regresó a casa y convocó una reunión. Invitó a todas las personas con influencia en la comunidad. El encuentro tuvo lugar en su patio trasero, en torno a una larga mesa de madera junto a la barbacoa.

«Teníamos a tres jueces, a gente del departamento de policía, a abogados, al sheriff, a gente de la oficina del fiscal del distrito, a gente de la comunidad, de las escuelas», enumeraba. «Y les preguntamos: "¿Por qué sucede esto? ¿Qué lo provoca?"».

Su conclusión fue que en California los castigos por haber infringido la ley eran demasiado laxos. Se concedía la libertad condicional demasiado fácil y rápidamente. Los delincuentes reincidentes obtenían el mismo trato que aquellos que habían cometido su primer delito. Douglas Walker, el joven que iba de paquete en la motocicleta, había tenido su primer encontronazo con la justicia a los trece años, cuando fue detenido por traficar con heroína. Recientemente, le habían otorgado una libertad provisional para visitar a su mujer embarazada y no había regresado al centro. ¿Tenía sentido hacer así las cosas?

El grupo acordó una propuesta. Por insistencia de Reynolds, era un mensaje corto y sencillo, escrito para que lo entendiera cualquier lego en la materia. Empezó a conocerse como la Three Strikes Law [La ley de tres faltas], y establecía que cualquiera que fuera condenado por un delito o una infracción grave por segunda vez en el estado de California tendría que pasar el doble de tiempo en la cárcel de lo que estipulaba el código penal hasta entonces. Y que cualquiera que cometiera una falta por tercera vez —y en esa tercera falta se incluía todo incumplimiento de la ley— no tendría más oportunidades ni beneficios y debería cumplir obligatoriamente de veinticinco años de cárcel a cadena perpetua*. No había excepciones ni escapatorias.

Reynolds y su grupo recogieron miles de firmas para que se convocara un referéndum en el estado. Cada elección en California viene acompañada de un sinfín de ideas para ser sometidas a referéndum, pero la mayoría nunca ven la luz del día. Sin embargo, la Three Strikes tocó la fibra de la gente. Fue aprobada con el apoyo de un asombroso 72 por ciento de los votantes y en la primavera de 1994 se sancionó en forma de ley, respetándose casi palabra por palabra la redacción de Mike Reynolds en su patio trasero. El criminólogo Franklin Zimring la calificó como «el ex-

---

* En términos prácticos, la Three Strikes significaba esto: Primera infracción (robo con escalo). Antes: 2 años. Ahora: 2 años. Segunda infracción (robo con escalo). Antes: 4,5 años. Ahora: 9 años. Tercera infracción (recibir propiedad robada). Antes: 2 años. Ahora: de 25 años a perpetua. Otros Estados y Gobiernos del mundo han aprobado luego sus propias versiones de la Three Strikes. Pero ninguna llegaba tan lejos como la de California.

perimento penal de mayor envergadura en la historia de Estados Unidos». En 1989, la población carcelaria en California ascendía a 80.000 reclusos. Al cabo de diez años, esa cifra se había duplicado y, mientras tanto, el índice de criminalidad en el estado había caído en picado. Entre 1994 y 1998, la tasa de homicidios descendió un 41,4 por ciento; la de violaciones un 10,9; los atracos bajaron un 38,7 por ciento; los asaltos un 22,1; los robos con escalo un 29,9; y los robos de coches un 36,6 por ciento. Mike Reynolds se había comprometido junto al lecho de muerte de su hija a luchar para que lo que le había sucedido a ella nunca volviera a repetirse, y su desconsuelo desencadenó una revolución.

«Por aquel entonces, teníamos que vérnoslas con doce asesinatos al día en California. Hoy estamos en seis», comentaba Reynolds. «Así que, cada día que pasa, me gusta pensar que hay seis personas más vivas que no lo estarían de haberse prolongado la situación anterior».

Mike Reynolds se sentaba en el despacho de su casa en Fresno, rodeado de fotos, en las que aparecía acompañado por dignatarios de diversa índole, y de placas, certificados firmados y cartas enmarcadas, todos ellos documentos del extraordinario papel que ha jugado en la política del estado más grande de Estados Unidos.

«De tanto en tanto, en el curso de una existencia, uno tal vez tenga una oportunidad de salvarle la vida a alguien», proseguía. «Ya sabe, sacando a una persona de un edificio en llamas, rescatando a un ahogado o jugándose el pellejo de otro modo. Pero ¿cuántas personas tienen la oportunidad de salvarles la vida a seis personas al día? Bueno, creo que soy muy afortunado».

Entonces hizo una pausa, como si volviera a repasar todo lo que le había sucedido en los casi veinte años transcurridos desde que le hizo a Kimber esa promesa. Su discurso era elocuente y persuasivo. Se entendía cómo, hasta en mitad de su abatimiento, había podido resultar tan convincente durante su intervención en el programa de Ray Appleton.

«Piense sobre el tipo que inventó los cinturones de seguridad», retomaba. «¿Sabe su nombre? Yo no. No tengo ni la más remota idea. Pero piense en la cantidad de hombres, de gente, que se han salvado gracias a los cinturones de seguridad, a los airbags o a los recipientes de medicina inalterables. Podría quedarme sentado aquí y repasar toda la lista. Instrumentos sencillos ideados por fulano y mengano, personas como yo, que han servido para salvar un montón de vidas. Pero ninguno buscamos las alabanzas, ni las palmadas en la espalda. Lo único que nos interesan son los resultados, y los resultados son mi mayor recompensa».

Los británicos llegaron a Irlanda del Norte con la mejor de las intenciones y terminaron inmersos en treinta años de calamidad y derramamiento de sangre. No obtuvieron lo que querían, porque no comprendieron que el poder presenta una importante limitación. Tiene que ser visto como legítimo, porque si no provocará un efecto opuesto al deseado. Mike Reynolds ejerció una influencia enorme en el gobierno de su estado. Pocos californianos de su generación han afectado a tanta gente con sus ideas como él. Aunque en su caso, el poder parecía haber logrado su objetivo. Échenles un vistazo a las tasas de criminalidad en California. Reynolds consiguió lo que quería, ¿no?

Nada más lejano de la verdad.

3

Regresemos a la teoría de la curva en forma de U invertida que comentamos en el capítulo sobre las ratios de alumnos. Esas curvas tratan sobre los *límites*. Ilustran el hecho de que «más» no es siempre mejor; llega un momento, de hecho, en que los excedentes que los poderosos consideran su mayor ventaja únicamente valen para empeorar las cosas. La U invertida describe transparentemente las repercusiones de las ratios y refleja con la misma claridad el vínculo entre paternidad y riqueza. Hace unos pocos años, unos cuantos investigadores comenzaron a hacer una afirmación más atrevida, de tal calado que terminaría poniendo a Mike Reynolds y su campaña por la Three Strikes en el centro de una polémica que ha durado dos décadas. ¿Qué ocurriría si la relación entre crimen y castigo también dibujara una U invertida? En otras palabras, ¿qué pasaría si a partir de cierto punto la mano dura dejara de tener repercusiones en contra del crimen e incluso tal vez comenzara a fomentar la delincuencia?

En el momento en que se aprobó la Three Strikes, nadie tuvo en cuenta esta posibilidad. Mike Reynolds y sus valedores asumieron que por cada criminal más entre rejas, y por cada año que se añadiera a su condena, habría una disminución correlativa en la criminalidad.

«Por aquel entonces, incluso por un asesinato en primer grado te caían como mucho dieciséis años y terminabas saliendo a los ocho», explicaba Mike Reynolds. Hacía un bosquejo de la situación en California antes de la revolución de la Three Strikes. «Entrar en el negocio criminal se convirtió en una opción muy viable. La psique humana siempre busca la senda menos exigente. Ese camino es el fácil, e, indudablemente, resulta mucho más fácil salir a atracar y robar para meterte drogas que pelarte el culo fichando en el trabajo cuarenta horas a la semana y aguantando las sandeces de los clientes. ¿Quién tiene necesidad de eso? Puedo ir por allí balanceando mi pistola y ganar todo el dinero por la jeta, y, en la eventualidad de que me echen el guante, el 95 por ciento de las veces puedo negociar a la baja declarándome culpable. Me imputan estos cargos, admito que lo hice y ya tenemos trato. Y luego, como remate, solo cumpliré la mitad del tiempo. Si se ponen esas tres cosas en la balanza, es muy probable que te dé tiempo a cometer una barbaridad de delitos antes de que de verdad te pillen y te juzguen».

Reynolds estaba adaptando a su modo el argumento que esgrimieron Leites y Wolf en su clásico trabajo sobre la disuasión: *Resulta fundamental para nuestro análisis el supuesto de que la población, tanto los individuos como los grupos, se comporta «racionalmente», es decir, calcula los costes y los beneficios asociados a los diferentes modos de actuar y toma sus decisiones en consonancia.* Desde la óptica de Reynolds, en California los delincuentes les daban mucho más valor a los beneficios que podía traerles el delito que a los riesgos. La respuesta, pensaba, era elevar tanto los costes de cometer un crimen que infringir la ley ya no resultaría más sencillo que trabajar honestamente. Y para aquellos que perseveraran en el crimen —incluso en un escenario con el cociente de probabilidades alterado—, la Three Strikes decía: Encerrémoslos el resto de sus vidas, así ya no tendrán otra oportunidad de delinquir. En las cuestiones de orden público, Reynolds y los votantes de California creían que «más» siempre es mejor.

Pero ¿lo es? Aquí es donde la teoría de la U invertida entra en acción. Empecemos por la primera hipótesis: los criminales reaccionan al endurecimiento de las penas cometiendo menos delitos. Esto es inequívocamente cierto si las condenas son realmente bajas. Uno de los casos más conocidos en criminología trata sobre lo ocurrido en la primavera de 1969, cuando la policía de Montreal se declaró en huelga durante dieciséis horas. Montreal era —y sigue siendo— una ciudad puntera en un país considerado entre los más cumplidores de la ley y estables del mundo. Así que ¿con qué nos encontramos? Con el caos. Se atracaron tantos bancos ese día —a plena luz del sol— que prácticamente todas las sucursales de la ciudad tuvieron que cerrar sus puertas. Los saqueadores bajaron al centro de Montreal reventando las ventanas a su paso. La alarma más grande se produjo, no obstante, cuando una larga disputa entre los taxistas de la ciudad y un servicio local de coches llamado Murray Hill Limousine Service —para determinar quién tenía derecho a llevar a los pasajeros desde el aeropuerto— degeneró en la más pura violencia, cual dos principados belicosos en la Europa medieval. Los taxistas asaltaron Murray Hill con cócteles molotov. Los agentes de seguridad de la empresa abrieron fuego. Entonces los taxistas quemaron un autobús y lo empujaron hasta estrellarlo contra las puertas cerradas de las cocheras de Murray Hill. Estamos hablando de *Canadá*. En cuanto la policía volvió a sus puestos, el orden se restableció. La amenaza del arresto y el castigo *funcionó*.

Entonces, evidentemente, sí que existe una gran diferencia entre dejar impune el delito y castigarlo de alguna manera; del mismo modo que no tiene nada que ver una clase de cuarenta alumnos con una de veinticinco. En el lado izquierdo de la curva en forma de U invertida, las intervenciones cambian el tenor de las cosas.

Pero recuerde: la lógica de la U invertida dice que las mismas estrategias que dan grandes resultados al principio dejan de funcionar pasado un cierto punto. Y eso es precisamente lo que muchos criminólogos aseguran al hablar de las condenas.

Hace algunos años, los criminólogos Richard Wright y Scott Decker entrevistaron a ochenta y seis atracadores a mano armada convictos. La mayoría de los comentarios que obtuvieron eran así:

> Intentaba esforzarme para no pensar en ello [...] te distrae la cabeza demasiado. No puedes centrarte en nada si por tu cabeza van pensamientos como: «¿Qué va a pasar si las cosas no salen bien?». A medida que pasa el tiempo, si estoy resuelto a cometer el robo, [decido] centrarme al cien por cien en eso y en nada más.

O así:

> Por eso [mis colegas y yo] nos ponemos ciegos. Nos ponemos ciegos y tontos, así no le hacemos caso [a la amenaza de ser detenidos]. Que ocurra lo que tenga que ocurrir [...] uno no puede estar preocupándose todo el tiempo.

Aun cuando se les insistía, los criminales entrevistados por Decker y Wright «permanecían indiferentes a los posibles castigos». Sencillamente, no pensaban tan a largo plazo.

El asesinato de su hija hizo que Reynolds quisiera instilar el miedo en los futuros criminales de California para que se lo pensaran dos veces antes de dar el paso. Pero esta estrategia no es efectiva si los delincuentes piensan como hemos visto. Joe Davis y Douglas Walker —los dos matones que acorralaron a Kimber Reynolds en el exterior del Daily Planet— eran adictos a la metanfetamina. Algo antes ese mismo día, habían intentado sacar a la fuerza a un conductor de su coche, a plena luz del sol. ¿Recuerdan las palabras de Walker? *No estaba pensando en nada realmente, ya sabe. Cuando sucede, sucede, ya sabe. Pasó de repente. Simplemente estábamos ahí fuera a nuestras cosas. Bueno, es todo lo que puedo contarle.* ¿Parece la clase de persona que se lo piensa dos veces?

«He hablado con amigos de la familia que conocían a Joe y a su hermano y que le preguntaron por qué había matado a Kimber», dijo Reynolds, recuperando la memoria de ese trágico suceso. «Y les dijo que entonces ya le había arrebatado el bolso, así que lo demás daba igual. Pero que le había disparado, pese a todo, por el modo en que ella le estaba mirando. Le disparó porque pensó que ella no le estaba tomando en serio y porque no le había mostrado ningún respeto».

Las palabras de Reynolds contradicen la lógica de la Three Strikes. Joe Davis asesinó a Kimber Reynolds porque ella no le mostró el respeto que creía merecerse *mientras le ponía una pistola en la cabeza y le arrebataba el bolso*. ¿Cómo va a disuadir un aumento en la severidad de los castigos a alguien cuya cabeza funciona así? Usted y yo tenemos muy presente el endurecimiento de las penas, porque la sociedad nos incumbe directamente. Pero eso no ocurre con los criminales. Como escribe el economista David Kennedy:

> Podría ser muy bien que aquellos que están preparados, a menudo por un mero impulso, o por estar alterados, a asumir el riesgo de lo que ven como una posibilidad remota de que se les imponga un castigo ya severo, mañana estén igualmente dispuestos a jugársela en el caso de que esa misma posibilidad remota para ellos se asocie a un castigo algo mayor[*].

El segundo argumento a favor de la Three Strikes —que todo año de cárcel que cumpla de más un delincuente es otro año sin que

---

[*] Kennedy prosigue afirmando que, si uno examina las verdaderas motivaciones de los criminales, se descubre que el cálculo de los riesgos y beneficios obedece a un proceso «radicalmente subjetivo». Escribe Kennedy: «Lo que importa en la disuasión *es lo que les importa a los delincuentes y potenciales delincuentes*. Los costes y los beneficios tal como los entienden y definen ellos». En la misma línea, los criminólogos Anthony Doob y Cheryl Marie Webster concluían recientemente en su muy ambicioso análisis de todos los estudios señeros sobre el castigo: «Una valoración razonable a raíz de las investigaciones realizadas hasta la fecha —dando especial importancia a los estudios desarrollados durante la pasada década— es que la severidad en las sentencias no tiene una repercusión en los índices de criminalidad en la sociedad [...] No se ha realizado ningún trabajo académico consistente en los últimos treinta años que indique que la punición endurecida disuada». Lo que los criminólogos afirman es que la mayoría de los países en el mundo desarrollado se encuentran en la parte media de la curva. Encerrar a los criminales pasado su pico criminal y amenazar a los delincuentes más jóvenes con algo que en el fondo les da igual no trae demasiados frutos.

pueda delinquir— resulta igual de problemático. Simplemente, las cuentas no salen. Por ejemplo, la edad media de un delincuente en California en 2011, al ser condenado por su tercera falta, era de cuarenta y tres años. Antes de que se implantara la Three Strikes, ese hombre habría permanecido en la cárcel alrededor de cinco años por un delito grave común y habría salido libre a los cuarenta y ocho. Con la Three Strikes cumpliría, como mínimo, veinticinco años y saldría de la cárcel con sesenta y ocho años. Lógicamente, la cuestión que hay que plantear aquí es: ¿Cuántas faltas cometen los delincuentes entre los cuarenta y ocho y los sesenta y ocho años? No tantas. Échenles un vistazo a los siguientes gráficos, que muestran la relación entre edad y crimen en los asaltos con agravantes, los asesinatos, los robos con escalo y los atracos.

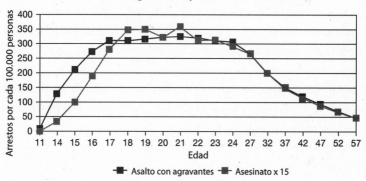

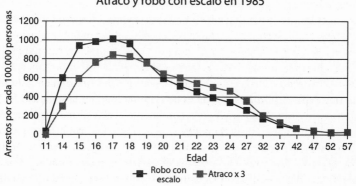

Las sentencias más largas funcionan con los jóvenes. Pero una vez se ha traspasado la crítica barrera de la mitad de la veintena, lo único que consiguen las sentencias más largas es protegernos de unos criminales peligrosos en el momento en que su peligrosidad decrece. De nuevo, lo que arranca como una estrategia prometedora deja de funcionar.

Ahora es momento de hacernos una pregunta crucial: ¿Existe un lado derecho en la curva del crimen y el castigo, un punto a partir del cual la mano dura realmente *agrave* las cosas? El criminólogo que ha expuesto este argumento más persuasivamente es Todd Clear, y su razonamiento más o menos es el siguiente:

La cárcel tiene un impacto directo en el crimen: el malhechor queda tras las rejas, donde no puede perjudicar a nadie más. Pero también tiene un impacto indirecto en el crimen, pues afecta a todas las personas con las que el criminal ha entrado en contacto. Una cifra muy elevada de hombres enviados a prisión, por ejemplo, son padres. (Una cuarta parte de los *delincuentes juveniles* sentenciados tiene hijos). Y el efecto que tiene en un niño que su padre esté recluido en la cárcel es devastador. Algunos criminales son unos padres nefastos: abusivos, volátiles, ausentes. Pero muchos no lo son. Sus ganancias —tanto las provenientes del crimen como las de trabajos legales— ayudan a mantener a sus familias. Para un niño, la ausencia del padre encarcelado supone una dificultad nada deseable. Tener a un padre en prisión incrementa las posibilidades de que ese niño se convierta en delincuente juvenil entre un 300 y un 400 por ciento; y las de que ese niño padezca graves desórdenes mentales un 250 por ciento.

Una vez que el criminal ha cumplido condena, regresa a su viejo barrio. Es muy probable que presente algún daño psicológico tras su tiempo en reclusión. Sus perspectivas de conseguir un empleo son muy escasas. Mientras ha estado en la cárcel, ha perdido a muchos de sus amigos «legales» y los ha reemplazado con otros camaradas en el mundo del hampa. Y ahora está de vuelta, causando una mayor tensión tanto emocional como financiera en la casa que rompió en pedazos con su marcha. La reclusión produce daños colaterales. En la mayoría de los casos, el perjuicio generado es menor que los beneficios; nos sigue conviniendo poner a la gente tras las rejas. Pero la tesis de Clear es que si encerramos a *demasiada* gente durante *demasiado* tiempo, los daños colaterales empiezan a superar a los beneficios*.

Clear puso a prueba su hipótesis junto a una colega, Dina Rose, en Tallahassee (Florida)**. Recorrieron la ciudad y compararon las cifras de las personas enviadas a prisión en un barrio concreto durante un año con la tasa de criminalidad en ese mismo barrio al año siguiente, con el objetivo de intentar estimar, matemáticamente, si había un punto a partir del cual la curva en forma de U invertida empezaba a torcerse. Lo hallaron. «Si más del 2 por ciento del barrio va a la cárcel, su efecto sobre el crimen empieza a ser el inverso», concluyó Clear.

De esto hablaba Jaffe en Brownsville. El daño que ella intentaba reparar con sus abrazos y pavos no estaba causado por una ausencia de orden público. Estaba causado por un *exceso* de orden público: tantos padres, hermanos y primos en presidio que los vecinos del barrio habían comenzado a ver en la ley un enemigo. Brownsville se colocaba en la parte derecha de la U invertida. En 1989, en California había 76.000 personas tras las rejas. Diez

---

* Clear describió primero sus ideas hace unos años en un trabajo titulado «Backfire: When Incarceration Increases Crime» [El tiro por la culata: cuando la encarcelación aumenta el crimen]. En él enumeraba diez razones por las que encarcelar a un gran número de gente podría tener un efecto contrario al pretendido. Al principio, Clear no encontró a nadie que quisiera publicar su ensayo. Lo intentó en las publicaciones académicas señeras en su campo, y en todas ellas le dieron un no por respuesta. Nadie le creía, salvo la gente de los reformatorios. Clear afirma: «Uno de los hechos poco conocidos en mi mundo es que los trabajadores de los reformatorios, en su mayoría, piensan que lo que hacen no mejora las cosas. Ellos intentan gestionar prisiones humanas y se involucran todo lo que pueden. Pero contemplan lo que ocurre y extraen algunas conclusiones acertadas. Saben lo que hay. Dicen cosas como: "Mis guardias tratan mal a los internos", o "No se van a sentir mejor al abandonar el centro", o "No les aportamos nada de lo que necesitan". Para ellos se trata de una experiencia llena de amargura. Así que cuando mi ensayo pasaba de mano en mano para su posible publicación, y un hombre del Oklahoma Criminal Justice Research Consortium me preguntó si podía publicarlo, yo le dije que sin problema. Y lo hizo. Y durante mucho tiempo, si tecleabas mi nombre en Google, era el primer resultado que aparecía».

** En su formulación más sencilla, la tesis de Clear dice: «Apartar a un gran número de hombres jóvenes de un lugar determinado a través de la reclusión, para devolverlos luego a ese sitio, no es positivo para la gente que vive allí».

años después, en buena medida por la Three Strikes, ese número se había más que duplicado. Traducido a datos per cápita, al comienzo del siglo XXI California tenía entre *cinco y ocho veces* más población reclusa que Canadá o Europa occidental. ¿Cabe la posibilidad de que la Three Strikes convirtiera algunos barrios de California en el equivalente de Brownsville?

Reynolds está convencido de que su cruzada salvaba seis vidas al día, porque, tras la aplicación de la Three Strikes, las tasas de criminalidad se desplomaron en el estado. Pero si examinamos mejor los datos, resulta que esa reducción ya había comenzado antes de que la ley entrara en efecto. Y si las tasas de criminalidad se desplomaron en California a lo largo de los años noventa, lo mismo ocurrió en otras muchas partes de Estados Unidos durante el mismo periodo; incluso en sitios que no aplicaron para nada la mano dura. Cuanto más se estudia la Three Strikes, menos convencido queda uno sobre sus efectos. Algunos criminólogos han concluido que sí contribuía a disminuir los delitos. Otros han afirmado que funcionaba, pero que el dinero gastado en encerrar a los delincuentes habría estado mejor empleado en otras cosas. Un estudio reciente dice que la Three Strikes disminuyó en conjunto el número de delitos pero que, paradójicamente, aumentó el número de crímenes violentos. Un grupo, tal vez el más numeroso, no advierte ningún efecto tras la implantación de la ley, e incluso unos cuantos estudios aseguran que la Three Strikes realmente *ha aumentado* las tasas de criminalidad[*]. El estado de California dirigió el mayor experimento penal en la historia de Estados Unidos, y después de veinte años y decenas de miles de millones de dólares gastados, nadie puede

---

[*] Por ejemplo, los fiscales pueden elegir si solicitan o no que se apliquen a los sentenciados las condenas de esa ley. Algunas ciudades, como San Francisco, recurren a ellas esporádicamente. Pero en algunos condados de Central Valley —cerca del lugar de origen de Mike Reynolds— los fiscales las han pedido hasta veinticinco veces con más frecuencia. Si la Three Strikes previniera realmente contra el crimen, entonces observaríamos una correlación entre la frecuencia con que los condados emplean la ley y la velocidad con que sus índices de delincuencia bajan. No se observa nada así. Y si la Three Strikes actuara de verdad disuasoriamente, entonces la tasa de criminalidad debería bajar mucho más rápido en las faltas en las que se aplican esas condenas que en el resto, ¿no es así? ¿Lo hacían? La respuesta es no.

asegurar a ciencia cierta si el experimento ha servido para algo*. En noviembre de 2012, California finalmente se rindió. En un referéndum estatal, la ley fue radicalmente atenuada**.

4

Wilma Derksen se encontraba en casa, limpiando la sala del sótano, cuando su hija Candace la llamó. Era una tarde de viernes de noviembre, una década antes de que Kimber Reynolds saliera por última vez de casa de sus padres. Los Derksen vivían en Winnipeg (Manitoba), entre las infinitas praderas del centro de Canadá, y en esa época del año la temperatura bajaba de los 0° C. Candace tenía trece años. Se reía, flirteando con un chico de su escuela. Quería que su madre fuera a recogerla. Wilma hizo una serie de cálculos mentales. Los Derksen tenían un coche. Wilma debía recoger a su marido, Cliff, en el trabajo. Pero él no terminaba su jornada hasta una hora más tarde. Tenía otros dos hijos, de dos y nueve años. Podía oír cómo se peleaban en la otra habitación. Tendría que abrigarlos bien primero, recoger a Candace y luego ir en busca de su marido. Sería una hora dentro de un coche con tres niños hambrientos. Había un autobús. Candace tenía trece años, ya no era una niña. La casa estaba patas arriba.

—Candace, ¿tienes dinero para el autobús?

—Sí.

—No puedo recogerte —le dijo.

---

* En los años ochenta, California gastaba el 10 por ciento de su presupuesto en enseñanza superior y tan solo un 3 por ciento en prisiones. Después de dos décadas de la Three Strikes, el estado se gastaba más de un 10 por ciento del presupuesto en prisiones —50.000 dólares al año por cada hombre y cada mujer tras las rejas—, mientras que el gasto en educación había caído por debajo del 8 por ciento.

** En noviembre de 2012, el 68,6 de los votantes californianos se pronunciaron a favor de la Proposition 36, que establecía que para ser condenado de veinticinco años a perpetuidad, la tercera falta del reincidente debía tener una naturaleza «grave o violenta». La Proposition 36 también permite apelar a los delincuentes sentenciados previamente de acuerdo con la Three Strikes, y actualmente con una condena a cadena perpetua, para que su pena se reevalúe en el caso de que su tercera falta no revistiera especial gravedad.

Derksen volvió a encender la aspiradora. Dobló la ropa de la colada. Estaba muy ajetreada. De repente, paró. Parecía que algo no iba bien. Miró el reloj. Candace ya debería haber llegado a casa a esa hora. Fuera la temperatura había bajado repentinamente. Estaba nevando. Ella recordó que Candace no llevaba ropa de abrigo. Empezó a ir de la ventana de la fachada a la de la cocina, desde donde se veía el callejón de la parte de atrás. Candace podría llegar por cualquiera de los dos sitios. Ya era hora de salir a por su marido. Wilma metió a sus otros dos hijos en el coche y condujo lentamente por Talbot Avenue, la calle que conectaba el barrio de los Derksen con la escuela de Candace. Escudriñó a través del escaparate del 7-Eleven, donde a veces su hija se entretenía. Fue hasta la escuela. Las puertas estaban cerradas.

—Mami, ¿dónde está? —le preguntó su hija de nueve años.

Entonces se dirigieron a la oficina de Cliff.

—No puedo encontrar a Candace —le dijo a su marido—. Estoy preocupada.

Los cuatro volvieron a casa en el coche, fijándose bien en los dos lados de la calle. Empezaron a llamar a los amigos de Candace uno por uno. Wilma Derksen fue en el coche a ver al chico con el que Candace había estado tonteando antes de llamar a casa. Él dijo que la había visto por última vez andando por Talbot Avenue. Los Derksen llamaron a la policía. A las once de la noche, dos agentes tocaron a la puerta de su vivienda. Se sentaron a la mesa del comedor y les preguntaron a Wilma y a su marido una cuestión tras otra acerca de si Candace era feliz en casa.

Los Derksen organizaron una brigada de búsqueda y reclutaron a personas de su iglesia y de la escuela de Candace, y a cualquiera en quien pudieran pensar. Colocaron carteles con «¿Has visto a Candace?» por toda Winnipeg, en lo que se convirtió en la mayor búsqueda civil en la historia de la ciudad. Rezaron. Lloraron. No dormían. Pasó un mes. Intentaron distraer a sus dos hijos menores llevándolos a ver *Pinocho* en el cine..., hasta que llegó la parte en que Geppetto se pregunta con el corazón roto por el paradero de su hijo perdido.

En enero, siete semanas después de la desaparición de Candace, los Derksen se encontraban en la comisaría local cuando dos sargentos asignados al caso pidieron hablar con Cliff a solas. Después de unos pocos minutos, guiaron a Wilma hasta el cuarto en el que esperaba su marido y cerraron la puerta. Él aguardó un poco antes de hablar.

—Wilma, han encontrado a Candace.

Habían dejado su cuerpo en un cobertizo, a unos cuatrocientos metros del hogar de los Derksen. Tenía las manos y los pies atados. Había muerto por congelación.

5

Los Derksen recibieron el mismo mazazo que Mike Reynolds. La ciudad de Winnipeg reaccionó frente a la desaparición de Candace del mismo modo en que lo hizo Fresno tras el asesinato de Kimber Reynolds. Los Derksen lloraron su pérdida, al igual que Mike Reynolds. Pero, a partir de ese momento, las dos tragedias comienzan a divergir.

Los Derksen retornaron a su hogar desde la comisaría, y la casa empezó a llenarse de amigos y familiares. La gente se quedó allí todo el día. A las diez de la noche, solo quedaban los Derksen y algunos amigos cercanos. Estaban sentados en la cocina y comían pastel de cerezas. Entonces sonó el timbre de la puerta.

«Recuerdo que pensé que alguien se habría dejado los guantes o algo así», decía Wilma Derksen. Estaba sentada en una silla de jardín, en el patio trasero de su casa en Winnipeg, mientras conversábamos. Hablaba entrecortada y pausadamente al rememorar el día más largo de su vida. Ella abrió la puerta. Había un extraño en el umbral. «Simplemente me dijo: "Yo también soy padre de una niña asesinada"».

El hombre se encontraba en la cincuentena, una generación mayor que los Derksen. Habían asesinado a su hija en una confitería unos años antes. Se había tratado de un caso muy notorio en Winnipeg. Un sospechoso llamado Thomas Sophonow fue arrestado por el asesinato y juzgado tres veces. Pasó cuatro años en la cárcel antes de que un tribunal de apelación lo exonerara. El hombre se sentó en su cocina. Ellos le ofrecieron un pedazo del pastel de cerezas, y él comenzó a hablar.

«Nos sentamos en torno a la mesa y nos quedamos mirándole», decía Wilma Derksen. «Recuerdo que nos hizo la crónica de los juicios celebrados, de los tres. Tenía una libreta negra, como la de un reportero. Repasaba hasta los detalles más nimios. Incluso guardaba las facturas que había pagado. Hizo una pila con todas esas cosas. Nos habló sobre Sophonow, sobre la imposibilidad de los juicios, sobre su furia al ver que no se hacía justicia, sobre la incapacidad del sistema para hallar un responsable. Quería que se arrojara algo de luz en todo el caso. El proceso lo había destrozado. Había destrozado a toda su familia. Ya no podía trabajar. La salud. Repasó todas las medicinas que tomaba, y pensé que le iba a dar un infarto allí mismo. Creo que no se había divorciado de su mujer, pero, por el modo en que hablaba, era como si su matrimonio estuviera acabado. No habló mucho de su hija. Estaba completamente obsesionado con la idea de que se hiciera justicia. Era algo tan transparente... Ni siquiera tenía que decírnoslo. Lo podíamos sentir. Repetía todo el rato la frase: "Les estoy contando esto para que sepan lo que les espera". Finalmente, bien pasada la medianoche, dejó de hablar. Miró su reloj. Ya había terminado su historia. Se levantó y se marchó.

»Fue un día horrible. Ya puede figurárselo, no estábamos en nuestros cabales. Quiero decir, no sé siquiera cómo explicar esto, estábamos como atontados. Pero pasar por esa experiencia de algún modo nos sacó del aturdimiento, porque fue un baño de realidad. Tenía la sensación de que había pasado algo importante. No sé cómo explicarlo. Es como: anota esto, esto va a ser importante. Ya sabe, estás atravesando por un trance muy duro, pero de cualquier modo hay que prestar atención».

El desconocido presentó su propio destino como algo inevitable. *Les estoy contando esto para que sepan lo que les espera*. Pero para los Derksen, lo que el hombre les había contado no era tanto un presagio como una advertencia. Eso era lo que *podía* esperarles. Podían perder la salud y la cabeza, y perderse el uno al otro, si permitían que el asesinato de su hija los consumiera.

«Si él no hubiera venido en ese momento», comentaba Derksen, «posiblemente las cosas habrían sido de otro modo. Ahora, cuando echo la vista atrás, pienso que nos forzó a sopesar otras opciones. Nos dijimos: "¿Cómo salimos de todo esto?"».

Los Derksen se fueron a dormir, o lo intentaron. Al día siguiente se celebraba el funeral de Candace. Luego habían accedido a hablar con la prensa. Prácticamente todo medio de noticias de la provincia acudió allí. La desaparición de Candace Derksen había captado el interés de toda la ciudad.

—¿Qué sentimientos tienen para el que le hizo eso a Candace? —les preguntó uno de los periodistas.

—Nos gustaría saber quién es o quiénes son para que algún día, ojalá, podamos dar un poco de amor a esas vidas que parecen tan faltas de él —declaró Cliff.

—Nuestra mayor preocupación era encontrar a Candace —intervino seguidamente Wilma—. Y la hemos encontrado. No puedo decir en este momento que perdone a esa persona —hizo hincapié en las palabras «en este momento»—. Todos hemos cometido algún acto atroz en nuestras vidas, o al menos hemos tenido ganas de cometerlo.

6

¿Es más heroica la actitud de Wilma Derksen que la de Mike Reynolds? Resulta tentador hacerse esa pregunta, pero no es justa. Cada uno actuó con las mejores intenciones y escogió una senda realmente valiente.

La diferencia entre ambos radicaba en su percepción de lo que podía reportar el uso de la fuerza. Los Derksen combatieron todo instinto vengativo como padres porque no estaban seguros de las consecuencias. No estaban convencidos del poder de los gigantes. Se habían criado en la religión menonita. Los miembros de este culto son pacifistas y marginales. La familia de Wilma había emigrado desde Rusia, donde muchos menonitas se habían establecido en el siglo XVIII. Durante la Revolución rusa y el estalinismo, se les persiguió con saña repetidas veces. Muchas aldeas menonitas fueron arrasadas. Cientos de hombres adultos fueron enviados en barco a Siberia. Sus granjas fueron saqueadas y reducidas a cenizas, y comunidades enteras tuvieron que huir a Estados Unidos y Canadá. Derksen me mostró una foto de su tía abuela, tomada años antes en Rusia. Ella decía que recordaba a su abuela cuando hablaba sobre su hermana mientras miraba esa misma foto entre lágrimas. Su tía abuela había trabajado como profesora en una escuela dominical —una mujer a la que los niños acudían en tropel—, y durante la Revolución unos hombres armados fueron en su busca y la asesinaron junto a sus alumnos. Wilma contaba cómo su abuelo se despertaba en mitad de la noche por las pesadillas sobre lo que había ocurrido en Rusia, y que luego se levantaba para ir a trabajar como si nada. Se acordaba de su padre decidiendo no demandar a alguien que le debía mucho dinero, y optando por olvidarse del tema. «Eso es en lo que creo, y así es como vivimos», decía él.

Algunos movimientos religiosos tienen por héroes a grandes guerreros y profetas. Los menonitas cuentan con Dirk Willems, quien fue arrestado por sus creencias en el siglo XVI y encerrado en una torre. Con la ayuda de una soga hecha de trapos anudados, consiguió deslizarse ventana abajo y escapó por el foso helado del castillo. Un guardia salió en su búsqueda. Willems logró alcanzar sano y salvo el otro lado. Pero el guardia abrió una grieta en el hielo al pasar y cayó al agua helada. Willems se detuvo, volvió sobre sus pasos y sacó a su perseguidor del agua. Por ese acto compasivo, le recompensaron llevándole de vuelta a la cárcel, donde fue torturado y luego quemado lentamente en la hoguera, mientras él repetía: «Oh, mi Señor, Dios mío» más de setenta veces[*].

---

[*] En el libro *Amish Grace* [Gracia amish], se narra la historia de una joven madre amish cuyo hijo de cinco años es atropellado y herido muy gravemente por un coche que iba a gran velocidad. Los amish también son herederos de la tradición de Dirk Willems. Sufrieron junto a los menonitas en los primeros años de su fe. Tanto en la tradición menonita como en la amish, hay un sinfín de historias como esta:

> El oficial de policía llevó al conductor al coche patrulla para hacerle pasar el test de alcoholemia, y la madre del niño herido se acercó hasta allí para hablar con el agente. Con su hija pequeña tirándole del vestido, ella dijo: «Por favor, cuiden del chico». Asumiendo que ella se refería a su desafortunado hijo, el agente contestó: «La gente

«Me enseñaron que existe una alternativa para tratar con la injusticia» afirmaba Derksen. «Es lo que me enseñaron en la escuela. Nos contaron toda la historia de la persecución. Teníamos este cuadro con el martirio que se remontaba al siglo XVI. Toda la filosofía menonita se resume en que hay que perdonar y no guardar rencor».

Para los menonitas, el perdón es un imperativo religioso: *Perdonamos a nuestros deudores*. Se trata también de una estrategia muy práctica, basada en la creencia de que los mecanismos del castigo justo presentan grandes limitaciones y eso afecta a sus posibles resultados. Los menonitas creen en la curva en forma de U invertida.

Mike Reynolds no contemplaba en absoluto esas limitaciones. Creía, por una cuestión de principios, que el Estado y la ley podían impartir justicia en el asesinato de su hija. Reynolds llegó a dar su opinión sobre el tristemente famoso caso de Jerry DeWayne Williams: un joven había sido arrestado por arrebatarles una porción de pizza a cuatro niños en un muelle de Redondo Beach, al sur de Los Ángeles; como Williams tenía cinco condenas previas —que iban de un atraco a posesión de drogas, pasando por una violación de la condicional—, el robo del trozo de pizza se juzgó como una tercera falta y le cayeron automáticamente de veinticinco años a cadena perpetua*.

Con la perspectiva de hoy, el caso de Williams supuso el comienzo del fin para la cruzada de Mike Reynolds. Ponía de relieve todo lo que fallaba en la Three Strikes. La ley no distinguía entre ladrones de pizza y asesinos. Sin embargo, Mike Reynolds no comprendía por qué ese caso había causado tanta indignación. Para él, Williams había violado un principio fundamental: había incumplido

---

de la ambulancia y el doctor harán todo lo que puedan. Lo demás está en manos de Dios». La madre señaló entonces hacia el sospechoso en la parte de atrás del coche patrulla. «Me refiero al conductor. Le perdonamos».

* Williams salió de la cárcel unos pocos años más tarde, después de que un juez redujera su pena, y su caso se convirtió en un grito de guerra para el movimiento anti-Three Strikes.

Williams tenía una pena más larga que su compañero de celda, condenado por asesinato.

repetidamente las normas sociales, y por eso había perdido el derecho a la libertad. Era tan simple como eso.

«Mire», me dijo Reynolds, «todos esos que delinquen por tercera vez piensan que las cosas son como antes, y se merecen lo que reciben». Lo importante para él era que la ley sentara ejemplo para los infractores reincidentes. «Cada vez que en los medios sale la historia de algún idiota que reincide para robar un trozo de pizza», continuaba, «eso contribuye a frenar el crimen en el estado más que ninguna otra cosa».

Los británicos actuaron bajo el mismo principio en los primeros días de los Troubles. No puede permitirse que la gente prepare bombas, guarde armas automáticas y la emprenda a tiros a plena luz del día. Ninguna sociedad civil puede seguir adelante en tales circunstancias. El general Freeland tenía todos los motivos para ser duro con los matones y pistoleros.

Lo que no entendía Freeland, no obstante, era lo mismo que se le escapaba a Reynolds: llega un punto en el que una bienintencionada aplicación del orden y la autoridad produce efectos contraproducentes. Inspeccionar la primera casa en Lower Falls tenía sentido. Registrar de arriba abajo el barrio entero solo sirvió para empeorar las cosas. A mediados de los años setenta, no había hogar católico en Irlanda del Norte que no hubiera sido inspeccionado, de media, dos veces. En algunos barrios, ese número subía a diez veces o más. Entre 1972 y 1977, *uno de cada cuatro* varones católicos en Irlanda del Norte entre los dieciséis y los cuarenta y cuatro años había sido arrestado al menos en una ocasión. Incluso si todos eran culpables de algún acto ilegal, tal grado de celo no podía desembocar en nada bueno[*].

No es fácil aprender esta lección final sobre los límites del poder. Requiere que las personas con cargos de autoridad acepten que lo que creen su mayor ventaja —el hecho de que puedan

---

[*] A mediados de los años noventa, el IRA organizaba viajes en autobús diarios para visitar la prisión de las afueras de Belfast, como si se tratara de un parque de atracciones. «En los guetos católicos, prácticamente todo el mundo tiene a un padre, hermano, tío o primo que ha estado en la cárcel», escribía el politólogo John Soule en el punto álgido de los Troubles. «En esta atmósfera, los jóvenes acaban considerando la cárcel como un distintivo honroso más que como una desgracia».

entrar en todas las casas que quieran y arrestar y encarcelar a todas las personas que crean preciso durante el tiempo que consideren oportuno— tiene verdaderas restricciones. Caroline Sacks se enfrentó a una versión de esto cuando vio que lo que creía una ventaja la situaba en desventaja. Pero una cosa es admitir las limitaciones de tus ventajas al elegir entre una escuela muy buena y una escuela verdaderamente excelente, y otra muy diferente es la sensación que le sobrecoge a un padre cuando sostiene la mano de su hija agonizante en una cama de hospital. «Papá puede arreglarlo todo, y cuando eso le ocurrió a nuestra hija, era algo que yo no podía reparar», decía Reynolds. Lo que le prometió a su hija es que él se levantaría y diría: «Basta». No se le puede culpar por ello. Pero la tragedia de Mike Reynolds fue que, al cumplir esa promesa, dejó California en una situación peor que la anterior.

A lo largo de los años, mucha gente se ha acercado a Fresno para charlar con Reynolds sobre la Three Strikes: el largo trayecto en coche desde Los Ángeles hasta los llanos de Central Valley se ha convertido en una especie de peregrinaje. Reynolds acostumbra a llevar a sus visitantes hasta el Daily Planet, el restaurante en el que su hija cenó antes de ser asesinada al otro lado de la calle. Oí hablar sobre una de esas visitas antes de embarcarme en el mismo viaje. Reynolds se había puesto a discutir con la dueña del restaurante. Esta le había dicho que dejara de traer gente para conocer el lugar del crimen. Su negocio se estaba resintiendo por ello. «¿Cuándo va a terminar con esto?», le preguntó la mujer. Reynolds se quedó lívido. «Por supuesto que daña su negocio», le replicó, «pero a nosotros nos ha destrozado la vida. Le dije que terminaría cuando mi hija estuviera de vuelta».

Al final de nuestra entrevista, Reynolds me dijo que quería enseñarme el sitio donde habían asesinado a su hija. No pude aceptar. Hubiera sido demasiado. Entonces Reynolds alargó la mano desde su lado de la mesa y me agarró el brazo.

«¿Lleva cartera?», me dijo, y me entregó una foto tamaño carné de su hija. «Esta la tomaron un mes antes de que mataran a Kimber. Podría llevarla y así pensaría sobre el tema cuando abra la cartera. A veces hace falta ponerles un rostro a las cosas». Mike

Reynolds no terminará nunca su duelo. «Esa chica lo tenía todo para vivir. Y que te ocurra algo así, que alguien la matara a sangre fría de ese modo... es intolerable. Hay que parar algo así».

7

En 2007, los Derksen recibieron una llamada de la policía. «Les di largas durante dos meses», decía Wilma Derksen. ¿De qué podría tratarse? Habían pasado veinte años desde la desaparición de Candace. Ellos habían intentado pasar página. ¿Qué beneficio les podía traer abrir viejas heridas? Al final respondieron. La policía acudió a su casa.

«Hemos encontrado a la persona que mató a Candace», dijeron.

El cobertizo en que fue hallado el cadáver de Candace había estado guardado todos esos años en un almacén de la policía, y las muestras de ADN recogidas coincidían con las de un hombre llamado Mark Grant. Había vivido relativamente cerca de los Derksen. Tenía un largo historial de delitos sexuales y había pasado la mayor parte de su vida adulta entre rejas. En enero de 2011, Grant fue llevado a juicio.

Derksen cuenta que estaba aterrorizada. No sabía cómo iba a reaccionar. El recuerdo de su hija había quedado depositado en una zona de su mente, y ahora todo sería desenterrado. Se sentó en la sala. Grant estaba abotargado, tenía un aspecto hinchado. Parecía enfermo y menoscabado.

«Su furia contra nosotros, su hostilidad, parecía inexplicable», decía. «No sé por qué estaba tan enfadado con nosotros, cuando habría tenido que ser a la inversa. Probablemente no le llegué a mirar bien hasta el final de las vistas preliminares, y entonces me dije: *Eres la persona que mató a Candace*. Recuerdo que nuestras miradas se cruzaron, y que no me lo podía creer: *¿Quién eres tú? ¿Cómo pudiste? ¿Cómo puedes ser así?*

»El peor momento para mí fue cuando, se me van a saltar las lágrimas, cuando...». Se detuvo un momento y se disculpó por su llanto. «Me di cuenta de que había atado a Candace de pies y manos, y lo que significaba eso. La sexualidad adopta diversas formas, y hasta entonces no me había dado cuenta». Volvió a interrumpirse. «Soy una ingenua menonita. Y darme cuenta de que alguien podía disfrutar atando a Candace y viéndola sufrir así, de que torturarla le había procurado gozo... No sé si eso tiene algún sentido. Para mí, es casi peor que la lascivia o la violación, ¿sabe? Es inhumano. Puedo entender cuando se tuerce el deseo sexual. Pero aquí estamos hablando de Hitler. Es horrible. Es lo peor».

Perdonar en el plano abstracto era una cosa. Cuando Candace fue asesinada, sus padres no sabían quién era el asesino: era alguien sin nombre y sin cara. Pero ahora lo tenían delante.

«¿Cómo puedes perdonar a alguien así?», continuaba Derksen. «Mi historia se había complicado enormemente. Tenía que luchar con sentimientos como, *vaya, ¿por qué no se muere? ¿Por qué no viene alguien y se lo carga?* Eso no es sano. Es venganza. Y de algún modo eso equivalía a torturarlo, que su destino estuviera en mis manos.

»Un día casi pierdo la cabeza en la iglesia. Estaba con un grupo de amigos y me puse a despotricar contra esa aberración sexual. Y luego a la mañana siguiente, una de mis amigas me llamó: "Desayunemos juntas. No, no podemos hablar así. Vayamos a mi piso". Así que me acerqué a su casa. Y ella me habló de su adicción a la pornografía, al sadomaso y al *bondage*. Se había metido en ese mundo. Y entendía esas cosas. Me lo contó todo acerca del tema. Y entonces recordé cuánto la quería. Habíamos trabajado en el ministerio juntas. Toda esa desviación, ese lado de ella, había estado oculto para mí».

Derksen había estado hablando durante mucho tiempo y el cúmulo de emociones comenzó a hacer mella en ella. Hablaba lenta y quedamente.

«Estaba muy compungida. Estaba asustada de verdad. Había presenciado mi ira. Y si yo no apagaba esa ira podría dirigirla contra ella. ¿La rechazaría entonces?».

A fin de perdonar a su amiga, se dio cuenta, debía perdonar a Grant. No podía hacer excepciones por su propia conveniencia moral.

«Luché contra ello», continuaba. «Al principio era renuente. No soy una santa. No me paso el día perdonando. Es lo último que uno quiere hacer. Habría sido extremadamente más fácil haber dicho...», y entonces cerró el puño, «porque habría tenido a mucha gente de mi parte. Probablemente hoy sería una activista. Podría haber tenido una gran organización detrás de mí».

Wilma Derksen podría haber sido Mike Reynolds. Podría haber emprendido su propia versión de la Three Strikes. Pero ella tomó otro camino.

«Habría resultado más fácil al comienzo», continuaba. «Pero más tarde se habría vuelto más duro. Creo que habría perdido a Cliff, y creo que también habría terminado perdiendo a mis hijos. De alguna forma les estaría haciendo a otros lo que él le hizo a Candace».

Un hombre desolado usa todo el peso de la ley y termina implicando a su Gobierno en un experimento estéril y costoso. Una mujer se olvida de la promesa del poder y halla la fuerza para perdonar, salvando una amistad, su matrimonio y la cordura. El mundo al revés.

Capítulo 9
André Trocmé

«Nos sentimos en la obligación de decirle que entre nosotros hay un cierto número de judíos»

1

Cuando Francia cayó en junio de 1940, el ejército alemán permitió a los franceses formar un Gobierno en la ciudad de Vichy. Estaba encabezado por el mariscal Philippe Pétain, héroe de la Primera Guerra Mundial, al que se le concedieron los poderes propios de un dictador. Pétain colaboró activamente con los alemanes. Desposeyó de sus derechos a los judíos. Los apartó a la fuerza de sus profesiones. Revocó las leyes contra el antisemitismo, acorraló a los judíos franceses y los envió a campos de internamiento, y dio otros muchos pasos en la dirección del autoritarismo, grandes y pequeños, como, por ejemplo, obligar a los escolares franceses a honrar cada mañana la bandera nacional con el saludo fascista: el brazo derecho bien extendido y la palma hacia abajo. En la escala de todos los ajustes exigidos durante la ocupación alemana, el saludo matutino a la bandera no parecía tener mucha importancia. La mayor parte de la gente cedió. Pero no los habitantes del pueblo de Le Chambon-sur-Lignon.

Le Chambon es uno de los doce municipios que se asientan en el Plateau Vivarais, una región montañosa no lejana de las fronteras con Italia y Suiza, en la Francia centro-meridional. Los inviernos son nevados y desapacibles allí. Se trata de una zona apartada, y las ciudades más próximas están en las faldas de la montaña, a muchos kilómetros de distancia. La región depende en gran medida de la agricultura, y las fincas se ocultan entre los bosques de pinos. Durante muchos siglos, Le Chambon había dado cobijo a sectas protestantes disidentes, entre las que destacaba la de los hugonotes. El pastor hugonote de la localidad se llamaba André Trocmé. Era un pacifista. El domingo siguiente a que Francia pasara a dominio alemán, Trocmé predicó en el templo protestante de Le Chambon. «Amar, perdonar y hacer el bien a nuestros adversarios es nuestro deber», dijo en esa ocasión. «Pero esto ha de hacerse sin que implique rendición, y sin que debamos caer en la cobardía. Nos opondremos siempre que nuestros enemigos nos exijan una obediencia contraria a los mandamientos del Evangelio. Actuaremos sin miedo, pero también sin soberbia y sin odio».

Para Trocmé, hacer el saludo fascista al régimen de Vichy era un muy buen ejemplo de «obediencia contraria a los mandamientos del Evangelio». Junto a Édouard Theis, el otro pastor de la parroquia, había fundado años atrás una escuela en Le Chambon, bautizada como el Collège Cévenol. Los dos pastores tomaron la decisión de que en Cévenol no habría ni asta de bandera ni saludos fascistas.

El siguiente paso de Vichy fue obligar a todos los profesores franceses a suscribir juramentos de fidelidad al Estado. Trocmé, Theis y todo el profesorado de Cévenol rehusaron. Pétain además exigió que hubiera un retrato suyo en todas las escuelas de Francia. Trocmé y Theis pusieron los ojos en blanco. Con ocasión del primer aniversario del régimen de Vichy, el mariscal ordenó que todos los municipios del país hicieran repicar sus campanas al mediodía del 1 de agosto. Trocmé le dijo a la guardiana de la iglesia, una mujer llamada Amélie, que no hiciera nada. Dos personas que residían en el pueblo en verano se presentaron para quejarse. «La campana no le pertenece al mariscal, sino a Dios», fue lo que les respondió secamente Amélie. «Tañe por Dios. Si no, no tañe».

A lo largo del invierno y la primavera de 1940, la situación de los judíos por toda Europa empeoró gradualmente. Una mujer se presentó ante la puerta de Trocmé. Estaba aterrorizada y el frío le hacía temblar. Era judía, dijo. Su vida corría peligro. Había oído que Le Chambon era un lugar hospitalario. «Y yo le dije: "Entre". Y así empezó todo», recordaba años después Magda, la esposa de André Trocmé.

Muy pronto, más y más refugiados judíos comenzaron a aparecer por Le Chambon. Trocmé fue en tren a Marsella para reunirse con un cuáquero llamado Burns Chalmers. Los cuáqueros prestaban ayuda humanitaria en los centros de internamiento que se habían levantado en el sur de Francia. Esos sitios eran tremebundos, plagados de ratas, piojos y enfermedades; en un solo campo, murieron mil cien judíos entre 1940 y 1944. Muchos de los que sobrevivían terminaban siendo desplazados al este y asesinados en los campos de concentración nazis. Los cuáqueros podían sacar a algunas personas de los campos, especialmente a los niños. Pero no tenían ningún lugar al que enviarlos. Trocmé ofreció Le Chambon como sitio de acogida. El reguero de judíos que subía la montaña se convirtió de pronto en un torrente.

En el verano de 1942, George Lamirand, el ministro de la Juventud de Vichy, realizó una visita oficial a Le Chambon. Pétain le había asignado la misión de montar campamentos juveniles en Francia a imagen y semejanza de los hitlerianos en Alemania.

Lamirand peinó la montaña con su comitiva, resplandeciente en su uniforme azul marino. Llenaban su agenda un banquete, una marcha hasta el estadio municipal para encontrarse con la juventud local y, por último, una recepción formal. Pero durante el banquete las cosas se torcieron. La comida no estaba a la altura. Y la hija de Trocmé derramó «accidentalmente» sopa por la espalda del uniforme de Lamirand. Durante el desfile, las calles estaban desiertas. En el estadio, no había nada preparado: los niños pululaban por allí, empujándose y mirando obnubilados. En la recepción, un lugareño se levantó para hacer una lectura del Nuevo Testamento, de la Epístola a la Romanos, capítulo 13, versículo 8: «No debáis a nadie nada, sino amaros unos a otros; porque el que ama al prójimo, cumplió la ley».

Más tarde un grupo de estudiantes se acercó hasta Lamirand, y delante de todo el pueblo le hicieron entrega de una carta. Había sido redactada con la ayuda de Trocmé. Ese mismo verano, la policía de Vichy había detenido a doce mil judíos en París a petición de los nazis. Los mantuvieron arrestados en unas condiciones atroces en el Vélodrome d'Hiver, al sur de París, antes de enviarlos al campo de concentración de Auschwitz. Le Chambon, los niños lo dejaron claro, no quería participar en nada así. «Señor ministro», comenzaba la carta:

> Hemos sabido de las espantosas escenas que se produjeron hace tres semanas en París, cuando la policía francesa, obedeciendo órdenes de la fuerza ocupante, arrestó en sus casas a todas las familias judías para encerrarlas en el Vél d'Hiv. Se arrancó a los padres de sus familias, para enviarlos a Alemania. Se arrancó a los niños de sus madres, y estas siguieron el mismo destino que sus esposos [...] Nos asusta que las deportaciones de judíos se ejecuten pronto en la región del sur.
>
> Nos sentimos en la obligación de decirle que entre nosotros hay un cierto número de judíos. Pero nosotros no distinguimos entre judíos y no judíos. Eso es contrario a las enseñanzas del Evangelio.
>
> Si nuestros camaradas, cuya única falta es haber nacido con otro credo, reciben la orden de someterse a una deportación, o a un examen incluso, desobedecerán la orden recibida, y nosotros trataremos de esconderlos lo mejor que podamos.
>
> Entre nosotros hay judíos. Y ustedes no se los van a llevar.

2

¿Por qué no fueron los nazis a Le Chambon para darles un escarmiento ejemplar a sus habitantes? La matrícula en la escuela fundada por Trocmé y Theis subió de 18 alumnos en vísperas de la guerra a 350 en 1944. No había que poseer un gran talento deductivo para imaginar quiénes eran esos 332 alumnos de más. Tampoco el pueblo ocultaba lo que estaba haciendo. *Nos sentimos en la obligación de decirle que entre nosotros hay un cierto número de judíos.* Una colaboradora contó cómo llegaba en el tren de Lyon varias veces al mes con una docena de niños judíos a la zaga. Los dejaba en el hotel May, junto a la estación, y luego recorría el pueblo hasta que encontraba casas donde pudieran alojarlos. En Francia, bajo las leyes de Vichy, transportar y esconder a refugiados judíos era absolutamente ilegal. En otros momentos durante la guerra, los nazis no habían mostrado ninguna clemencia con los judíos. Una vez, la policía de Vichy llegó y sentó campamento en Le Chambon durante tres semanas, y los agentes inspeccionaron el pueblo y los campos limítrofes en busca de refugiados judíos. Dos personas fue todo su botín, y una de ellas quedó en libertad después. ¿Por qué no hicieron formar entonces a todo el pueblo para enviarlo directamente a Auschwitz?

Philip Hallie, el autor de una crónica insuperable sobre Le Chambon, afirma que al final de la guerra el pueblo se benefició de la protección del mayor Julius Schmehling, un veterano oficial de la Gestapo destinado en la zona. También había personas que simpatizaban con la causa entre la policía local de Vichy. A veces André Trocmé recibía una llamada en mitad de la noche, advirtiéndole de que había preparada una redada para el día siguiente. Otras veces se acercaba un contingente policial, tras recibir un chivatazo sobre refugiados ocultos, pero los agentes se demoraban todo lo posible tomando un café en el bar local, para que todo el pueblo estuviera bien al tanto de sus intenciones. A los alemanes tampoco les faltaban las preocupaciones, particularmente hacia 1943, cuando la guerra del frente oriental comenzó a tomar un cariz muy feo para ellos. Tal vez no les apetecía iniciar una pugna con un grupo de montañeses peleones y desagradables.

No obstante, la mejor respuesta para esta sorprendente actitud es algo que *David y Goliat* ha intentado esclarecer: que aniquilar a un pueblo, a unas personas o a un movimiento nunca es tan sencillo como pudiera parecer. Los poderosos no son tan poderosos como dan a entender, y tampoco los débiles son tan débiles. Los hugonotes de Le Chambon descendían de los primeros protestantes, y otros habían intentado —y fracasado— eliminarlos con anterioridad. Al desgajarse de la Iglesia católica durante la Reforma, se habían convertido en forajidos a ojos del Estado francés. Un rey tras otro intentaron que volvieran al redil de la Iglesia católica. El movimiento fue prohibido. Hubo persecuciones públicas y masacres. Se envió a miles de hugonotes a la horca. Las mujeres eran encarceladas de por vida. A los niños los colocaban en casas de acogida católicas para despojarlos de su fe. Ese reino del terror duró más de un siglo. A finales del siglo XVII, doscientos mil hugonotes huyeron de Francia hacia otros países de Europa y Norteamérica. Los pocos que permanecieron tuvieron que vivir en la clandestinidad. Practicaban sus cultos en secreto, en bosques apartados. Se retiraban hasta aldeas en lo alto de las montañas del Plateau Vivarais. Fundaron un seminario en Suiza y hacían que los clérigos cruzaran la frontera furtivamente. Aprendieron las artes de la evasión y el disimulo. Se quedaron para constatar —como los londinenses durante el Blitz— que no tenían miedo realmente. Solo tenían miedo de tener miedo[*].

«La gente en nuestra aldea sabía en qué consistían las persecuciones», decía Magda Trocmé. «Hablaban a menudo de sus antepasados. Los años pasaban y las cosas se olvidaban, pero cuando llegaron los alemanes, los recuerdos volvieron y les ayudaron a entender la persecución de los judíos probablemente mejor que la gente de otras aldeas, porque habían tenido esa especie de preparación».

Cuando el primer refugiado apareció en su puerta, afirmaba Magda Trocmé, no contempló ni por un segundo la posibilidad de negarle su ayuda. «No sabía si eso me iba a traer algún peligro. Nadie pensaba en eso». *¿No sabía si eso me iba a traer algún peligro? ¿Nadie pensaba en eso?* En el resto de Francia, la gente únicamente pensaba en el riesgo que corrían sus vidas. Pero la gente de Le Chambon estaba más allá de todo eso. Con la llegada de los primeros refugiados judíos, los lugareños confeccionaron docu-

---

[*] La historiadora Christine van der Zanden bautiza la zona como la «Meseta de la hospitalidad». La región ya era conocida por haber alojado a otros refugiados en el pasado. En 1790, la Asamblea Francesa declaró que todo el clero católico debía jurar lealtad al Estado so pena de prisión, convirtiendo así a la Iglesia en subordinada del Gobierno. Aquellos que rechazaron firmar la declaración huyeron temiendo por sus vidas. ¿Adónde se encaminaron muchos de ellos? Al Plateau Vivarais, a una comunidad ya versada en el arte del desafío. El censo de disidentes aumentó. Durante la Primera Guerra Mundial, las gentes de esa meseta dieron la bienvenida a nuevos refugiados. Durante la Guerra Civil española, acogieron a las personas que huían del ejército fascista del general Franco. También les hicieron sitio a los socialistas y comunistas procedentes de Austria y Alemania en los albores del terror nazi.

mentos falsos para ellos; no es una tarea demasiado complicada cuando tu comunidad se ha pasado un siglo ocultándole al Gobierno sus verdaderas creencias. Escondieron a los judíos en los sitios donde lo habían hecho otros refugiados durante generaciones, y los sacaron clandestinamente del país hacia Suiza por los mismos caminos que habían usado hacía más de trescientos años. Magda Trocmé continuaba: «La gente me pregunta: "¿Cómo tomaste la decisión?". No había ninguna decisión que tomar. La cuestión era: ¿Crees que todos somos hermanos o no? ¿Crees que es injusto culpar a los judíos o no? ¡Entonces dejadnos ayudar!».

En su intento de eliminar a los hugonotes, los franceses habían creado un núcleo de irreductibles dentro de su país.

Como dijo una vez André Trocmé: «¿Cómo iban a dejar los nazis sin recursos a unas personas así?».

3

André Trocmé nació en 1901. Era un hombre alto y recio, con una nariz larga y unos penetrantes ojos azules. Trabajaba sin descanso, avanzando pesadamente de una punta a otra de Le Chambon. Su hija, Nelly, escribe que «el sentido del deber exudaba por sus poros». Se denominaba pacifista, pero no había nada pacífico en él. Su mujer y él eran famosos por sus querellas a gritos. Una vez fue descrito como *un violent vaincu par Dieu*, un violento rendido a Dios. «Maldito sea el que comienza con gentileza», escribió en su diario. «Desembocará en la insipidez y en la cobardía, y nunca pondrá un pie en la corriente libertadora de la Cristiandad».

Seis meses después de la visita del ministro Lamirand, Trocmé y Édouard Theis fueron arrestados y recluidos en un campo de internamiento (donde, según Hallie, «se les sustrajeron sus pertenencias personales y midieron sus narices para asegurarse de que ninguno era judío»). Al cabo de un mes, se les dijo que quedarían libres con una condición: que declararan «obediencia sin cuestionamiento alguno a las órdenes emitidas por las autoridades gubernamentales para salvaguardar Francia y para bien de la Revolución Nacional del mariscal Pétain». Trocmé y Theis se negaron. El director del campo se acercó a ellos perplejo. La mayoría de los internados terminaría en una cámara de gas. Ellos, a cambio de escribir su nombre en un trozo de papel, en un simple formulario patriotero, iban a recibir un billete gratis para volver a casa.

—¿Qué es esto? —les gritó el director del campo—. ¡Este juramento no atenta en absoluto contra vuestra conciencia! ¡El mariscal solo desea el bien de Francia!

—Al menos en un punto disentimos con el mariscal —replicó Trocmé—. Él manda a los judíos a los alemanes [...] Cuando lleguemos a casa, no hay duda de que proseguiremos oponiéndonos a algo así, y por supuesto desobedeceremos las órdenes del Gobierno. ¿Cómo vamos a firmar ahora esto?

Finalmente, los funcionarios de la prisión dieron su brazo a torcer y los enviaron de vuelta a casa.

Más tarde, la Gestapo aumentó su vigilancia sobre Le Chambon, y Trocmé y Theis se vieron obligados a huir. Se unieron a la resistencia clandestina y se pasaron el resto de la guerra guiando a judíos por los Alpes hasta la segura Suiza. («No era razonable», le explicó Trocmé a Hallie más tarde sobre su decisión. «Pero, ya sabe, tenía que hacerlo de cualquier modo»). Trocmé se desplazaba de un pueblo a otro con documentación falsa. A pesar de sus precauciones, fue arrestado durante una redada de la policía en la estación de ferrocarril de Lyon. Su situación era crítica: no solo por la amenaza de ser descubierto, sino también, y más decisivamente, por cómo proceder acerca de su documentación falsa. Escribe Hallie:

En su documento de identidad aparecía el nombre de Béguet, y ellos le preguntarían si ese era de verdad su nombre. Tendría que mentir para no desvelar su identidad. Pero él no era capaz de mentir; falsear la realidad, especialmente para salvar su propio pellejo, «tendía hacia la clase de cesiones que Dios no me ha pedido que realice», escribió en sus notas autobiográficas sobre el incidente. Salvar las vidas de otras personas —y de paso salvar su propia vida— con carnés de identidad falsos era una cosa, pero estar delante de otro ser humano y mentirle con el único fin de protegerse era otra cosa bien diferente.

¿Qué diferencia moral hay entre servirte del nombre falso que aparece en un carné y afirmar que ese nombre es verdadero delante de un agente de policía? Tal vez ninguna. Trocmé, en ese momento, viajaba con uno de sus hijos pequeños. Todavía estaba embarcado en la misión de ocultar refugiados. Tenía multitud de circunstancias atenuantes, en otras palabras, para justificar una mentira piadosa.

Pero no se trata de eso. Trocmé era desagradable del mismo magnífico modo que Jay Freireich, Wyatt Walker y Fred Shuttlesworth. Y la belleza de los desagradables reside en que no calculan como hacemos el resto de nosotros. Walker y Shuttlesworth no tenían nada que perder. Si han lanzado bombas contra tu casa y el Klan ha rodeado tu coche y ha empezado a aporrearlo con los puños, ¿acaso pueden ir a peor las cosas? A Jay Freireich le dijeron que interrumpiera lo que estaba haciendo y le advirtieron que estaba poniendo en peligro su carrera. Fue abucheado y abandonado por sus colegas. Sostuvo en sus brazos a niños agonizantes y les clavó gruesas agujas en las tibias. Pero él había pasado por situaciones peores. Los hugonotes que antepusieron el interés propio hacía mucho que se habían convertido a otra fe; o si no, se habían rendido o se habían marchado muy lejos. Los que quedaban eran los más obstinados y retadores.

Al final, el agente que lo había arrestado nunca le pidió la documentación a Trocmé. Este convenció a la policía para que lo devolvieran a la estación, donde pudo reunirse con su hijo, antes de escabullirse por una puerta lateral. Pero en el caso de que la policía le hubiera preguntado si su nombre era Béguet, estaba determinado a contar la verdad: «No soy monsieur Béguet. Soy el pastor André Trocmé». *Le daba igual.* Si uno es Goliat, ¿cómo diablos va a derrotar a alguien que piensa de esa manera? Podría matarle, por supuesto. Pero eso representa solamente una variante de las decisiones calamitosas de los británicos en Irlanda del Norte y de los promotores de la campaña Three Strikes en California. Un excesivo uso de la fuerza crea problemas de legitimidad, y la fuerza sin legitimidad conduce al desafío si no hay sometimiento. Puedes matar a André Trocmé. Pero con toda probabilidad, antes o después, otro André Trocmé vendrá a ocupar su puesto.

Cuando Trocmé tenía diez años, su familia salió un día hacia su casa en el campo. Él ocupaba el asiento de atrás del coche, junto a sus dos hermanos y un primo. Sus padres estaban delante. Su padre se enfadó con un coche que marchaba demasiado lento y se escoró para adelantar. «Paul, Paul, no tan rápido. ¡Vamos a tener un accidente!», gritó su madre. El coche derrapó fuera de control. El pequeño André consiguió salir por sus propios medios del vehículo siniestrado. Su padre, sus hermanos y su primo estaban bien. No su madre. Trocmé la vio tendida inerte a unos diez metros. Enfrentarse a un oficial nazi no era nada tras haber visto el cuerpo de su madre en la cuneta de la carretera. Como escribió el propio Trocmé a su madre muerta muchos años después:

> Si he pecado tanto, si he sido, desde entonces, un solitario, si mi alma ha entrado en tantos remolinos y se ha movido a solas, si he dudado de todo, si he sido un fatalista y he sido un niño pesimista que aguardaba la muerte cada día, y que casi llegó a salir a buscarla, si me he abierto lenta y tardíamente a la felicidad, y si continúo siendo un hombre sombrío, incapaz de reír a pleno corazón, es porque tú me dejaste ese 24 de junio en esa carretera.
>
> Pero si he creído en las realidades eternas [...] si me he arrojado violentamente en ellas, es también porque he estado solo, porque tú ya no estabas aquí para ser mi Dios, para llenar mi corazón con tu vida abundante y prevalente.

No fueron los privilegiados ni los afortunados los que acogieron a los judíos en Francia. Fueron los marginales y los dañados, algo que debería recordarnos que existen unos límites reales en las conquistas que la maldad y la desgracia pueden alcanzar. Si uno quita la facultad de leer, crea el don de escuchar. Si uno bombardea una ciudad, deja un rastro de muerte y destrucción, pero funda también una comunidad de «salvados por mucho». Si uno se lleva a un padre o a una madre, causa sufrimiento y desesperación, pero una de cada diez veces, del desconsuelo brota una fuerza indómita. Uno ve al gigante y al pastor en el valle de Ela, y la mirada va hacia el hombre con la espada, el escudo y la armadura destellante. Pero lo que es bello y valioso en este mundo proviene en buena medida del pastor, que atesora más fuerza y determinación de lo que nunca imaginaríamos.

El hijo mayor de Magda y André Trocmé se llamaba Jean-Pierre. Era un adolescente sensible y talentoso. André Trocmé lo adoraba. Una noche hacia el final de la guerra, la familia acudió a presenciar un recital del poema de Villon «La balada del ahorcado». A la noche siguiente, cuando llegaron a casa tras cenar, encontraron a Jean-Pierre colgado de una soga en el baño. Trocmé se adentró en el bosque tambaleándose, mientras gritaba: «¡Jean-Pierre! ¡Jean-Pierre!». Más tarde, escribiría:

> Aún hoy llevo una muerte dentro de mí, la muerte de mi hijo, y por eso soy como un pino decapitado. Los pinos no regeneran sus copas. Se quedan torcidos, tullidos.

Estoy seguro de que Trocmé hizo una pausa al escribir estas palabras, porque todo lo que había sucedido en Le Chambon indicaba que su historia no se detenía ni mucho menos en ese punto. Después escribió:

> Crecen más gruesos, tal vez, y eso es lo que yo estoy haciendo.

AGRADECIMIENTOS

David y Goliat se ha beneficiado enormemente de la sabiduría y generosidad de muchas personas: mis padres; mi agente, Tina Bennett; mi redactor jefe en *The New Yorker*, Henry Finder; Geoff Shandler y Pamela Marshall y todo el equipo en Little, Brown; Helen Conford, de Penguin, en Inglaterra; y demasiados amigos como para llevar la cuenta. Algunos de ellos: Charles Randolph, Sarah Lyall, Jacob Weisberg, los Lynton, Terry Martin, Tali Farhadian, Emily Hunt y Robert McCrum. Muchas gracias a mis revisores de datos, Jane Kim y Carey Dunne, y a mi consultor teológico, Jim Loepp Thiessen, de la Gathering Church, en Kitchener (Ontario). Y a Bill Phillips, como siempre. Eres el maestro.

Notas

Introducción. Goliat

Hay muchos textos académicos que se ocupan de la lucha entre David y Goliat. Una posible fuente: John A. Beck, «David and Goliat, a Story of Place: The Narrative-Geographical Shaping of 1 Samuel 17», *Westminster Theological Journal* 68 (2006), pp. 321-330.

El relato de Claudio Cuadrigario sobre aquel duelo hombre contra hombre procede de la obra de Ross Cowan, *For the Glory of Rome* (Londres, Greenhill Books, 2007), p. 140. Nadie habría dudado en la Antigüedad de la ventaja táctica con la que contaba David una vez se descubrió que era un experto lanzador con honda. Esto es lo que dice el historiador bélico romano Vegecio *(Military Matters*, Libro I) [Trad. esp.: Flavio Vegecio Renato, *Compendio de técnica militar,* Madrid, Cátedra, 2006]:

> A los reclutas se les enseña el arte de lanzar piedras tanto con la mano como con honda. Se cuenta que los pobladores de las islas Baleares fueron los inventores de las hondas y que las manejan con suma destreza, debido a cómo proceden en la crianza de sus hijos. No les está permitido a los niños recibir comida de sus madres hasta que primeramente le han acertado con su honda. A los soldados, pese a sus armaduras protectoras, a menudo les son más perniciosas las piedras redondas que salen de las hondas que las flechas del enemigo. Las piedras matan sin mutilar el cuerpo, y la contusión resulta mortal sin que se pierda sangre. Es por todo el mundo sabido que los antiguos empleaban a los tiradores

de honda en todas sus afrentas. La fuerza de la razón pide que se instruya a todas las tropas, sin excepción, en esta práctica, puesto que la honda no causa impedimento alguno y a menudo es de la mayor utilidad, especialmente cuando se requiere pelear en terrenos rocosos, para defender una montaña o un promontorio, o para repeler a un enemigo durante el asedio de un castillo o una ciudad.

El capítulo de Moshe Garsiel «The Valley of Elah Battle and the Duel of David with Goliath: Between History and Artistic Theological Historiography» aparece en *Homeland and Exile* (Leiden, Boston, Brill, 2009).

Las valoraciones de Baruch Halpern sobre la honda aparecen en *David's Secret Demons* (Grand Rapids, MI, Eerdmans Publishing, 2001), p. 11.

Para los cálculos de Eitan Hirsch, véase Eitan Hirsch, Jaime Cuadros y Joseph Backofen, «David's Choice: A Sling and Tactical Advantage», *International Symposium on Ballistics* (Jerusalén, 21-24 de mayo de 1995). El trabajo de Hirsch está lleno de párrafos como el siguiente:

Los experimentos con cadáveres y modelos híbridos de simulación indican que una energía de impacto de 72 julios es suficiente para perforar (sin agujero de salida) un cráneo cuando un proyectil de acero con un diámetro de 6,35 mm impacta en la zona parietal a 370 m/s. El proyectil no tiene que perforar el cráneo; basta con que aplaste un trozo del hueso frontal para ocasionar una fractura cóncava (como mucho) o una lesión fuerte que deja a la persona inconsciente. Un impacto así somete a una gran tensión a los vasos sanguíneos y a los tejidos cerebrales, además de la lesión en el cráneo [...] porque el movimiento del cerebro se retarda con respecto al movimiento del cráneo. La energía de impacto requerida para alcanzar estas dos incidencias es mucho menor, del orden de 40 a 20 julios, respectivamente.

Hirsch presentó su análisis en una convención científica. En un e-mail que me escribió, añadió:

Un día después de dar la charla uno de los asistentes vino a mí para contarme que, en el arroyo donde tuvo lugar el duelo, uno podía encontrar sulfato de bario, que tiene una densidad de masa de 4,2 g/cc (comparada con los 2,4 g/cc que tienen normalmente las piedras). Si David eligió una de esas piedras contra Goliat, conseguía una ventaja extra significativa aparte de todas las cifras expuestas en las tablas.

El artículo de Robert Dohrenwend «The Sling: Forgotten Firepower of Antiquity» (*Journal of Asian Martial Arts* 11, núm. 2 [2002]) sirve de valiosa introducción para conocer los poderes de la honda.

El ensayo de Moshe Dayan sobre David y Goliat, «Spirit of the Fighters», se recoge en *Courageous Actions — Twenty Years of Independence* 11 (1968), pp. 50-52.

La idea de que Goliat sufría de acromegalia se propuso por primera vez en C. E. Jackson, P. C. Talbert y H. D. Caylor, «Hereditary Hyperparathyroidism», *Journal of the Indiana State Medical Association* 53 (1960), pp. 1313-1316, y más tarde en una carta de David Rabin y Pauline Rabin al *New England Journal of Medicine* (20 de octubre de 1983). Con posterioridad, otros expertos en medicina han llegado a la misma conclusión. En una carta a la revista *Radiology* (julio de 1990), Stanley Sprecher escribe:

> Sin lugar a dudas, el gran tamaño de Goliat se debía a una acromegalia subordinada a un macroadenoma pituitario. El adenoma pituitario al parecer era lo suficientemente grande como para causar deficiencias en la visión al presionar el quiasma óptico, lo que hizo imposible a Goliat ir detrás del joven David mientras este le rodeaba. La piedra penetró en la bóveda craneal de Goliat a través de un hueso frontal acentuadamente fino, resultado de un agrandamiento del seno paranasal frontal, una característica muy habitual en la acromegalia. La piedra se alojó en la pituitaria hipertrofiada de Goliat y le causó una hemorragia pituitaria, que resultó en una herniación transtentorial y en la muerte.

La explicación más integral sobre la enfermedad de Goliat corre a cargo del neurólogo israelí Vladimir Berginer. Este es quien puso el foco sobre la sospechosa índole del portador del escudo de Goliat. Véase Vladimir Berginer y Chaim Cohen, «The Nature of Goliath's Visual Disorder and the Actual Role of His Personal Bodyguard», *Ancient Near Eastern Studies*

43 (2006), pp. 27-44. Escriben Berginer y Cohen: «Por lo tanto, conjeturamos que la expresión "escudero" fue utilizada originalmente por los filisteos como un título eufemísticamente honorable para el individuo que servía de guía al visualmente mermado Goliat, con objeto de que la reputación militar del heroico guerrero filisteo no fuera denigrada. Posiblemente, se le había dado el escudo que portaba para camuflar sus auténticas funciones».

Capítulo 1. Vivek Ranadivé

El libro de Ivan Arreguín-Toft sobre los matagigantes se titula *How the Weak Win Wars* (Nueva York, Cambridge University Press, 2006).

El párrafo que comienza «No podíamos conseguirnos agua con facilidad tras el crepúsculo» está extractado de T. E. Lawrence, *Seven Pillars of Wisdom* (Ware, Wordsworth Editions, 1999) [Trad. esp.: *Los siete pilares de la sabiduría*, Barcelona, Punto de Lectura, 2000].

La crónica de William R. Polk sobre las acciones militares no convencionales se titula *Violent Politics: A History of Insurgency, Terrorism, and Guerrilla War, from the American Revolution to Iraq* (Nueva York, Harper, 2008) [Trad. esp.: *Políticas violentas: una historia de la insurgencia, el terrorismo y la guerra de guerrillas desde la revolución americana hasta Iraq*, Barcelona, La Vanguardia Ediciones, 2008].

Capítulo 2. Teresa DeBrito

Tal vez el mejor estudio sobre las repercusiones de las ratios por clase, el Project STAR (Student-Teacher Achievement Ratio [Ratio de Rendimiento Estudiante-Profesor]) se llevó a cabo en Tennessee durante la década de 1980. El STAR escogió a seis mil niños y los asignó al azar a clases grandes y pequeñas, y luego siguió su andadura a lo largo de la enseñanza primaria. El estudio mostraba que los niños en las clases más pequeñas obtenían mejores resultados que los de clases más grandes, en un porcentaje pequeño pero significativo. Los países como Estados Unidos que, a partir de entonces, han gastado miles de millones para reducir las ratios, lo hicieron en gran medida bajo la influencia de los resultados del STAR. Pero este estudio estaba lejos de ser perfecto. Hay pruebas muy fundadas, por ejemplo, de movimientos sospechosos entre las secciones de las clases pequeñas y las clases grandes. Parece que un número importante de padres muy motivados podrían haber intervenido para que sus hijos fueran transferidos a las aulas con las ratios menores, y pudo ser que niños con peores resultados académicos terminaran fuera de esas clases reducidas. Aún más problemático es que el estudio no se efectuara a ciegas. Los profesores con las ratios más bajas *sabían* que sus aulas estaban siendo sometidas a escrutinio. Habitualmente, en el campo científico, los resultados no recabados «a ciegas» generan muchas dudas. Para una crítica en profundidad del STAR, véase Eric Hanushek, «Some Findings from an Independent Investigation of the Tennessee STAR Experiment and from Other Investigations of Class Size Effects», *Educational Evaluation and Policy Analysis* 21, núm. 2 (verano de 1999), pp. 143-163. Un «experimento natural» del tipo que desarrolló Hoxby atesora mucho más valor. Para los hallazgos de Hoxby, véase Caroline Hoxby, «The Effects of Class Size on Student Achievement: New Evidence from Population Variation», *Quarterly Journal of Economics* 115, núm. 4 (noviembre de 2000), pp. 1239-1285. Para otros pareceres sobre las ratios, véase Eric Hanushek, *The Evidence on Class Size* (Rochester, NY, University of Rochester Press, 1998); Eric Hanushek y Alfred Lindseth, *Schoolhouses, Courthouses and Statehouses: Solving the Funding-Achievement Puzzle in America's Public Schools* (Princeton, Princeton University Press, 2009), p. 272; y Ludger Wössmann y Martin R. West, «Class-Size Effects in School Systems Around the World: Evidence from Between-Grade Variation in TIMSS», *European Economic Review* (26 de marzo de 2002).

En cuanto a estudios sobre la felicidad asociada al dinero, véase Daniel Kahneman y Angus Deaton, «High Income Improves Evaluation of Life but Not Emotional Well-Being», *Proceedings of the National Academy of Sciences* 107, núm. 38 (agosto de 2010), p. 107. Barry Schwartz y Adam Grant abordan la felicidad según la curva en forma de U invertida en «Too Much of a Good Thing: The Challenge and Opportunity of the Inverted U», *Perspectives on Psychological Science* 6, núm. 1 (enero de 2011), pp. 61-76.

En «Using Maimonides' Rule to Estimate the Effect on Class Size on Scholastic Achievement» *(Quarterly Journal of Economics* [mayo de 1999]), Joshua Angrist y Victor Lavy admiten la posibilidad de que estén ante un fenómeno del lado izquierdo de la curva:

> Merece también la pena considerar si los resultados en Israel pueden ser relevantes en Estados Unidos o en otros países desarrollados. Además de las diferencias culturales y políticas, Israel tiene un nivel de vida más bajo y gasta menos en educación por alumno que Estados Unidos y que algunos países de la OCDE. Y, como se apuntaba más arriba, Israel tiene unas ratios más elevadas que Estados Unidos, Reino Unido y Canadá. Así que los resultados que se aportan aquí tal vez confirmen un beneficio marginal de las reducciones de las ratios a partir de unas cifras que no son propias de la mayoría de escuelas de Estados Unidos.

Para encontrar opiniones sobre la relación entre bebida y salud como una curva en forma de U invertida, véase Augusto Di Castelnuovo et al., «Alcohol Dosing and Total Mortality in Men and Women: An Updated Meta-analysis of 34 Prospective Studies», *Archives of Internal Medicine* 166, núm. 22 (2006), pp. 2437-2445.

La investigación de Jesse Levin sobre ratios y rendimiento académico aparece en «For Whom the Reductions Count: A Quantile Regression Analysis of Class Size and Peer Effects on Scholastic Achievement», *Empirical Economics* 26 (2001), p. 221. La obsesión con las clases reducidas tiene consecuencias reales. Algo en lo que coinciden todos los investigadores educativos es que la calidad del profesor importa más que el número de alumnos. Un profesor muy bueno puede enseñarle a su hijo la materia de un año y medio en un año. Un profesor por debajo del listón puede enseñar a su hijo la mitad de la materia programada en un año. Estamos hablando de una diferencia de un año de aprendizaje, repito, *de un año.* Esto hace pensar que hay mucho más que ganar si nos centramos en la persona que se pone delante de la clase que si nos preocupamos tanto por el número de personas sentadas en esa clase. El problema es que los profesores muy buenos escasean. Sencillamente, no hay suficientes personas dotadas con la compleja y especializada batería de habilidades que se requieren para inspirar a grandes grupos de niños todos los años.

Así que ¿qué deberíamos hacer? Deberíamos despedir a los malos profesores. O formarlos para que mejoren en el desempeño de su trabajo. O pagar a los mejores profesores a cambio de que se hagan cargo de más alumnos. O elevar la valoración social del profesor para intentar atraer a más personas con esas facultades especiales que permiten sobresalir en el aula. Sin embargo, lo *último* que deberíamos hacer para solucionar el problema del exceso de malos profesores y la falta de buenos profesores es ponernos a contratar a más educadores. Y eso es precisamente lo que muchos países industrializados han emprendido en años recientes, a medida que crecía su obsesión por las ratios reducidas. Hay que subrayar que *nada* cuesta más que reducir el tamaño de las clases. Es tan gravoso contratar a más profesores y construirles clases para que enseñen que luego no queda presupuesto para pagar bien a los profesionales. A consecuencia de eso, los salarios de los profesores, en relación con otras profesiones, han disminuido constantemente en los últimos cincuenta años.

Durante la generación pasada, el sistema educativo estadounidense ha renunciado a buscar a los profesores más capacitados para darles un montón de niños a los que enseñar, a cambio de pagarles más, lo cual habría redundando en un mayor beneficio para los niños. Se ha decidido, en cambio, contratar a todo profesor disponible y pagarle menos. El gasto en educación aumentó increíblemente en Estados Unidos a lo largo del siglo xx: entre 1890 y 1990, en dólares constantes, la factura en educación pasó de 2.000 millones a 187.000 millones, con semejante incremento acelerándose a final de siglo. El dinero se destinó, abrumadoramente, a la contratación de nuevos profesores para reducir el tamaño de las clases. Entre 1970 y 1990, la ratio por aula en los centros públicos estadounidenses cayó de 20,5 a 15,4, y pagar por todos esos profesores reclutados se llevó la mayor porción de las decenas de miles de millones de dólares incrementados en esos años.

¿Por qué pasó esto? Una respuesta estriba en la política del mundo educativo —el poder de los profesores y sus sindicatos, así como las particularidades del modo en que se crean escuelas—. Pero esta no es una explicación totalmente satisfactoria. El público estadounidense —y el canadiense, el británico, el francés y etcétera— no estaba obligado a gastar esas grandes sumas en la reducción de las clases. El público *quería* aulas con menos alumnos. ¿Por qué? Porque la gente y los países con suficiente dinero para pagar por unas clases cada vez más particularizadas tienen problemas para entender que lo que su riqueza puede comprar no siempre los coloca en una mejor situación.

CAPÍTULO 3. CAROLINE SACKS

La presentación con los impresionistas está fundamentada en diversos libros, principalmente: John Rewald, *The History of Impressionism* (Nueva York, MOMA, 1973) [Trad. esp.: *Historia del impresionismo*, Barcelona, Seix Barral, 1994]; Ross King, *The Judgment of Paris* (Nueva York, Walker Publishing, 2006), que describe fantásticamente el mundo del Salón; Sue Roe, *The Private Lives of the Impressionists* (Nueva York, Harper Collins, 2006) [Trad. esp.: *Vida privada de los impresionistas*, Madrid, Turner, 2008]; y Harrison White y Cynthia White, *Canvases and Careers: Institutional Change in the French Painting World* (Nueva York, Wiley & Sons, 1965), p. 150.

El primer trabajo académico que planteó el asunto de la privación relativa vinculada a la elección de escuela fue John Davis, «The Campus as Frog Pond: An Application of the Theory of Relative Deprivation to Career Decisions of College Men», *The American Journal of Sociology* 72, núm. 1 (julio de 1966). Concluye Davis:

> En el plano individual, [mis hallazgos] cuestionan la noción de que entrar en la «mejor escuela posible» es la ruta más efectiva para mejorar la movilidad en el mundo laboral. Los asesores y los padres tal vez deberían valorar tanto los inconvenientes como las ventajas de enviar a un estudiante a una universidad «buena» si, al proceder así, aquel tiene casi seguro que terminará ocupando una de las posiciones más bajas en el escalafón de la clase. El aforismo de «es mejor ser una rana grande en un estanque pequeño que una rana pequeña en un estanque grande» no es un consejo perfecto, pero no carece de trascendencia.

El estudio de Stouffer (coautor junto a Edward A. Suchman, Leland C. DeVinney, Shirley A. Star y Robin M. Williams Jr.) aparece en *The American Soldier: Adjustment During Army Life*, vol. 1 de *Studies in Social Psychology in World War II* (Princeton, Princeton University Press, 1949), p. 251. Para un análisis sobre los denominados países felices, véase Mary Daly,

Andrew Oswald, Daniel Wilson y Stephen Wu, «Dark Contrasts: The Paradox of High Rates of Suicide in Happy Places», *Journal of Economic Behavior and Organization* 80 (diciembre de 2011); y Carol Graham, *Happiness Around the World: The Paradox of Happy Peasants and Miserable Millionaires* (Oxford, Oxford University Press, 2009).

Herbert Marsh enseña en el Departamento de Educación de la Universidad de Oxford. Su producción académica a lo largo de su carrera ha sido extraordinaria. Únicamente sobre el tema del «Pez grande/estanque pequeño» ha escrito incontables trabajos. Un buen punto de partida es H. Marsh, M. Seaton, et al., «The Big-Fish-Little-Pond-Effect Stands Up to Critical Scrutiny: Implications for Theory, Methodology, and Future Research», *Educational Psychology Review* 20 (2008), pp. 319-350.

Para estadísticas sobre los programas STEM, véase Rogers Elliott, A. Christopher Strenta, et al., «The Role of Ethnicity in Choosing and Leaving Science in Highly Selective Institutions», *Research in Higher Education* 37, núm. 6 (diciembre de 1996); y Mitchell Chang, Oscar Cerna, et al., «The Contradictory Roles of Institutional Status in Retaining Underrepresented Minorities in Biomedical and Behavioral Science Majors», *The Review of Higher Education* 31, núm. 4 (verano de 2008).

El avance decisivo en los trabajos de investigación de John P. Conley y Ali Sina Önder se recoge en «An Empirical Guide to Hiring Assistant Professors in Economics», *Vanderbilt University Department of Economics Working Papers Series* (28 mayo de 2013).

La referencia a la política de la «feliz cuarta parte del fondo» proviene del fascinante libro de Jerome Karabel, *The Chosen: The Hidden History of Admission and Exclusion at Harvard, Yale, and Princeton* (Boston, Mariner Books, 2006), p. 291. Karabel comenta:

> ¿No sería mejor, apunta [Glimp], si los estudiantes del fondo estuvieran felices de encontrarse allí? De esta manera se creó la renombrada (algunos dirían que en mala hora) directriz en los criterios de admisión de Harvard denominada como la «política de la feliz cuarta parte del fondo» [...] La meta de Glimp era identificar a «los estudiantes adecuados para ese fondo: hombres con perspectiva de las cosas, un ego fuerte, o con vías

extracurriculares para conservar la autoestima (y similares) mientras aprovechan al máximo las oportunidades que se conceden a un estudiante de suficientes».

La cuestión de la acción afirmativa merece atención aparte. Échele un vistazo a la siguiente tabla extraída de la obra de Richard Sander y Stuart Taylor *Mismatch: How Affirmative Action Hurts Students It's Intended to Help, and Why Universities Won't Admit It* (Nueva York, Basic Books, 2012). Muestra la posición que ocupan los estudiantes afroamericanos en sus clases con respecto a los estudiantes blancos. La clasificación de las clases va del 1 al 10, siendo 1 el grado más bajo y 10 el más alto.

Posición	Negros	Blancos	Otros
1.	51,6	5,6	14,8
2.	19,8	7,2	20,0
3.	11,1	9,2	13,4
4.	4,0	10,2	11,5
5.	5,6	10,6	8,9
6.	1,6	11,0	8,2
7.	1,6	11,5	6,2
8.	2,4	11,2	6,9
9.	0,8	11,8	4,9
10.	1,6	11,7	5,2

Hay muchos números en esta tabla, pero solo dos filas importan de verdad: la primera y la segunda, que muestran la brecha racial en la zona más baja de las clases de Derecho estadounidenses.

Posición	Negros	Blancos	Otros
1.	51,6	5,6	14,8
2.	19,8	7,2	20,0

Este es el modo en que Sander y Taylor analizan el coste de la estrategia. Imagine a dos estudiantes de Derecho negros con idénticas calificaciones e idénticas notas en los exámenes. Los dos son admitidos en una facultad de élite gracias al programa de la acción afirmativa. Uno acepta y el otro rehúsa. Este elige a cambio —por cuestiones logísticas, financieras o familiares— asistir a su segunda opción, una facultad menos prestigiosa y menos selectiva. Sander y Taylor observaron un amplio número de muestras de estas «parejas coincidentes» y compararon cómo les había ido a partir de cuatro indicadores: el índice de los que se licencian; los que aprueban el examen del colegio de abogados a la primera; los que aprueban el examen del colegio; y los que terminan desempeñando el oficio. Las cifras son totalmente divergentes. En cualquiera de estos indicadores, los estudiantes negros que no van a la «mejor» escuela superan en rendimiento a los que sí lo hacen.

Éxito en la carrera	Blancos	Negros	Negros (Acción afirmativa)
Porcentaje que se licencia	91,8	93,2	86,2
Porcentaje que pasa la prueba del colegio a la primera	91,3	88,5	70,5
Porcentaje que pasa la prueba del colegio	96,4	90,4	82,8
Porcentaje que ejerce la profesión	82,5	75,9	66,5

Sander y Taylor argumentan muy persuasivamente que si un afroamericano quiere realmente ser abogado, debería hacer lo mismo que los impresionistas y mantenerse a distancia del gran estanque. No debe aceptar ninguna oferta de una escuela que quiera subirle un nivel en el escalafón, sino ir a la escuela a la que accedería sin ninguna intermediación. Sander y Taylor lo dicen sin rodeos: «No importa la facultad que sea, el fondo de la clase es un sitio indeseable».

Por cierto, aquellos que hayan leído mi libro *Fueras de serie* (Madrid, Taurus, 2009) en el que también hablaba de la acción afirmativa y las facultades de Derecho, saben que allí remarcaba algo muy diferente: que la utilidad de los test de inteligencia comienza a menguar a partir de un determinado punto, y por eso las distinciones entre estudiantes que realizan las instituciones de élite no son necesariamente pertinentes. En otras palabras, es un error asumir que un abogado seleccionado por una facultad muy buena con unas credenciales menores será un abogado menos capaz que otro admitido con una credenciales despampanantes. Para respaldar esta aseveración, empleé datos de la facultad de Derecho de la Universidad de Michigan, que muestran que sus licenciados negros de acción afirmativa habían desarrollado carreras igual de distinguidas que sus compañeros licenciados blancos.

¿Sigo creyendo esto? Sí y no. Para mí, la tesis general sobre que la inteligencia tiende a perder influencia en el espectro superior sigue siendo válida. Pero también pienso que la tesis que hice específicamente sobre las facultades de Derecho en *Fueras de serie* era, con la perspectiva de ahora, ingenua. No conocía la teoría de la privación relativa en ese momento. Ahora soy mucho más escéptico sobre los programas de acción afirmativa.

CAPÍTULO 4. DAVID BOIES

Una buena introducción general al problema de la dislexia se encuentra en Maryanne Wolf, *Proust and the Squid: The Story and Science of the Reading Brain* (Nueva York, Harper, 2007) [Trad. esp.: *Cómo aprendemos a leer: historia y ciencia del cerebro y la lectura,* Barcelona, Ediciones B, 2008].

Los Bjork han escrito por extenso y con brillantez sobre el tema de la dificultad deseable. Un buen resumen de sus trabajos se recoge en Elizabeth Bjork y Robert Bjork, «Making Things Hard on Yourself, But in a Good Way: Creating Desirable Difficulties to Enhance Learning», *Psychology and the Real World,* M. A. Gernsbacher et al. (eds.) (Nueva York, Worth Publishers, 2011), cap. 5.

Los acertijos sobre el bate, la pelota y las máquinas proceden de Shane Frederick, «Cognitive Reflection and Decision Making», *Journal of Economic Perspectives* 19, núm. 4 (otoño de 2005). Los resultados del experimento de Adam Alter y Daniel Oppenheimer con el CRT en Princeton se detallan en Adam Alter et al., «Overcoming Intuition: Metacognitive Difficulty Activates Analytic Reasoning», *Journal of Experimental Psychology: General* 136 (2007). Alter tiene un maravilloso libro nuevo sobre esta línea de investigación llamado *Drunk Tank Pink* (Nueva York, Penguin, 2013).

El estudio de Julie Logan sobre la dislexia en emprendedores se titula «Dyslexic Entrepreneurs: The Incidence; Their Coping Strategies and Their Business Skills», en *Dislexia* 15, núm 4 (2009), pp. 328-346.

La mejor historia sobre IKEA está en Ingvar Kamprad y Bertil Torekull, *Leading by Design: The IKEA Story* (Nueva York, Collins, 1999) [Trad. esp.: *La historia de IKEA,* Madrid, La Esfera de los Libros, 2008]. Increíblemente, en las entrevistas de Torekull con Kamprad, este en ningún momento deja traslucir que tuviera ninguna vacilación por hacer negocios en un país comunista en el momento álgido de la Guerra Fría. Al contrario, Kamprad parece casi displicente sobre el tema: «Al principio pasamos algunas cosas de contrabando. De manera ilegal, llevamos herramientas como limas, recambios para las máquinas e incluso papel carbón para las vetustas máquinas de escribir».

Capítulo 5. Emil «Jay» Freireich

Entre las fuentes sobre el Blitz de Londres figura Tom Harrisson y su *Living Through the Blitz* (Londres, Collins, 1976). La frase «Winston Churchill describió Londres como el mayor blanco del mundo» aparece en la página 22; «Me tumbé allí sintiéndome indescriptiblemente feliz y triunfante» en la página 81; y «¿Cómo? ¿Y perderme todo esto?» en la página 128. Más fuentes: Edgar Jones, Robin Woolven, et al., «Civilian Morale During the Second World War: Responses to Air-Raids Re-examined», *Social History of Medicine* 17, núm. 3 (2004); y J. T. MacCurdy, *The Structure of Morale* (Cambridge University Press, 1943). «En octubre de 1940 tuve ocasión de conducir a través del sudeste de Londres» aparece en la página 16; «La moral de la comunidad depende de la reacción de los supervivientes» en las páginas 13-16; y «Cuando sonó la primera sirena» en la página 10.

El trabajo preliminar sobre poetas y escritores forma parte de Felix Brown, «Bereavement and Lack of a Parent in Childhood», *Foundations of Child Psychiatry,* Emanuel Miller (ed.) (Oxford, Pergamon Press, 1968). «No se trata de abogar a favor de la orfandad» aparece en la página 444. El estudio de Marvin Eisenstadt se desglosa en «Parental Loss and Genius», *American Pychologist* (marzo de 1978), p. 211. Los hallazgos de Lucille Iremonger sobre los bagajes de los primeros ministros se pueden ver en *The Fiery Chariot: A Study of British Prime Ministers and the Search for Love* (Londres, Secker and Warbug, 1970), p. 4. Iremonger en realidad cometió un error en sus cálculos, que fue enmendado por el historiador Hugh Berrington en *British Journal of Political Science* 4 (julio de 1974), p. 345. La literatura científica sobre el vínculo entre la pérdida de un padre y el renombre es abundante. Entre otros estudios figuran: S. M. Silverman, «Parental Loss and Scientists», *Science Studies* 4 (1974); Robert S. Albert, *Genius and Eminence* (Nueva York, Pergamon Press, 1992); Colin Martindale, «Father's Absence, Psychopathology, and Poetic Eminence», *Psychological Reports* 31 (1972), p. 843; Dean Keith Simonton, «Genius and Giftedness: Parallels and Discrepancies», en *Talent Development: Proceedings from the 1993 Henry B. And Jocelyn Wallace National Research Symposium on Talent Development*, vol. 2, N. Colangelo, S. G. Assouline y D. L. Ambroson (eds.), p. 39-82 (Ohio Psychology Publishing).

Dos fuentes excelentes sobre la historia de la lucha contra la leucemia infantil son John Laszlo, *The Cure of Childhood Leukemia: Into the Age of Miracles* (New Brunswick, NJ, Rutgers University Press, 1996) y Siddharta Mukherjee, *The Emperor of All Maladies* (Nueva York, Scribner, 2011) [Trad. esp.: *El emperador de todos los males. Una biografía del cáncer*, Madrid, Taurus, 2011]. La declaración que comienza «Había un hematólogo veterano» es citada en el libro de Laszlo en la página 183. Laszlo condujo una serie de entrevistas con todas las figuras clave de ese periodo, y cada capítulo del libro abarca una narración oral separada.

Los experimentos de Stanley Rachman con gente afectada por fobias se describen en «The Overprediction and Underprediction of Pain», *Clinical Psychology Review* 11 (1991).

«Una voz se elevó desde los escombros» aparece en la página 97 de Diane McWhorter y su *Carry Me Home: Birmingham, Alabama; The Climactic Battle of the Civil Rights Revolution* (Nueva York, Touchstone, 2002); «Qué diablos, vamos a montarnos» en la página 98; «Para incredulidad de la niña» en la página 109; «Hoy por segunda vez en este año» en la página 110; y «las botellas de Coca-Cola hacían añicos» en la página 215.

Las memorias de Eugen Kogon llevan el título *The Theory and Practice of Hell* (Nueva York, Berkley Windhover, 1975) [Trad. esp.: *El estado de la SS*, Barcelona, Alba Editorial, 2005]. «Cuanto más tierna es la conciencia de uno, más difícil resulta tomar semejantes decisiones» aparece en la página 278.

Capítulo 6. Wyatt Walker

La historia de la fotografía —y de todas las imágenes icónicas de los derechos civiles— se narra con brillantez en el libro de Martin Berger, *Seeing Through Race: A Reinterpretation of Civil Rights Photography* (Berkeley, University of California Press, 2011). El libro de Berger es la fuente para acceder a las opiniones sobre la fotografía y el impacto que causó. La tesis de más peso del autor —que invita a una profunda reflexión— es que durante la década de 1960 la cultura dominante de los blancos estadounidenses *necesitaba* que los activistas negros parecieran pasivos y «beatíficos». Su causa parecía más aceptable de ese modo. Las denuncias a King y Walker por el empleo de niños en las protestas están en las paginas 82-86. La explicación de Gadsden de sus actos («De forma automática levanté la rodilla») se lee en la página 37.

El mejor relato de la campaña de King en Birmingham —y un libro con el que este capítulo tiene una enorme deuda— es el trenzado por Diane McWhorter en *Carry Me Home: Birmingham, Alabama; The Climactic Battle of the Civil Rights Revolution* (Nueva York, Touchstone, 2002). Si cree que la historia de Walker es extraordinaria, entonces debería leer el libro de McWhorter. No tiene nada que envidiar a ningún libro de historia que yo haya leído. «En Birmingham, se daba por hecho» aparece en una nota al pie en la página 340; «Entre los asistentes a esa reunión figuraba Eleanor Roosevelt, la mujer del presidente» en la página 292; «Un judío es solo un negro puesto del revés» en la página 292; «Un hombre negro de Chicago despierta una mañana» en la página 30; «Se quedaron estupefactos al ver que King» en la página 277; «Un militante sacado de Dr. Seuss» en la página 359; «Usamos lo que tenemos» en la página 363; «El K9 Corps» en la página 372; y «Claro que sí, los perros mordieron a la gente» en la página 375. El relato de McWhorter de los choques en el Kelly Ingram Park es extraordinario. Yo lo he condensado mucho.

El panegírico adelantado de King aparece en Taylor Branch, *Parting the Waters: America in the King Years 1954-1963* (Nueva York, Simon and Schuster, 1988), p. 692. Para la descripción de Branch de Wyatt Walker («se consiguió unas gafas de montura oscura...») vaya a la página 285. «Como principio general, Walker estableció que había que subir la tensión» está en la página 689. Las palabras de King a los padres cuyos hijos habían sido arrestados se encuentran en las páginas 762-764.

«Cuando besé a mi mujer y a mis hijos para decirles adiós» está extractado de una entrevista de Wyatt Walker realizada por Andrew Manis en la Canaan Baptist Church of Christ de Nueva York el 20 de abril de 1989, página 6. Una trascripción de la entrevista está archivada en la Biblioteca Pública de Birmingham, en Birmingham (Alabama). A esa misma entrevista pertenecen las frases «Este hombre no está en sus cabales», en la página 14, y «Únicamente podían ver [...] a través de sus ojos blancos», en la página 22.

«El conejo es el más escurridizo de todos los animales que el Señor» se cita en Lawrence Levine, *Black Culture and Black Consciousness: Afro-American Folk Thought from Slavery to Freedom* (Oxford, Oxford University Press, 2007), p. 107. También de Levine proceden: «El conejo, como los esclavos que tejían los relatos sobre él» en la página 112; «historias dolorosamente realistas» en la página 115; y «Los documentos que han dejado los comentaristas sobre la esclavitud» en la página 122. El cuento sobre Terrapin está en la página 115.

«No cuesta llevarse bien conmigo, encanto» proviene de una entrevista con Wyatt Walker de John Britton incluida en el Civil Rights Documentation Project, con sede en el Moorland-Spingarn Research Center de la Universidad Howard. Véase la página 35 de la transcripción. También de esa charla son: «Si te interpones en mi camino, te arreo una buena» en la página 66; «Si hubiera tenido mi navaja» en la página 15; «Había momentos en que acomodaba o alteraba mi moral» en la página 31; «Oh, señor, fue una época fantástica para estar vivo» en la página 63; «Descubriera su mano» en la página 59; «Llamé al doctor King» en la 61; y «Hacía calor en Birmingham» en la página 62.

Robert Penn Warren condujo varias entrevistas con activistas y líderes de los derechos civiles como parte de la documentación para su libro *Who Speaks for the Negro?* Estas entrevistas están compiladas en el Robert Penn Warren Civil Rights Oral History Project, con sede en el Louie B. Nunn Center for Oral History de la Universidad de Kentucky. Un «alborozo total» procede de la cinta 1 de su entrevista con Wyatt Walker el 18 de marzo de 1964.

La aseveración de que los cuentos de pillos y embaucadores instruyeron al movimiento por los derechos civiles se ha realizado con anterioridad. Por ejemplo, Don McKinney, «Brer Rabbit and Brother Martin Luther King, Jr: The Folktale Background of the Birmingham Protest», *The Journal of Religious Thought* 46, núm. 2 (invierno-primavera de 1989-1990), pp. 42-52. Escribe McKinney (página 50):

> De igual forma que el astuto Brer Rabbit burlaba a Brer Tiger para que hiciera exactamente lo que querían los animales más pequeños (por ejemplo, él rogaba que lo ataran), las técnicas no violentas aplicadas por King y su grupo de ingeniosos asesores obtuvieron un efecto similar al conseguir que Bull Connor procediera como mejor les convenía; en particular, encarcelando a manifestantes negros en tal número que el suceso no solo atrajo la atención de la nación, sino que prácticamente paralizó toda la ciudad de Birmingham.

Véase también Trudier Harris, *Martin Luther King, Jr. Heroism and African American Literature* (University of Alabama Press, de próxima aparición).

Los detalles sobre la conversación entre Pritchett y King acerca del aniversario de bodas del policía se citan en Howell Raines, *My Soul Is Rested: The Story of the Civil Rights Movement in the Deep South* (Nueva York, Penguin, 1983), pp. 363-365.

La explicación de Walker de por qué el movimiento necesitaba la oposición de Bull Connor («No podría hablarse de un movimiento, y no habría publicidad») se encuentra en Michael Cooper Nichols, «Cities Are What Men Make Them: Birmingham, Alabama, Faces the Civil Rights Movement 1963» (Tesis, Universidad de Brown, 1974), p. 286.

La reacción de Walker ante el empleo de las unidades K-9 («Tenemos un movimiento. Tenemos un movimiento») aparece en James Forman, *The Making of Black Revolutionaries: A Personal Account* (Nueva York, Macmillan, 1972).

La reprimenda de King al fotógrafo de *Life* («El mundo no sabe que esto ha pasado») se recoge en Gene Roberts y Hank Klibanoff, *The Race Beat: The Press; The Civil Rights Struggle and the Awakening of a Nation* (Nueva York, Random House, 2006).

Capítulo 7. Rosemary Lawlor

«Por el amor de Dios, traedme un buen vaso de whisky escocés» está sacado de Peter Taylor, *Brits* (Londres, Bloomsbury, 2002), p. 48.

El informe de Nathan Leites y Charles Wolf Jr. sobre cómo enfrentarse a las sublevaciones se titula *Rebellion and Authority: An Analytic Essay on Insurgent Conflicts* (Chicago, Markham Publishing Company, 1970). «Resulta fundamental para nuestro análisis» aparece en la página 30.

La semblanza de Ian Freeland sale de la pluma de James Callaghan en *A House Divided: The Dilemma of Northern Ireland* (Londres, Harper Collins, 1973), p. 50. La equiparación de Freeland, rodeado de funcionarios y periodistas, con «el Imperio británico en la India a la caza del tigre» pertenece a Peter Taylor, *Provos: The IRA and Sinn Fein* (Londres, Bloomsbury, 1998), p. 83.

La cita de Seán MacStiofáin sobre las revoluciones causadas por la estupidez y la brutalidad de los Gobiernos se incluye en Richard English, *Armed Struggle: The History of IRA* (Nueva York, Oxford University Press, 2003), p. 134.

El principio de legitimidad ha sido enunciado por varios expertos, pero tres merecen una mención especial: Tom Tyler, autor de *Why People Obey the Law* (Princeton, Princeton University Press, 2006); David Kennedy, autor de *Deterrence and Crime Prevention* (Londres, Routledge, 2008);

y Lawrence Sherman, coeditor de *Evidence-Bases Crime Prevention* (Londres, Routledge, 2006). Voy a hablar de otro ejemplo del mismo principio. A continuación añado una lista de los países del mundo desarrollado ordenados según su porcentaje de economía sumergida —es decir, lo que se escamotea deliberadamente para evitar pagar impuestos— en 2010. Se trata de uno de los mejores modos de calibrar la honestidad de los contribuyentes en los diferentes países.

Estados Unidos	7,8	Finlandia	14,3
Suiza	8,34	Dinamarca	14,4
Austria	8,67	Alemania	14,7
Japón	9,7	Noruega	15,4
Nueva Zelanda	9,9	Suecia	15,6
Holanda	10,3	Bélgica	17,9
Reino Unido	11,1	Portugal	19,7
Australia	11,1	España	19,8
Francia	11,7	Italia	22,2
Canadá	12,7	Grecia	25,2
Irlanda	13,2		

La lista está tomada del trabajo de Friedrich Schneider «The Influence of the Economic Crisis on the Underground Economy in Germany and other OECD-countries in 2010» (inédito, edición revisada, enero de 2010). La lista no sorprende. Los estadounidenses, los suizos y los japoneses destacan por su honestidad. Igual pasa con la mayoría de las otras democracias europeas. No es el caso de Grecia, España e Italia. De hecho, el índice de evasión fiscal en Grecia es tal que el déficit del país —que es tan gigantesco que Grecia lleva muchos años al borde de la bancarrota— desaparecería si los griegos cumplieran la ley y pagaran lo debido. ¿Por qué Estados Unidos es mucho más respetuoso con la ley que Grecia en el caso de los impuestos?

Leites y Wolf atribuirían esto al hecho de que los costes de evadir impuestos en Estados Unidos son mucho mayores que los beneficios: si los estadounidenses estafan, hay muchas probabilidades de que los pillen y los castiguen. Pero eso es completamente falso. En Estados Unidos, se auditan por año poco más del 1 por ciento de las declaraciones de renta. Es una cifra irrisoria. Y si pillan a alguien haciendo trampa, la sanción más común es simplemente pagar los impuestos adeudados junto con una multa relativamente modesta. Una pena de cárcel es altamente improbable. Si los contribuyentes estadounidenses se comportaran racionalmente —de acuerdo con la definición de la palabra de Leites y Wolf—, la evasión fiscal en Estados Unidos tendría que crecer desenfrenadamente. Como el economista fiscal James Alm sostiene:

> En países con auditorías efectivas de declaraciones por debajo del 1 por ciento, *deberían* observarse unos niveles de fraude del 90 por ciento o más. El que declara un dólar más de ingresos, ha de pagar 30 o 40 centavos en impuestos. El que no declara ese dólar, se queda con todo y corre un riesgo de que le pillen. Pero las probabilidades son del 1 por ciento o menos. Y si le descubren, entonces el IRS [Internal Revenue Service —Sistema de Recaudación de Impuestos—] tiene que determinar si ha sido intencionadamente. Si no lo ha sido, paga los impuestos debidos más un 10 por ciento aproximadamente. Si lo auditan y encuentran fraude, debe pagar los impuestos más una cifra que ronda el 75 por ciento. Así que el coste esperado si le pillan no es tan desmesurado. El cálculo se decanta muy claramente a favor del engaño.

Entonces, ¿por qué los estadounidenses no engañan? *Porque creen que el sistema es legítimo.* La gente acepta la autoridad cuando ve que trata por igual a todo el mundo, cuando es posible levantar la voz y que te escuchen y cuando hay unas reglas en vigor que te aseguran que mañana no serás tratado radicalmente diferente de como eres tratado hoy. La legitimidad se basa en la justicia, la opinión y la previsibilidad, y el Gobierno de Estados Unidos, por mucho que a sus ciudadanos les guste echar pestes de él, hace un trabajo bastante bueno cumpliendo esos tres requisitos.

En Grecia, la economía sumergida es tres veces mayor en términos relativos que en Estados Unidos. Pero no es porque los griegos sean de algún modo más deshonestos que los estadounidenses. La razón es que el sistema griego es menos legítimo que el estadounidense. Grecia es uno de los países más corruptos de toda Europa. Su sistema de recaudación es un desbarajuste. La gente rica consigue tratos de favor, y si usted y yo viviéramos en un país en el que el sistema de impuestos es tan declaradamente ilegítimo —en el que nada parece justo, nuestras voces no son escuchadas y las reglas cambian de un día para otro—, tampoco estaríamos dispuestos a pagar nuestros impuestos.

La presentación con la temporada de las marchas en Irlanda procede de Dominic Bryan, *Orange Parades: The Politics of Ritual, Tradition and Control* (Londres, Pluto Press, 2000).

El relato de Desmond Hamill sobre la presencia del ejército británico en Irlanda del Norte se halla en *Pig in the Middle: The Army in Northern Ireland 1969-1984* (Londres, Methuen, 1985). La tonadilla que arranca «El 15 de agosto» aparece en la página 18. «El [IRA] contraatacó...» figura en la página 32.

Las estadísticas de muertes y actos violentos en Irlanda del Norte durante 1969 están sacadas del artículo de John Soule «Problems in Applying Counterterrorism to Prevent Terrorism: Two Decades of Violence in Northern Ireland Reconsidered», *Terrorism* 12 (1989), p. 33.

El relato de la entrada del general Freeland en Lower Falls lo narra Seán MacStiofáin en Seán Óg Ó Fearghaíl, *Law (?) and Orders: The Story of the Belfast Curfew* (Dundalk, Central Citizen's Defense Committee, 1970). Los detalles sobre la muerte de Patrick Elliman aparecen en la página 14. Una buena fuente sobre el toque de queda es la obra de Taylor *Provos*. El detalle sobre el hombre en pijama proviene de Nicky Curtis, *Faith and Duty: The True Story of a Soldier's War in Northern Ireland* (Londres, André Deutsch, 1998).

CAPÍTULO 8. WILMA DERKSEN

El relato de la historia de la Three Strikes se basa en diversas fuentes, las más esenciales: Mike Reynolds, Bill Jones y Dan Evans, *Three Strikes and You're Out! The Chronicle of America's Toughest Anti-Crime Law* (Fresno, CA, Quill Driver Books / Word Dancer Press, 1996); Joe Domanick, *Cruel Justice: Three Strikes and the Politics of Crime in America's Golden State* (Berkeley, University of California Press, 2004); Franklin Zimring, Gordon Hawkins y Sam Kamin, *Punishment and Democracy: Three Strikes and You're Out in California* (Nueva York, Oxford, 2001); y George Skelton, «A Father's Crusade Born from Pain», *Los Angeles Times*, 9 de diciembre de 1993. Las entrevistas de Richard Wright y Scott Decker con atracadores a mano armada convictos aparecen en *Armed Robbers in Action: Stickups and Street Culture* (Boston, Northeastern University Press, 1997). Los comentarios que se citan aparecen en la página 120. El libro de Wright y Decker es fascinante. Añado otro fragmento suyo acerca de la psicología de la criminalidad:

> Algunos de los atracadores a mano armada también trataban de no pensar sobre la posibilidad de ser atrapados porque esos pensamientos generaban una angustia mental aguda y desazonadora. Creían que el mejor modo de blindarse contra tal contingencia era olvidarse de los riesgos y dejar que el destino dispusiera. Uno de ellos lo expresaba de este modo: «Realmente no le doy vueltas a que me pillen, tío, porque te vas a preocupar para nada». Dado que casi todos estos delincuentes se ven bajo la presión de conseguir dinero rápido, sin tener medios legales para alcanzar tal fin, realmente no tiene sentido que se detengan en las consecuencias negativas del delito. No debería causar sorpresa, por consiguiente, saber que los delincuentes normalmente preferían ignorar los riesgos posibles y concentrarse en lugar de eso en la recompensa anticipada: «La manera en que yo pienso [sobre la amenaza de la detención] es esta: antes prefiero jugármela a que me pillen y me enchironen que andar por allí sin nada en los bolsillos y ninguna posibilidad de conseguir dinero».

La perspectiva de David Kennedy sobre las motivaciones de los criminales aparece en su libro *Deterrence and Crime Prevention* (Londres, Routledge, 2008). El análisis de Anthony Doob y Cheryl Webster acerca de los trabajos sobre castigos se titula «Sentence Severity and Crime: Accepting the Null Hypothesis», *Crime and Justice* 30 (2003), p. 143. Las gráficas que muestran la relación entre edad y criminalidad son de Alfred Blumstein, «Prisons: A Policy Challenge», en *Crime: Public Policies for Crime Control,* James Q. Wilson y Joan Petersilia (eds.) (Oakland, ICS Press, 2002), pp. 451-482.

El libro de Todd Clear sobre las repercusiones de llenar las cárceles en zonas deprimidas se titula *Imprisoning Communities: How Mass Incarceration Makes Disadvantaged Neighborhoods Worse* (Nueva York, Oxford University Press, 2007). Puede buscar también el poco accesible ensayo de Clear «Backfire: When Incarceration Increases Crime» en *Journal of the Oklahoma Criminal Justice Research Consortium* 3 (1996), pp. 1-10.

Se puede llenar una biblioteca con los estudios sobre los efectos de la Three Strikes en la tasa de criminalidad de California. El mejor trabajo académico con un formato de libro es *Punishment and Democracy* de Zimring, mencionado antes. Aquí añado un fragmento de una de las valoraciones académicas más recientes de la ley. La autora es Elsa Chen, en «Impacts of "Three Strikes and You're Out" on Crime Trends in California and Throughout the United States», *Journal of Contemporary Criminal Justice* 24 (noviembre de 2008), pp. 345-370.

La incidencia de la Three Strikes en el crimen en California y por todo Estados Unidos se analiza contrastando datos transversales y cronológicos dentro del ámbito estatal entre 1986 y 2005. El modelo mide la disuasión y la inhabilitación, el control de las tendencias criminales preexistentes y los factores económicos, demográficos y políticos. A pesar de su uso limitado fuera de California, la presencia de la ley Three Strikes aparece asociada con leves pero significativos retrocesos en los índices de robos, asaltos, hurtos y robos de vehículos a escala nacional. La Three Strikes también se asocia con descensos más lentos en las tasas de asesinatos. Aunque la ley de California es la que más amplia y frecuentemente ha recurrido a la política de las tres faltas, no ha producido efectos inhabilitadores en el crimen mucho mayores que otros estados con leyes mucho más limitadas. Los análisis indican que la política condenatoria más severa no es necesariamente la opción más efectiva.

Existen dos excelentes seguimientos del caso de Candace Derksen: Wilma Derksen, *Have You Seen Candace?* (Wheaton, IL, Tyndale House Publishers, 1992); y Mike McIntyre, *Journey for Justice: How Project Angel Cracked the Candace Derksen Case* (Winnipeg, Great Plains Publications, 2011). La historia de la madre amish cuyo hijo quedó en estado crítico tras ser atropellado por un coche se cuenta en Donald B. Kraybill, Steven Nolt y David Weaver-Zercher, *Amish Grace: How Forgiveness Transcended Tragedy* (San Francisco, Jossey-Bass, 2010), p. 71.

Sobre el empleo de la fuerza y la autoridad de los británicos en Irlanda del Norte durante los Troubles, véase Paul Dixon, «Hearts and Minds: British Counter-Insurgency Strategy in Northern Ireland», *Journal of Strategic Studies* 32, núm. 3 (junio de 2009), pp. 445-475. Dixon afirma (página 456):

Paddy Hillyard estima que uno de cada cuatro hombres católicos entre los 16 y 44 años había sido arrestado al menos en una ocasión entre 1972 y 1977. De promedio, todo hogar católico en Irlanda del Norte había sido registrado en dos ocasiones; pero puesto que muchas casas estaban libres de sospecha, algunas viviendas en determinados distritos habían sido registradas «tal vez hasta diez o más veces». Un testimonio asegura que el ejército llevaba a cabo cuatro inspecciones rutinarias al mes entre los habitantes de ciertas viviendas en áreas seleccionadas. «Se ha calculado que a mitad de 1974, el ejército tenía información detallada de entre el 34 y 40 por ciento de la población adulta y juvenil de Irlanda del Norte». Entre el 1 de abril de 1973 y el 1 de abril de 1974, cuatro millones de vehículos fueron detenidos y registrados.

El trabajo de John Soule publicado en el clímax de los Troubles se titula «Problems in Applying Counterterrorism to Prevent Terrorism: Two Decades of Violence in Northern Ireland Reconsidered», *Terrorism* 12, núm. 1 (1989).

Leí sobre la costumbre de Reynolds de llevar a sus visitantes hasta el Daily Planet en la obra de Joe Domanick *Cruel Justice*, página 167.

CAPÍTULO 9. ANDRÉ TROCMÉ

Para una excelente panorámica del pueblo de Le Chambon-sur-Lignon y su cultura, véase Christine E. van der Zanden, *The Plateau of Hospitality: Jewish Refugee Life on the Plateau Vivarais-Lignon* (tesis sin publicar, Universidad de Clark, 2003). Para leer sobre los Trocmé, véase Krishana Oxenford Suckau, *Christian Witness on the Plateau Vivarais-Lignon: Narrative, Nonviolence and the Formation of Character* (tesina inédita, Boston University School of Theology, 2011); Philip Hallie, *Lest Innocent Blood Be Shed: The Story of the Village of Le Chambon and How Goodness Happened There* (Nueva York, Harper, 1994); y Carol Rittner y Sondra Myers (eds.), *The Courage to Care: Rescuers of Jews During the Holocaust* (Nueva York, New York University Press, 2012).

«Amar, perdonar y hacer el bien a nuestros adversarios» procede de *Christian Witness*, página 6.

De *Lest Innocent Blood Be Shed:* «La campana no le pertenece al mariscal» en la página 96; «Lamirand peinó la montaña» en la 99; «El sentido del deber exudaba por sus poros» en la 146; «Maldito sea el que comienza con gentileza» en la 266; «¿Qué es esto?» en la 39; «No era razonable» en la 233; «En su documento de identidad aparecía el nombre de Béguet» en la 226; «Cuando Trocmé tenía diez años» en la 51; y «¡Jean-Pierre! ¡Jean-Pierre!» en la 257.

De *The Courage to Care:* «Y yo le dije: "Entre"» en la página 101; y «La gente en nuestra aldea sabía» en la 101.

La pregunta de Trocmé «¿Cómo iban a dejar los nazis sin recursos a unas personas así?» se cita en la obra de Garret Keizer *Help: The Original Human Dilemma* (San Francisco, HarperOne, 2005), p. 151.

ÍNDICE ANALÍTICO

Nota: Los números de página en cursiva remiten a ilustraciones.

© Bill Wadman

Malcolm Gladwell

(Inglaterra, 1963) escribe desde 1996 para la revista *The New Yorker*. Es autor de *Inteligencia intuitiva* (Taurus, 2005), *La clave del éxito. The Tipping Point* (Taurus, 2007) *Fueras de serie* (Taurus, 2009) y *Lo que vio el perro* (Taurus, 2010), que han ocupado primeros puestos en las listas internacionales de ventas. Antes de unirse a *The New Yorker,* trabajó como reportero de Ciencia y Negocios para *The Washington Post* y dirigió su oficina de Nueva York.

Taurus es un sello editorial del Grupo Santillana

www.editorialtaurus.com

Argentina
Av. Leandro N. Alem, 720
C 1001 AAP Buenos Aires
Tel. (54 114) 119 50 00
Fax (54 114) 912 74 40

Bolivia
Calacoto, calle 13, n° 8078
La Paz
Tel. (591 2) 279 22 78
Fax (591 2) 277 10 56

Chile
Dr. Aníbal Ariztía, 1444
Providencia
Santiago de Chile
Tel. (56 2) 384 30 00
Fax (56 2) 384 30 60

Colombia
Carrera 11 A, n.° 98-50. Oficina 501
Bogotá
Tel. (57 1) 705 77 77
Fax (57 1) 236 93 82

Costa Rica
La Uruca
Del Edificio de Aviación Civil 200 m al Oeste
San José de Costa Rica
Tel. (506) 22 20 42 42 y 25 20 05 05
Fax (506) 22 20 13 20

Ecuador
Avda. Eloy Alfaro, 33-3470 y Avda. 6 de
Diciembre
Quito
Tel. (593 2) 244 66 56 y 244 21 54
Fax (593 2) 244 87 91

El Salvador
Siemens, 51
Zona Industrial Santa Elena
Antiguo Cuscatlan - La Libertad
Tel. (503) 2 505 89 y 2 289 89 20
Fax (503) 2 278 60 66

España
Avenida de los Artesanos, 6
28760 Tres Cantos (Madrid)
Tel. (34 91) 744 90 60
Fax (34 91) 744 92 24

Estados Unidos
2023 N.W. 84th Avenue
Doral, F.L. 33122
Tel. (1 305) 591 95 22 y 591 22 32
Fax (1 305) 591 74 73

Guatemala
26 Avenida 2-20
Zona n°14
Guatemala C.A.
Tel. (502) 24 29 43 00
Fax (502) 24 29 43 43

Honduras
Colonia Tepeyac Contigua a Banco Cuscatlan
Boulevard Juan Pablo, frente al Templo
Adventista 7° Día, Casa 1626
Tegucigalpa
Tel. (504) 239 98 84

México
Avda. Río Mixcoac, 274
Colonia Acacias
03240 Benito Juárez
México D.F.
Tel. (52 5) 554 20 75 30
Fax (52 5) 556 01 10 67

Panamá
Vía Transísmica, Urb. Industrial Orillac,
Calle segunda, local #9
Ciudad de Panamá.
Tel. (507) 261 29 95

Paraguay
Avda. Venezuela, 276,
entre Mariscal López y España
Asunción
Tel./fax (595 21) 213 294 y 214 983

Perú
Avda. Primavera 2160
Surco
Lima 33
Tel. (51 1) 313 4000
Fax (51 1) 313 4001

Puerto Rico
Avda. Roosevelt, 1506
Guaynabo 00968
Puerto Rico
Tel. (1 787) 781 98 00
Fax (1 787) 782 61 49

República Dominicana
Juan Sánchez Ramírez, 9
Gazcue
Santo Domingo R.D.
Tel. (1809) 682 13 82 y 221 08 70
Fax (1809) 689 10 22

Uruguay
Juan Manuel Blanes, 1132
11200 Montevideo
Tel. (598 2) 402 73 42 y 402 72 71
Fax (598 2) 401 51 86

Venezuela
Avda. Rómulo Gallegos
Edificio Zulia, 1° - Sector Monte Cristo
Boleita Norte
Caracas
Tel. (58 212) 235 30 33
Fax (58 212) 239 10 51